成本分析与企业管理

张　敏　谭明军　主编

中国农业出版社
北　京

图书在版编目（CIP）数据

成本分析与企业管理 / 张敏，谭明军主编．—北京：中国农业出版社，2024.7
ISBN 978-7-109-32007-9

Ⅰ．①成…　Ⅱ．①张…　②谭…　Ⅲ．①企业管理—成本分析　Ⅳ．①F275.3

中国国家版本馆 CIP 数据核字（2024）第 110019 号

中国农业出版社出版
地址：北京市朝阳区麦子店街 18 号楼
邮编：100125
责任编辑：王秀田
版式设计：小荷博睿　　责任校对：吴丽婷
印刷：北京中兴印刷有限公司
版次：2024 年 7 月第 1 版
印次：2024 年 7 月北京第 1 次印刷
发行：新华书店北京发行所
开本：700mm×1000mm　1/16
印张：15.75
字数：300 千字
定价：88.00 元

编　委　会

主　　编：张　敏　谭明军
参编人员：纪梅梅　黎孟岚　马宗莹
陈玺豪　周　宏

前言

新时代背景下，有必要对传统企业管理思想和成本会计理论进行一些有益探索。一方面，能够反映相关学科教学和科研的最新进展；另一方面，为学生或学习者提供更符合社会发展和企业要求的知识储备。鉴于此，结合编者多年教学实践和对相关学科前沿理论的研究，特编写本教材。

本教材分为上篇和下篇，上篇主要介绍企业管理的内容，下篇介绍成本分析的内容。上篇企业管理部分包括管理导论、管理理论的形成与发展、企业战略管理、生产经营管理和财务管理五个章节。本篇在介绍管理理论的基础上，重点介绍管理的基本职能、古典管理理论和行为管理理论、战略分析中的外部环境分析和内部环境分析、生产经营管理中经营管理职能和产品定价方法、财务管理中的筹资和投资分类及优缺点等内容。下篇成本分析部分包括成本导论、成本的要素、成本核算概述及方法、本量利分析与应用和成本报表与分析五个章节。本篇基于成本内涵，重点讲解成本费用的分类和成本归集的方法、成本核算中的品种法、分批法和分步法、本量利分析中的盈亏临界点分析和实现目标利润分析、成本报表的编制方法等内容。

本教材秉承跨学科和跨专业融合的理念，将管理学、会计学、法学等多门学科知识进行融合，并结合企业管理过程中可能涉及的有关财务管理、成本会计、公司法等相关领域的知识进行“串联”，旨在进一步拓展学习者的知识储备，培养综合型人才。此外，为便于读者更加高效地学习和理解相关知识，本教材在每一章篇头都安排了“学习点拨”，以明确学习目标。

本教材共十章，其中：主编张敏编写第一、二、三、九、十章（约

10 万字)；剩余部分由主编谭明军及参编人员纪梅梅、黎孟岚、马宗莹、陈玺豪、周宏共同编写完成。由于企业管理和成本会计等学科日新月异的发展及变化，书中难免有疏漏之处，敬请读者批评指正！

编　者

2024 年 5 月

目 录

下　篇

上篇

第一章

管理导论

本章提要

本章介绍了管理学的基本概念、基本原理以及国内外的重要管理方法，通过学习管理的五项基本职能，可以使学生对管理学的主要内容有较为全面的认识，为后面的理论学习做好准备。

重点难点

-管理的基本概念

-管理二重性的主要内容

-管理的基本方法、管理的基本职能

第一节　管理与企业管理

管理和企业管理的内涵及关系

(一) 管理的概念

历史上最早提到“管理”的学者是苏格拉底，他认为：“管理是一种不同于其他技术与经验的能力。”20 世纪初，法国学者法约尔认为：“管理是一种以绩效责任为基础的专业技能。”通俗地讲，管理就是管人。

一般来说，管理就是通过计划、组织、领导、激励与控制等组织职能，对人力、物力、财力资源进行协调，对企业经营活动进行有效安排，以达到预定目的。对于这个定义应作如下理解。

在所有社会组织中，管理活动都普遍存在。这种活动是维护社会组织并为社会组织达到特定目标、履行特定职能所必需的。如果缺少管理或者管得不好，就不能发挥社会组织应有的作用，严重时甚至使社会组织丧失其存在价值而走向组织瓦解。

管理的目的性很明确，为了实现现实组织的预定目标而存在。没有无目的、无目标的管理。任何一个组织在管理时，都有其明确目的性。所以，一个组织的目标就是管理的目标。

管理工作是通过综合利用组织可以支配的各种资源来实现组织的目标。有效的管理就是整合组织中的各种资源，以最小的投入获得最大的产出。这是所有社会组织追求的目标之一。

管理是一种主客体结合的过程。管理主体为管理者，管理者的各项活动始终都要落实到一定组织之中，所以管理载体为组织，对象为投入产出系统，以人为本。在现代管理视野中，人这一客观系统才能成为管理客体。管理作为一种主客体结合的活动，是管理者和被管理者之间的对立和统一。

（二）企业管理的内涵

在弄清“管理”内涵之后，理解“企业管理”就容易了。管理科学产生于企业管理实践，而“管理”这一概念又是在企业管理实践基础上抽象和提炼而成。后来，随着管理科学进一步的发展，人们意识到这个概念也适用于文化、教育、卫生和体育等事业单位及其他性质的社会组织。这类社会组织在职能和目标上会有差异，但其管理实质和作用却是相同的。企业和其他社会组织最大的不同就是它是一个以盈利为主要目标的营利性的经济组织。

（三）管理的基本特征

1. 管理的二重性

管理既有自然属性，又有社会属性。管理的自然属性是指管理有效地指挥共同劳动和组织社会生产力这一属性：体现社会化大生产进程对协作劳动自身的需要。管理的社会属性是指管理对劳动进行监督和对生产关系进行维护的性质。它反映生产资料占有者的意志受一定社会关系的影响和制约，为一定社会的经济基础服务。

2. 管理的科学性与艺术性

管理的科学性体现为管理活动过程能以其成果来度量，而其研究方法与研究步骤能有效地分析和解决问题。管理的艺术性体现在实践方面，在实际工作中充分发挥管理人员的创造性和制定因地制宜的措施，从而为实施有效的管理创造了条件。

管理的科学性与艺术性互为补充，对于管理中能预测、可测量的东西，都可以用科学方法来计量；而对于一些在管理上只能知觉到的问题、一些内在特性的体现，不能通过理论分析和逻辑推理进行估算，却可以通过管理艺术进行评价。最富成效的管理艺术，来自人们对管理原理和大量实践经验的认识。

3. 管理的普遍性

管理的普遍性体现在管理活动作为一种协作活动涉及人类社会的每个角

落，与人的社会活动、家庭活动和各类组织活动密切相关。自从人类在集体活动中分工合作以求生存以来，管理就应运而生了。

第二节　管理的基本原理

管理的基本原理

（一）人本原理

人本原理，就是指组织的各项管理活动，都应以调动和激发人的积极性、主动性和创造性为根本，追求人的全面发展。

人本原理是现代管理发展的必然趋势和客观要求，任何一个组织的管理者在管理实践中都必须以人本原理作为管理的指导思想，在管理的全过程中实行以人为中心的管理，在最大的限度内激发组织成员的积极性、主动性和创造性，有效地实现组织目标。人本管理的实现有以下几方面。

动力管理。动力是推动组织事业向前发展的力量。当组织出现生产无序、效率低下、人员懈怠时，管理者首先要注意的是推动工作进步的动力是否充足。没有动力，管理就不可能进行有序运动。一般来讲，管理的基本动力有三种类型，即物质动力、精神动力、信息动力。

第一，物质动力，不仅包括对个人的物质刺激，更重要的还有组织的经济效益。只有把对组织的贡献与从组织得到的物质利益紧密结合起来，才能形成物质动力。

第二，精神动力是指组织及其成员的观念、理想、信仰等精神方面的追求所形成的管理动力，它包括理想教育、日常的思想政治工作、精神奖励等。精神动力是客观存在的，它能弥补物质动力的缺陷，而且本身就有巨大的威力，在某些特定的情况下，还可以成为决定性的力量。

第三，信息动力是指信息的传递所构成的反馈对组织活动发展的推动作用。从管理的角度来看，信息作为一种动力，有超越物质和精神的相对独立性。在信息化社会，信息冲击产生的压力会转变成你追我赶的竞争动力，它对组织活动起着直接的、整体的、全面的促进作用。

管理者要有效地实现动力管理，就必须从根本上重视人的需要。

柔性管理是相对刚性管理而言的。在刚性管理中，组织管理者是以制度和职权为条件，利用约束、监督、强制和惩罚等手段对组织成员进行管理。而柔性管理是以情感和文化为基础，运用尊重、激励、引导和启迪等方式进行管理。因此，实行柔性管理应从情感管理入手，实行民主管理、自我管理和文化管理。

人才管理的根本是善于发现人才、培养人才和合理使用人才。将人本原理的思想落实到人才管理中去，就要求管理者在工作中实现人岗匹配、人尽其才、才尽其用的目标。实现这一目标，需做好以下工作。

1. 人才测评

人才测评主要是通过心理测试、行为观察分析、情景模拟演练等，对人才的素质、结构和兴趣等方面得出一个比较客观的认识，这种认识为管理者认识人才价值、挖掘人才潜能提供帮助和指导。人才测评能够为组织提供整体的人力资源状况和水平的相关信息，为组织做好人力资源规划打下基础，以便在人员的招聘和员工的培养和使用等方面进行有针对性的管理。

2. 能级管理

在组织管理中，机构、人员等都有一个能量的问题，能量大，作用大。现代管理的任务就是建立一种使组织中的每个人都能“各尽其能”的运作机制，为组织合理地配备人才和使用人才打下坚实的基础。实行能级管理，就可以达到这个目的。

3. 工作丰富化

工作丰富化是指通过改进工作设计，丰富工作内容，赋予职工更多的尝试机会，来增加工作本身的刺激性和挑战性，使职工获得发挥聪明才智和取得个人成就的机会。

应用人本原理的要求：人本原理强调管理中人的工作的重要性，主张一切活动都应以关心人、尊重人、发挥人的积极性、主动性、创造性和创新性为基点，一切工作都要以做好人的工作为根本。

（二）系统原理

1. 系统的含义

系统是指由若干相互联系、相互作用的部分组成，在一定环境中具有特定功能的有机整体，是过程的复合体。它包含以下内涵：第一，系统的组成部分有两个或两个以上，单个部分构不成系统；第二，系统的各要素之间存在着一定的联系，不是各自独立存在；第三，系统整体具有不同于各个部分的新的属性和功能，且系统整体要优于部分，即1＋1＞2。

2. 系统的特征

目的性。系统的存在有明确的目的，并且目的往往是多重的。企业的根本目的是获得利润，同时还要满足社会的多种需求。

集合性。一个系统至少要由两个相互区别、相互联系的要素构成，且强调整体的功能大于部分的功能。

相关性。系统是由相互联系的子系统形成，其中某一子系统发生改变，就意味着系统的功能发生改变，或者说要保持原有的功能，其他子系统也要相应地改变或调整。

适应性。适应性是指系统要实现原有的目标或功能，必须能够适应外部环境的变化，不能适应外部环境变化的系统是不可取的。

整体性。组成系统的各部分不是简单加和，而是组成一个有机整体。每个子系统都要服从整体系统要求，以求达到整体最优。

有序性。由于系统的结构、功能和层次的动态演变有某种方向性，因而使系统具有有序性的特点。有序能使系统趋于稳定，有目的才能使系统走向期望的稳定系统结构。

运用系统原理分析和处理管理问题，就是把管理活动涉及的相关要素看作系统的有机组成部分，按照系统管理的基本要求，组合各种资源、组织管理过程，按照管理目标要求，优化部分与整体之间的关系，以实现总体效益最大化。

（三）效益原理

效益原理就是企业在尽可能少的劳动消耗与资金占用下通过强化管理工作而生产出尽可能多的产品，不断地满足社会需要，持续增加企业经济效益与社会效益。

提高经济效益，这是社会主义经济发展规律的客观要求，也是每一个企业应尽的责任。企业在进行生产经营管理时，一方面应力求降低消耗，节约成本，同时也应力求生产出适销对路，质量有保证，附加值有提高的产品。从节约、增产两方面来提高经济效益，才能使企业得以生存和发展。

企业除了提高经济效益外，还应注重提高社会效益。经济效益和社会效益既相互一致，又时有冲突。一般来说，企业要从全局出发，以满足社会效益为首要目标，并在确保社会效益的同时实现经济效益最大化。

（四）适度原理

管理活动中存在许多相互矛盾的选择。例如，在业务活动范围的选择上专业化与多元化的对立。专业化经营可以使企业稳定业务方向和顾客队伍，从而有利于企业完善管理、改进技术；多元化经营则可以使企业有广阔的市场，从而承受着较小的经营风险。又如，在管理权力的分配上，有集权与分权的矛盾。集权可以保证组织总体政策的统一以及决策的迅速执行，而分权则可增强组织的适应能力，提高低层次管理者的积极性。

在这些相互对立的选择中，前者的优点恰好是后者的局限之所在，而后者的优势恰好补齐了前者的劣势。因此，组织在业务活动范围的选择上既不能过宽，也不能过窄；在管理幅度的选择上，既不能过大，也不能过小；在权力的分配上；既不能完全集中，也不能绝对分散，必须在两个极端之间找到最恰当的点，进行适度管理，实现适度组合。

第三节 管理的基本方法

管理的基本方法

（一）理性分析

管理的科学性是以理性分析为基础的。理性分析不仅仅是大量严格的定量方法的运用，而且是以严密的逻辑思维为基础的。科学地组织管理的活动过程，要求我们对组织活动的外部环境和内部条件进行充分的分析，在这个基础上制定不同的方案，对这些不同方案进行充分比较后选择实施方案，并进一步论证所选方案的可行性与合理性，为方案的组织实施提供支持。方案的制定、比较以及论证过程中需要借助大量科学的定量分析方法。正是因为定量分析方法的这种普遍需要才催生了以探讨模型的构建和运用为主要特征的管理科学和管理工程的迅速发展。

严格的定量分析方法的构建与运用是以严密的逻辑思维为基础的。数学模型抽象地反映了参与组织活动的各种要素之间相互关系的一般特征。这些特征和规律是通过对管理实践中的大量相关因素及其相互关系的观察、分析、归纳、演绎后才得出的。科学的观察、分析、归纳、演绎过程是一个严密的逻辑思维过程。实际上，不仅这些模型的构建要求以逻辑严密的分析为基础，其运用更需要管理者清晰地思考和辨识各要素之间的因果或相关等关系性质，准确地选择恰当的方法来对相关活动进行分析和计算。

（二）直觉判断

直觉的运用表面上来看是不那么精确和不那么科学的方法。但是在组织的管理实践中，许多重要问题的处理，直觉或者说以直觉为基础的判断，仍发挥着重要的作用。对组织来说，组织环境的变化并不总是依循既有的规律，即便依循一定的规律，因相关因素的错综复杂，这种变化的规律也可能未能被迅速揭示，特别是组织活动中需要处理的许多问题，时间敏感性很强，以直觉判断为基础的决策就显示出优越性了。

直觉，表面上看没有切实的数据，没有定量的模型，没有精确的计算，因而没有形式上的科学性。但实际上，直觉仍是一个快速逻辑思维过程的结果。虽然我们目前还无法用科学的语言严谨地描述和揭示直觉思维的科学特征，但是毫无疑问，直觉思维有着非常丰富的科学内涵。揭示管理者直觉思维的科学内涵，研究如何通过管理教育去提升管理者以直觉判断为基础的决策能力，应当成为管理研究的重要课题。

第四节　管理的基本职能

管理的基本职能

该部分主要解释管理的五项基本职能，分别为：决策、计划、组织、控制、领导。

按照管理二重性理论，管理具有两种基本职能，分别是有效指挥生产力和监督维护生产关系。前者作为管理的自然属性，反映了社会化大生产过程中合作劳动的本身要求。后者是管理的社会属性，是指企业管理具有生产关系和社会制度相联系，执行着维护和巩固生产关系的特殊职能。

（一）决策

诺贝尔经济学奖得主赫伯特西蒙认为：管理就是决策，决策充满了整个管理过程。由此可见管理的重中之重便是决策。

1. 决策的概念及类别

（1）决策的概念

决策是指通过分析和选择，做出一个确定的选择或行动方案。换言之，决策是指在众多选择中通过问题识别、信息收集、方案评估后，选择和实施最优的一种方案。

决策的概念包含以下四层含义：

①决策的主体包括组织和个人。

②决策解决的问题包括对组织或个人活动的选择和调整。

③决策选择或调整的对象包括活动的方向内容和完成某项活动的方式。

④决策时间跨度可以是某个时点，也可以是未来较长时段。

（2）决策的类别

①个人决策和组织决策。决策主体可以分类为个人决策和组织决策。

个人决策是指个人在参与组织活动中的各种决策。个人参与组织活动过程中不断地作出决策。个人决策通常是无意中提出并在瞬间完成的。

组织决策是组织整体或部分对未来时期的活动做出决策或调整。组织决策是在环境研究基础上制定的，环境研究能够让组织识别外部环境变化带来的机会或者危机，通过对自身优势和劣势的评估后调整活动的方向内容或方式。

②初始决策和追踪决策。从决策需要解决问题来看，可以分为初始决策和追踪决策。

初始决策是组织首次选择即进行某项活动的决策；追踪决策是在初始决策后对组织活动的方向和内容或方式进行调整。因此，可以将初始决策理解是组织对内外环境分析后做出的决策。追踪决策则是由于环境变化或是组织对内外环境的分析结果发生变化从而做出的决策。

③战略决策和战术决策。从决策对象和决策时限来看，组织决策分为战略决策和战术决策。二者区别主要体现在对象、时期、作用影响方面。

从调整对象上看，战略决策调整组织活动的方向和内容，战术决策调整的是战略决策的活动方式。前者决定"干什么"是根本性决策，后者确定"怎么干"属于执行性决策。

从涉及的时期上看，战略决策是组织在未来长时间段执行的活动，战术决策则是短时间内解决组织或是个体的决策方案。组织长期的活动目标实现需要该时期内每一个短期决策方案协同完成。因此，战略决策是战术决策的依据，战术决策的实现是战略决策实现的必要条件。

从作用和影响来看，战略决策的实施效果影响着组织的效益与发展。战术决策的实施效果主要影响组织的效率与生存。

2. 决策过程和影响因素

（1）决策过程

决策过程可以分为五个阶段：问题发掘、找寻决策目标、制定可行方案、方案的评估与选择和决策方案实施效果的评价。前三阶段是决策的核心阶段，然后才是评价阶段，随后再进行下一次决策阶段。进行"决策、实施、再决策、再实施"的循环决策，该循环会贯穿全部的管理活动。

①问题发掘。问题发掘是做出决策的第一步。一项决策制定的有效性和合理性是由发掘的问题是否关键和问题的要害是否准确来保证的。因此，决策者要进行精准的调研，分析自身现实环境条件理想状况下能达到的与实际情况下已达到之间的差异，再对该差异进行研究寻求原因。

②找寻决策目标。通过问题发掘找寻到差异的原因后，决策者需要分辨出主要目标和次要目标，战略目标和具体目标。决策者应按照先主后次的原则，保障战略目标的达成。

③制定决策方案。组织通过搜集解决问题的想法，并将这些想法集中起来，加以整理分类，由此形成了对应的初步方案。经过初步方案的筛选、补充与修正，将所确定方案加以进一步改进，预期实施效果，形成一系列各不相同的可行性方案。

④方案的评价与选择。每一个可行方案的执行都对目标的实现产生积极或者消极的影响。因此，有必要进行可行性研究，即对每个可行性方案进行综合的评价与比较。评价和比较的主要内容有以下三方面。

第一，方案实施的条件是否具备，筹集和利用条件的成本是否能够承担。

第二，方案实施能给组织带来怎样的短期、长期利益。

第三，方案实施过程可能遇到的风险导致活动失败的可能性。

在方案评价与选择的过程中，决策者需要处理好如下三方面问题：一是统筹兼顾。决策方案和各项活动之间要协调进行，保持组织与外部结合方式的连贯性，为实现新的目标服务，要充分利用组织的人力资源。二是注重反对意见。反对声音的出现说明当前的方案可能存在某些弊端，听取反对意见能够提供新的角度去思考问题，完善方案。三是要有决断魄力。决策者在听取各种意见的基础上，根据自己对组织任务的理解和对形势的判断，权衡各种方案利弊后及时做出决断。

⑤决策评价的检查和反馈。这是决策过程的最后一步。通过对决策评价的检查，可以发现决策执行过程中出现的偏差，便于提前准备相应的处理措施进行决策控制。目前追踪处理措施有三种：其一，保持现状，不采取措施；其二，采取措施纠正偏差；其三，修正原决策。如果出现较小的偏差，不影响决策的全局效果或者纠正偏差需要付出巨大成本或是已超出现有的条件，那么通常选择保持现状，继续观察；如果经过分析实施结果及偏差原因后，认为原决策在现有条件下仍然正确的，或者说客观条件下没必要修正决策，但出现的偏差又会影响决策效果，那么这种情况就适合采取措施纠正偏差。

（2）影响因素

①环境。环境对组织决策有双重影响，因此环境因素的重要性不能忽视。

第一，市场环境的稳定与否影响着组织决策。如果企业在一个稳定的市场环境，企业通常会延续过去的决策。如果企业所在的市场环境发生了巨大变化，那么企业就需要对过去的活动决策进行调整。市场上处于领先地位的企业，需要把过去的生产决策适当调整，如改善生产条件、扩大生产规模来降低生产成本；市场上处于竞争地位的企业，需要时刻注意竞争对手的决策，加大创新投入推出新产品。

第二，组织活动选择受到环境的习惯反应模式的影响。比如，在同样的市场环境下，不同的组织也会做出不同的反应，因为组织与环境之间的调整模式只要形成就会固定下来，组织对决策方案的选择就会开始受到限制。

②过去的决策。过去的决策对目前决策的制约程度与决策者关系息息相关。如果过去的决策是由现在的决策者制定，那么决策者需要对自己的决策负责，因此决策者本身更加愿意去执行过去的决策。如果现任的决策者没有参与过去决策，那么现任决策者更容易接受过去决策的重大改变。

③决策者的风险偏好。组织和其决策者的风险偏好会导致采取不同的决策方案。风险偏好的组织和其决策者更愿意承担风险，往往在被迫对环境做出反应以前就会采取积极的行动；相反，风险厌恶的组织和其决策者，会被动地等待环境变化后再采取行动。因此，风险厌恶的组织与决策者会被过去的决策影响得更深。

④组织文化。组织文化限制着组织成员的思考以及行为方式，决策者对待决策的态度也因此受到了影响。

所有决策的制定，都会对过去的活动表达肯定或否定的态度。而组织成员对待这种变化也有赞成或反对两种相反态度。赞成态度会使新决策很顺利地执行下去。而反对态度会使决策执行阻力重重甚至无法执行下去。因此，当决策被反对时，组织首先需要去改变成员们的反对态度，为新决策的执行营造有利环境。

⑤时间。美国学者威廉·R．金和大卫·I．克里兰把决策类型分为了时间敏感决策和知识敏感决策。时间敏感决策是指在最短的时间做出尽量准确的决策，这种决策对于速度要求远远大于对质量的要求。而知识敏感决策是要求决策的效果，因此往往需要决策者充分地利用知识、信息和人力等资源做出正确的决策。这样的决策对速度的要求不高，而对决策质量有较高的要求。

（二）计划

1. 计划的定义

计划是对组织即将从事的活动进行规划和打算。计划包含：组织目标、制定全局战略、开发一个全面的分层计划体系用于协调各种活动。计划既涉及目标，也涉及达到目标的方法。

计划分为正式计划和非正式计划。正式计划是在所有时期都设置具体目标，这些目标需要以文字形式呈现给所有组织成员。非正式计划是指管理者本人考虑组织想要达到什么目标，以及怎么实现目标，并不形成详细文字计划，较为粗略且连续性较差，很少与组织中其他人共享的目标。

2. 计划目的

计划是一种协调过程，管理者和非管理者都会受到计划的方向指引。当所有组织人员了解到组织的目标和该如何达到目标后，组织人员就会开始协调活动、相互合作、组建团队。缺乏计划的团队会走许多弯路，导致未能实现目标。

通过激励管理者面向未来市场变化，防范危机的冲击，制定一个合适的计划，来减小不确定性，使管理者能够预见未来组织活动结果。计划能减少重叠性和浪费性的活动。

最后，计划设立目标和标准以便进行控制。控制职能将实际绩效与目标进行比较，探究采取何种校正行动来解决可能出现的重大偏差。如果想要控制职能较好实现，就需要合理地安排计划。

3. 计划类型

根据计划的广度可以划分为战略计划和作业计划；按照时间可以划分为短期计划和长期计划；按照对计划进行情况的明确性可以划分为具体计划和指导

计划。以上划分方法划分出来的计划结果并不是相互独立的，比如短期计划和长期计划、战略计划和作业计划之间存在紧密联系。

（1）战略计划和作业计划

运用到整体组织中去，给组织确立一个总体目标，并谋求其在环境中所处位置的方案，即战略方案（strategic plans）。规定总体目标是怎样完成的详细方案，叫作作业方案（operational plans）。战略计划不同于作业计划，无论从时间框架、范围，还是从是否含有已知组织目标来看，都有所不同。作业计划倾向于涵盖更短时间区间，例如月计划、周计划和日计划等都是作业计划的一部分；战略计划往往是指较长的时间间隔，一般是五年或更长时间，涵盖更广泛的领域，但没有具体细节。另外；战略计划中最重要的任务之一就是制定目标：作业计划只在假设目标已存在的情况下提供达到这些目标的途径。

（2）短期计划与长期计划

长期（long-term）计划描述了一个组织长期（通常为五年以上）发展的方向与政策，确定了该组织各部门长期开展某项活动所要实现的目标与要求，并为该组织的长远发展描绘了蓝图。短期（short-term）计划的诞生专门规定了本组织各部门从现在起至将来各较短时间阶段（一般指一年以内的时间），尤其是在最接近的时间段内，应开展哪些活动以及开展这类活动应满足哪些条件。长期计划是为了使组织活动能力得到更新与拓展，所以它的实施效果在很大程度上影响着组织发展能力；而短期计划则是为了使已成形的组织活动能力得到提高，因而其执行结果主要影响组织活动的效率以及由此决定的生存能力。

（3）具体计划与指导性计划

具体计划（specific plans）有明确的目的，不会有含糊不清之处，也不会有易造成误会之处。但具体计划也有不足之处，其需要的明确性、可预见性等条件未必都能达到。

在计划不确定程度较高时，需要管理当局具有灵活性以防止意外发生，在此背景下指导性计划更为可取。指导性计划（directional plans）只是规定了一般性的政策，指明了要点，而没有将管理者局限于某一目标和行动方案。

4. 计划编制程序

计划编制过程包括五个阶段的工作：收集资料的准备阶段、目标或任务的分解阶段、目标结构的分析阶段、综合平衡阶段、编制并下达行动计划阶段。

（1）收集资料，为计划的编制提供依据

（2）目标分解

（3）目标结构分析

目标结构分析就是要研究低一级目标是否能为高一级目标提供保障，也就是要分析一个组织每个时期内具体目标是否能达到，进而是否能确保整体目标得以实现。

（4）综合平衡

综合平衡是计划工作的重要环节，具体内容包括以下三点。

第一，分析目标结构所确定或相对于目标结构的各个时期组织中各个部分的工作是否互相联系、协调一致，包括工作的时间平衡、空间平衡等。时间平衡就是分析各个时间段内组织的工作是否互相联系，以确保组织活动的顺利进行；空间平衡应研究组织各部分任务之间是否维持着相应比例关系，以确保组织整体活动的协调。

第二，研究了组织活动开展与资源供应之间的相互关系，并分析了一个组织是否能在合适的时机募集到合适种类、合适数量的资源以确保其活动持续开展。

第三，分析不同时期不同环节的目标和能力是否均衡。因组织内外环境及活动条件变化频繁，可能会引起任务调整，所以要兼顾任务和能力是否均衡。

（5）编制并下达行动计划

根据综合平衡情况，本组织可为各部门（例如经营、人事、财务、供应等）制定各时期（长期、年度、季度、月等）行动计划并发布实施。

5. 计划执行与调整

组织计划实施的根本要求，就是要确保全面、平衡地完成各项计划。所谓全面实现计划，就是组织整体、组织内部各部门都按照主要指标来实现计划，不偏废；所谓平衡完成计划，就是要按时间段的特定要求来完成任务，才能保障活动的正常秩序，才能确保组织的稳定发展。

是否能全面而平衡地完成计划，主要取决于计划实施时是否能充分调动组织全体成员的工作积极性。目标管理（management by objectives）就是常用的实施计划的一种重要而有效的管理方法。

滚动式计划作为一种现代计划方法，确保了计划在实施时，能随着形势的变化而及时进行修改与调整。滚动计划最基本的做法是，编制出组织一段时间内的行动计划，并在实施过程中，随着组织内部和外部情况的改变而经常进行修正，从而使计划期能得以延长和滚动推进。

滚动式计划方法多用于长期计划的制定与调整。长期计划所面临的环境比较复杂，存在着组织自身不易控制的诸多因素，而采取滚动计划则能在适当的时候随着环境变化及组织活动实际推进而不断调整，使得组织总是具有面向各个部门和各个阶段的长期活动规划。当然，这一计划方式还可用于短期计划工作中，如年度、季度计划编制、修改等。在以滚动方式制定年度计划过程中，可以把计划期前移一个季度，至一季度末，根据一季度计划实施效果及客观情况变化对原年度计划进行适当调整，让计划滚动一个季度，滚动计划程序如图 1－1 所示。

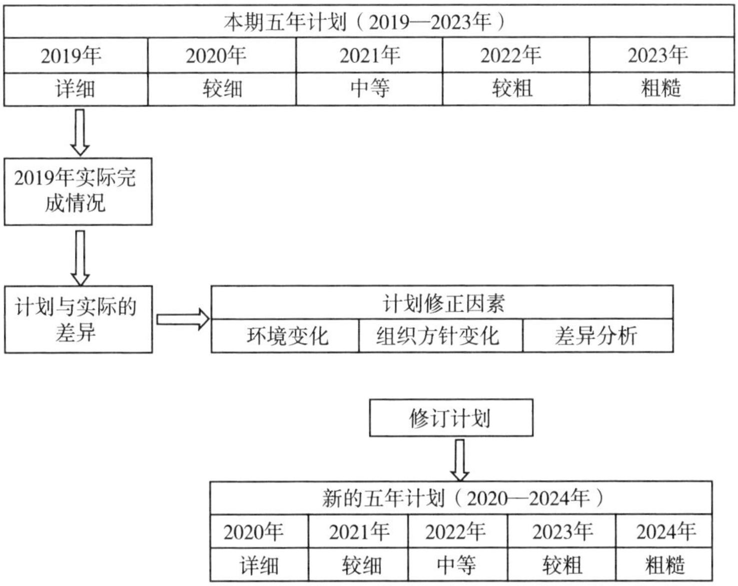

图 1－1　滚动式计划表

滚动式计划有以下三个特点。

第一，计划分为若干个执行期，其中近期行动计划编制得详细具体，而远期计划则相对粗略。

第二，计划执行一定时期，就根据执行情况和环境变化对以后各期计划内容进行修改、调整。

第三，上述两个特点决定了组织的计划工作始终是一个动态过程，因此滚动方式计划避免了计划的固态化，提高了计划的适应性，从而对实际工作更具指导性。

（三）组织

组织工作的出现源于人与人之间的协作需求。为了让协作的成员在执行计划过程中能够拥有超过每个协作个体之和的能力，提高工作效率，应按照工作要求和人员特点进行职位设计，并通过权限和分工来实现；把合适的人安排到合适的位置，以系统的方式规定各层职责及上下层相互关系。构成了组织整体协调运转的有机组织。

1. 组织含义

所谓组织就是人们为实现一个共同的目标而设立的组织，它是人力、物力和财力多种资源效用得以充分发挥的媒介。内容包括为组织机构所有人员规定岗位，明确职责，交换信息和协调工作。这一界定包含三层意思：其一，组织是个整体，有着共同的目标，所以在管理活动中，组织机构的设立、撤销和合并等都要从属于组织目标。其二，为实现组织目标而开展的业务活动及主要职责，是确定各级组织责权利范围的依据。其三，决定一个组织效率高低的两大要素是组织内部信息的交流与协调。

2. 组织要素

组织要素包括以下 4 点。

（1）共同的目标

组织作为一个整体：首先要具有共同的目标，有了共同的目标，才能够统一指挥和行动。

（2）人员和责任

为达到共同的目的，设立必需的组织机构，并对机构内的所有人员规定岗位并明确责任。

（3）协调关系

它将使组织成员内部乐于协作，并将愿意为共同目标作出贡献的人员统一起来。

（4）交换信息

是把组织共同目标与成员协作意愿相关联，是协调各种关系不可缺少的手段。

3. 组织本质

组织的本质就在于，组织是从事合作的人们的集合。管理的组织职能基本上就是要设计、塑造和维持一个良好的、融洽的集体环境，以便人与人之间相互合作，协调一致地采取行动，从而取得最佳的群体效应。组织高效化的衡量应具有如下四条。

①管理效率高，层次简明合理。

②信息传递效率高、准确度高，组织领导者能掌握最新情况，做出相应对策。

③人员任用合理，人人都能在自己岗位上充分发挥作用。

④整体组织的目标和计划已经让组织按照计划划分出去，充分保障了计划的有序实施和目标的达成。

4. 组织设计任务

组织设计有两方面工作：①是给出组织结构系统图；②编制《职务说明书》。

组织结构系统图基本外形如图 1－2 所示，由方框及箭头构成，方框表示各管理职务或对应部门，箭头则表示权力方向。用箭头把各个方框连起来，说明各管理职务或者部门在一个组织结构中所处的位置和相互关系。

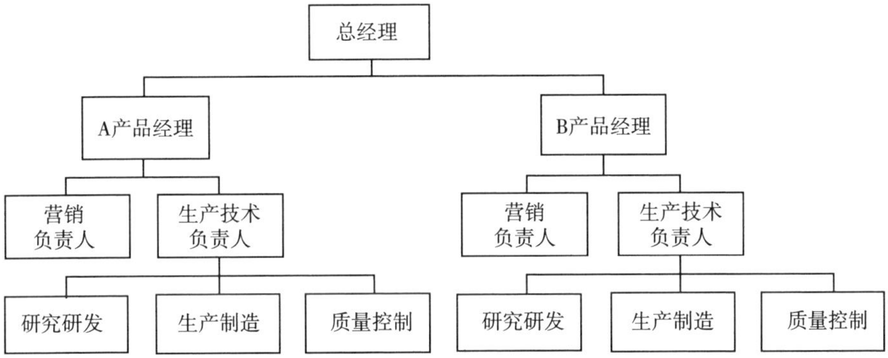

图 1-2　组织结构系统图

《职务说明书》要求能简单而明确地指出各管理职务的工作内容、职责与权力、与组织中其他部门和职务的关系，指出担任该项职务者所必须拥有的基本素质、技术知识、工作经验，处理问题的能力等。

为了提供这两种组织设计的最终成果，组织设计者要完成以下 3 个步骤的工作。

（1）职务设计与分析

组织系统图是从上至下编制而成的，当我们对已有组织进行改进研究时，常常还要从上至下对各部门进行责任再划分。但设计新的组织结构要从最基层做起，即组织设计要从下到上。

职务设计和分析是组织设计中最基本的任务，职务设计以对目标活动的逐级分解为前提。设计并确定了在组织中进行具体管理工作时所需要的岗位类别及人数，并对承担各岗位工作的人应承担的职责和应具备的素质要求进行了分析。

（2）部门划分

按照各岗位性质和岗位之间的联系，各岗位可按一定原则合并为一个管理单位，即所谓“部门”。组织活动的性质、环境与条件不一样，划分各部门的依据就不一样。对于同一组织而言，部门划分标准还可能在不同的时间背景下不断进行调整。

（3）结构形成

职务设计与部门划分以工作要求为基础，以此为基础，还必须依据组织内部与外部可获得的可用人力资源来调整初步设计中的部门与岗位，并且要均衡各个部门、各个岗位的工作量以便做到组织机构的合理性，若再一次分析结果验证了初步设计的合理性，余下的工作就是按其工作性质及内容进行设计，规定了各个管理机构的责任、权限及义务关系，从而把各个管理部门与岗位组成严密网络。

5. 组织设计依据

组织结构设计就是要合理地安排管理人员的工作，组织活动的管理要在特定的情境中运用特定的技术，以组织的总体战略为导向。当一个组织处于不同规模、不同阶段的时候，它还需要具有不同的结构。

（1）战略

战略就是为了达到组织目标而对行动方案、方针、方向进行选择，以达到相同目的。组织可从众多的策略中做出抉择。

战略选择不同，对组织结构有两层影响：①不同战略需要不同的业务活动；因而影响了管理职务设计；②战略重点发生变化，这将导致组织工作重心的转移，部门和岗位在组织上的重要性也随之变化，从而需要对管理岗位和部门间关系进行相应调整。

（2）环境

任何一个组织都是以社会为单元而存在于特定环境之中，而组织所处的外部环境又不可避免地在某种程度上影响着它的内部结构形式。这一效应体现为3个明显层面。

①对职务和部门设计的影响。组织是社会经济大系统中的一个子系统，它和其他社会子系统之间存在着分工关系。不同的社会分工方式决定着组织内部不同的工作内容，因而需要完成的工作，需要设置的岗位以及部门都是不一样的。在我国原有的经济体制中，企业所承担的任务只是运用国家提供的多种生产要素进行产品生产，其内部机构设置基本上倾向于围绕生产过程进行安排；在经济体制不断改革的今天，国家将企业逐渐推向市场，这就使得企业内要素供应、市场营销等工作内容越来越多，这就需要企业的某些部门在资源筹措、产品销售等方面相应增加或者加强。

②对各部门关系的影响。环境的差异使得组织内所有任务的完成难度和对组织目标达成的影响都有所不同。如在产品需求超过供给的情况下，企业所关注的问题就是如何提高产量和扩大生产，生产部门就成了组织中的核心；而一旦市场出现供过于求的现象，就加强企业营销职能，营销部门就成了组织中的核心。

③对组织结构总体特征的影响。外部环境稳定与否对组织结构提出了不同要求。在稳定的环境下运行，要求组织结构稳定（称为“机械式管理系统”），管理部门和人员职责界限分明，工作内容和程序经过认真规定；部门之间权责关系是固定不变的，等级结构是紧密的；同时，多变的环境要求组织结构具有

弹性（称为“有机的管理系统”），各部门的权责关系和工作内容需要经常进行适应性调整，等级关系不够紧密，在组织设计上注重部门之间横向沟通，较少纵向等级控制。

（3）技术

技术以及技术设备水平的高低不仅关系到组织活动开展的成效与效率，还对组织活动内容划分、岗位设置及工作人员素质要求等方面发挥作用。如果信息处理计算机化，势必使组织内会计、文书、档案及其他部门在工作形式与性质上发生变化。

（4）规模与组织所处发展阶段

规模在组织结构中起着不可忽略的作用。它适用于只在一定区域市场内进行产品生产与销售的企业组织结构形态，而不能同样适用于参与国际经济舞台业务的巨型跨国公司。

组织规模通常与其发展阶段有关，随着组织不断成长，其活动内容将变得更加复杂、数量将逐步增加、活动规模将变得更加庞大、组织结构需要进行重新定位。

6. 组织设计原则

任何组织在进行机构和结构的设计时，都要遵守以下 5 点原则。

（1）因事设职与因人设职相结合的原则

组织设计最基本的目的就是要确保组织目标得以实现，就是要把目标活动中的每一个内容贯彻到特定的职位和部门中去。所以在进行组织设计时，逻辑性要求先要考虑到工作特点与需求，要因事设职、因职用人。

（2）权责对等原则

权力运用范围低于工作要求，就会导致职责不落实、使命不落实。权力凌驾于工作要求之上，虽可确保使命的实现，但也可能造成不负责任的误用，甚至危及整个组织系统。

（3）命令统一原则

组织内部分工愈细、愈深，统一命令对确保组织目标达成愈重要。各单位活动为预防不利现象发生，组织设计应按照下级只服从上级这一原则，采取把所管各岗位组成连续等级链，明确链上各岗位的职责、权力关系，严禁越级指挥和越权指挥；落实各级行政首长负责制、减少各级行政主管副职等措施，防止副职“篡权”“越权”，从而扰乱了正职，确保执行统一命令。

（4）有效管理幅度与有效管理层次原则

组织最高主管由于时间、精力有限，需要委托部分人员共同承担他们的管理工作。委托所带来的后果就是使其不得不直接处理的业务工作量有所下降，但是同时也使其协调受托人所承担的任务有所增加。所以任何一个主管能直接对下属进行有效指挥与监督的人数永远是有限的。这种直接领导有限数量下属的幅度被称为管理幅度。

出于相同原因，最高主管委托人还需要把受托的一部分管理工作重新交给这些人来帮助完成，直到受托人能够直接对组织成员特定业务活动作出安排并提供帮助。这就构成了一个组织从最高主管至具体工作人员的各种管理层次。

管理层次正比组织的规模，反比管理的幅度。管理层次同管理幅度成反比，这就决定了管理组织结构形态有两种，一种是扁平结构，一种是锥形结构。

扁平结构指管理幅度大而管理层次较少的组织结构形式，该形式具有的优势是：由于水平较低，传递信息迅速，因此能让高层以最快速度找出信息中反映出的问题并采取纠偏措施；同时，由于信息传递所经层次不多，因此在传递过程中失真的概率比较低；另外，管理幅度大，使得主管人员不能过分死板地控制部属，因而有利于发挥下属的主动性与首创精神。但是管理幅度太大也有一定的局限性。例如主管不可能全面而有效地引导与监督每一个下属；每一个主管都会得到更多下属的信息，而大量信息量也许会淹没掉这些信息中最重要和最具价值的那一部分。

锥形结构就是管理幅度小、管理层次多，呈高尖细金字塔形状。它的优势和局限性恰恰和扁平结构不同：管理幅度小，能让每一位主管认真研究来自每一位下属的有限资料，为每一位下属提供穷尽性的辅导；但是管理层次太多，既影响基层向高层传递信息的速度，又有可能造成信息传输过程中的失真；与此同时，管理层次太多可能会让每一层主管都会觉得他们在组织中所处的位置不够重要，因而影响了积极性。

所以组织设计应尽量结合这两种基本组织结构形态各自的优点以克服各自的局限性。

（5）集权与分权相结合原则

集权，就是决策权向组织系统高层面一定程度的集中；相应地，分权就是决策权分散到组织系统中较低管理层次。

现实社会中组织几乎普遍地存在着集权倾向，这种集权倾向主要同组织历史和领导个性相联系，有时甚至出于对行政效率的追求。一个组织在规模较小时，高度集权势在必行，并能充分表现出优势。但是随着组织规模不断扩大，若把决策权过多集中于较高管理层，就会使决策质量下降、组织适应能力下降、组织成员工作积极性下降，这些不利因素都会对组织带来极大危害。

组织活动和管理需要多方面的分权，其理由有以下几点。

第一，组织的规模。组织的规模越大，管理的层次越多。多层次管理人员为了协调和指挥下属的活动，必然要求相应的权力。因此，权力往往随着组织规模的扩大和管理层次的增加而与职责一起逐层分解。同时，组织规模达到一定程度以后，决策权仍高度集中，则可能导致“规模负经济”。

第二，活动的分散性。组织的某分支机构单位如果远离总部，往往需要分权。这是因为总部难以正确、有效地指挥现场的操作；同时，分散在各地区的单位主管往往表现出强烈的自治欲望，这种欲望如果不能得到一定程度的满足，则可能破坏组织的效率。

第三，培训管理人员的需要。“在游泳中学会游泳”，在权力的使用中学会使用权力。低层次管理人员如果很少有实践权力的机会，或只有实践很少权力的机会，则难以培养成为能够统驭全局的人才，从而不能使组织在内部造就高层管理的后备力量。相反，独当一面的分权化单位主管可以非常迅速地适应总经理的工作。

同时，分权管理要注意考虑以下两点因素，以避免对组织产生破坏。

第一，政策的统一性。组织作为统一的社会单位，需要其内部各项政策的统一。

第二，拥有受过良好训练的管理人员。缺少训练有素的管理人员也常常是一个组织中主管不愿意分权的理由。分权化的确让基层决策权力增多，但权力的正确使用需要管理人员具备相关素质。现有组织若没有足够数量的合乎要求的低层次管理人员，通常会给进一步分权带来制约。

7. 组织结构

合理的组织结构的基本模式从纵向上看，应是构成一个自上而下、领导统一指挥的体系；横向上，它应是由各个部门和各个环节紧密配合而成的协作系统，从而能使企业成为一个有机整体。管理机构组织形式是伴随着生产技术、经济等各方面发展变化而发展变化的，有一个从简到繁的变化过程。

（1）直线型组织

直线型是工业发展初期所采用的一种简单的组织形式。主要特点是组织内上级管理层与下级管理层按垂直系统进行管理。信息沟通和传递渠道只有一条直线通道。一个下级只接受一个上级管理者的命令，而不设立专门的职能机构。其结构形式如图 1－3 所示。

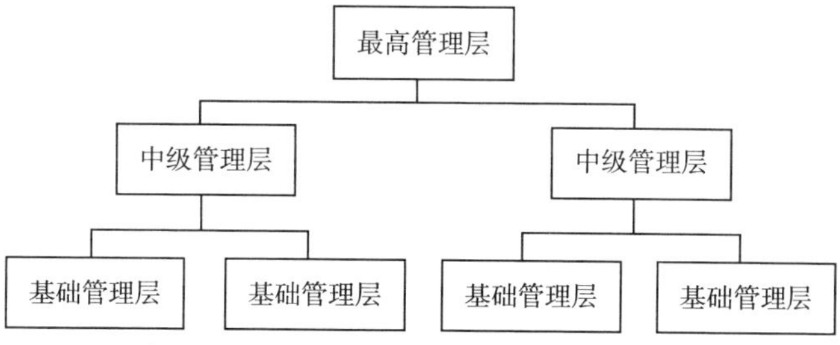

图 1－3　直线性组织结构

直线型的优点：结构简单、权责分明、指挥与命令一致、联系简捷、决策迅速、用人较少、费用较低、工作效率较高。缺点：组织内信息沟通不顺畅、不符合“例外管理”原则要求，这种组织形式只适用于产品单一、供销渠道稳定、工艺过程简单、规模较小的企业。

（2）职能型组织

职能型结构是按分工负责原则组成的机构，各级行政负责人都设有相应的职能机构，这些职能机构在自己的业务范围内都有权向下级下达命令和指示。因此，下级行政负责人除了要服从上级行政领导的指挥外，还要服从上级职能机构的指挥。其结构形式如图1－4所示。

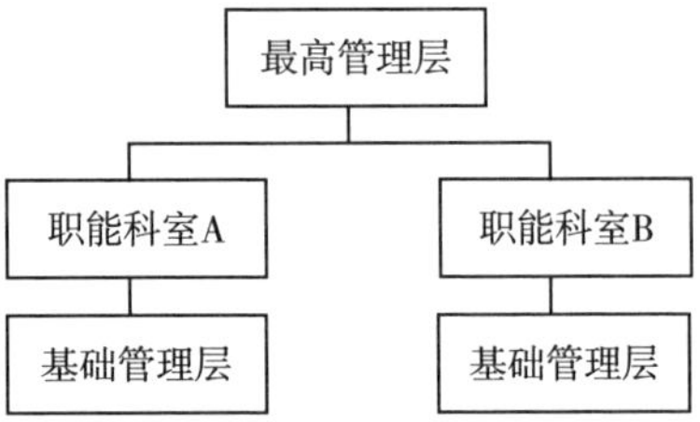

图1－4　职能型组织结构

职能型的优点：将管理工作按职能分工，适应了现代管理工作分工较细的特点。便于组织内部的信息沟通顺畅。同时，提高了管理的专业化程度，减轻了各级领导人的工作负担。缺点：①妨碍组织的集中统一指挥，多头领导，不利于明确划分各级行政负责人和职能科室的职责权限；②弹性较差，对于调整、改革，容易产生一种自发的抗拒倾向；③在工作人员缺席（如病、事假等）的情况下，容易导致工作无法继续进行。

（3）直线职能型组织

这是在吸收了上述两种组织结构的优点的基础上形成的一种组织结构。它以直线制为基础，在各级生产行政领导者之下设置相应的职能部门，分别从事专业管理。组织结构以直线管理为主，职能部门根据授权拟订相关的计划、方案并下达有关命令，其结构如图1－5所示。

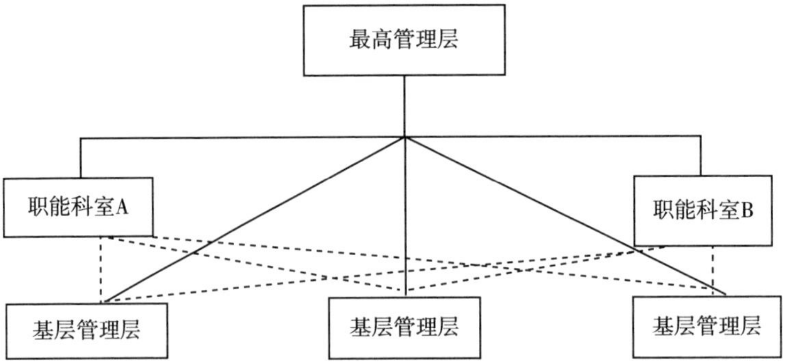

图1－5　直线职能型组织

该组织形式不仅集直线型与职能型两种组织形式之长，而且还较大程度地克服了它们各自的不足。它既保留直线型统一指挥的优势，又吸收职能型充分发挥专业管理部门职能的优势；从而提高管理工作效率和生产行政指挥系统功能的组织保障。它的缺点是职能部门间的相互联系差，易出现脱节与冲突。尤其是在每个职能部门都分别属于不同行政领导情况下，多头领导现象还普遍存在。

（4）事业部型组织

事业部型属于“分权式”的组织形式。这是一种以集中指导分权管理、以职能型与直线职能型构造为主、克服二者弊端的组织方式，也是当代社会化大生产的必然走向。美国通用汽车公司开了先河。它以将企业生产经营活动按产品种类或区域设置事业部为特征。各个事业部相对独立运作，拥有独立产品或者市场、独立核算，各事业部为利润中心。按照“集中决策，分散运作”的原则，公司最高管理机构负责重大方针政策的制定，掌握影响公司成败的重大问题的决策权，如财务控制、重要管理人员的任免、基建投资等。事业部经理按照总公司指示对所主管事业部进行统一领导，其结构如图 1-6 所示。

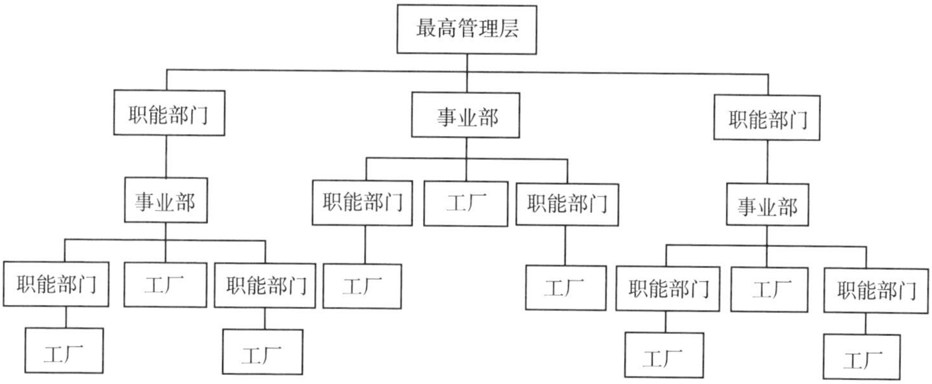

图 1-6　事业部型组织图

事业部型组织优势：它有利于把企业最高领导层从日常行政管理工作中解放出来，集中精力投入企业战略决策与长远规划之中；有利于充分发挥各个事业部在生产经营中的主动性、积极性，并根据市场变化情况灵活安排生产经营活动；有助于管理人员专业能力与领导能力的提升；有助于增强企业的稳定性，适应环境。事业部型存在的弊端：职能机构设置重复，易造成人员、财力和物力的浪费；职权下放过度，降低了最高管理层控制能力，不利于全局协调；采用独立核算易使各个事业部形成本位主义倾向，而忽略了企业整体利益与长远发展。

（5）矩阵型组织

矩阵型组织就是一种矩形形态组织结构，它包括纵向和横向两组管理系统。是由按指挥职能分类的垂直领导系统和按照项目（产品或工程）分类的横向领导系统二者构成的，矩阵型组织一般是为完成某项特别任务，或为开发新产品，或为完成某项工程而设立的。项目小组的成员全部来自各个职能部门，工作任务一结束就返回原来的单位从事其他工作，即项目小组是暂时性的组织。但是项目开展时，项目小组成员须受双重领导，即项目小组和职能部门。它的结构形式如图 1－7 所示。

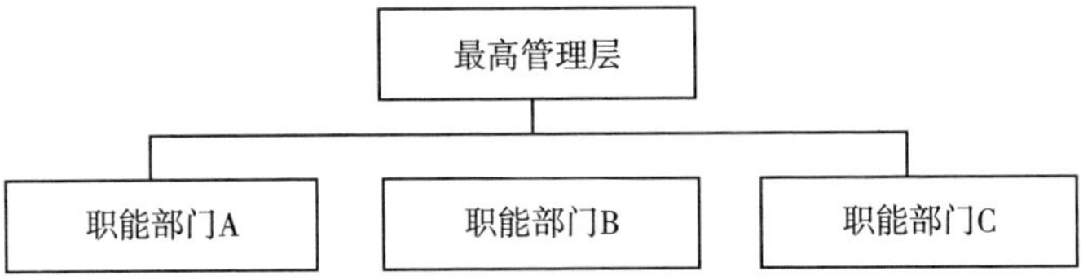

图 1－7　矩阵型组织

矩阵型组织优势：弹性大、适应性强、能根据工作需要集中多种专门知识与技能、在短时间内快速地完成重要工作；由于在项目小组中集中了各种人才，便于知识和意见的交流，能促进新的观点和设想的产生；另外，因为其成员来自各不同职能部门，所以项目小组开展活动也可以促进各部门之间的协调与交流。

其缺点：由于其成员是根据工作的进展情况临时从各职能部门抽调的，其隶属关系不变，从而可能使他们产生临时观念，影响工作责任心；又因为需要接受双重领导，工作起来也许有时不知所措。

（6）多维型组织

这一种结构是矩阵结构在我国的深入发展，也是我国近几年顺应新形势需要而出现的新型管理组织。它是企业组织机构中由三四个方面管理机构组成的，使得企业能更好地进行协调，更容易发挥出效率。它的架构通常分为三维：①以产品划分的事业部，是产品利润中心；②按照职能（市场的研究、制作、考察、技术、经营）分类的专业参谋机构为专业成本中心；③以区域为单位的管理机构为区域利润中心。

在这种管理组织结构形式下，事业部经理不能单独做出决策，而是由产品事业部经理、专业参谋部门和地区部门的代表三方面共同组成产品事业委员会，对各类产品的产销进行领导。这样，就把产品事业部经理和地区经理以利润为中心的管理与专业参谋部门以成本为中心的管理较好地结合起来，协调了产品事业部之间、地区之间的矛盾，有助于及时互通情报、集思广益、共同决策。

在国外，这种组织结构大多适用于跨国公司或规模巨大的跨地区性的公司。随着中国经济的繁荣和对外开放的发展，这种组织也被用于中国的一些大型公司或企业。

（四）控制

1. 控制的定义

控制可界定为：对各种活动实施监控，确保其按照计划执行和修正各种重大偏差。所有管理者均应担负控制责任，使其部门完全按计划进行运转。有效地控制系统能够确保所有行动的完成方向都指向实现组织目标。控制系统愈好，管理者愈易于达到组织目标。

2. 控制的必要性

不管计划制定得多么缜密，因为种种原因，人在实施的活动中总或多或少存在着和计划不符之处。管理控制之所以需要，主要有以下几个方面的原因。

（1）环境的变化

如果公司面临着一个完全静态的市场，而市场供求条件又永远不变，就会以相同的成本每年获得相同性质、相同数量的资源，同时能够以相同的价格把相同种类、相同数量的产品卖给相同的顾客。其实这种静态环境并不存在，任何企业外部环境都时刻处于变动中，这些改变不可避免地需要企业改变原来制定的方案再相应地调整其经营内容。

（2）管理权力的分散

只要企业经营发展到一定程度，企业主管对所有职工的工作都不能进行直接的、面对面的组织指挥。为使下属能有效地执行一些受托管理事务，高级主管势必授予其相应的职权。企业分权的程度越高，越需要控制；各级主管必须对其直接下属进行考察，确保正确运用授予其的职权，并运用这些职权来安排业务活动，使其合乎计划和企业目的。

（3）工作能力的差异

即使每一位员工能够完全了解计划所提出的各项要求，但是因为工作能力不同，其实际的工作成果可能会出现质量和数量不符合计划要求的情况。在某一个环节上可能出现这种偏离计划现象将给企业整体活动带来影响。所以，有必要强化对这批员工工作的管控。

3. 控制的类型

（1）前馈控制

前馈控制是指在现实问题出现前采取管理行动。因此，能预防问题的发生，而非在问题发生后才进行纠正。这类控制要求及时、准确地掌握资料，可惜这往往难以实现。所以管理者总要借助其他两类调控。

（2）同期控制

同期控制是指在事件发生过程中所采取的管制，使管理者在出现重大亏损前能够及时修正问题。

同期控制方式中，直接视察最为普遍。管理者对下属行为直接检查后，管理者既能监督员工的真实工作情况，出现问题又能立即整改。尽管实际行动和管理者的回应之间必然存在延迟时间，但是这一延迟时间很短暂。

（3）反馈控制

最为常见的控制类型为反馈控制。控制作用是在行动后进行的。反馈控制最大的弊端是：管理者在获取信息过程中，亏损已经出现。这和亡羊补牢的道理差不多。但很多时候只能选择反馈控制。

反馈控制比前馈控制、同期控制有两个方面的优点。第一反馈控制向管理者真实地提供有关计划实际成效的信息。第二是反馈控制能提高职工的积极性。由于人们期望得到对其业绩进行评估的资料，反馈恰好提供了此类资料。

4. 控制的过程及要求

（1）控制的过程

控制就是要按照计划要求建立绩效衡量标准，再将实际工作成果和预定标准进行对比，从而判断组织活动是否存在偏差及偏差的轻重；并以此为基础，采取必要的针对性纠正措施来保证组织资源得到有效运用，组织目标得以顺利完成。其控制过程由确立标准、衡量成效及修正偏差等三大基本环节组成。

①确立标准。标准就是人们对工作及其成果（由阶段结果和最终结果两部分组成）进行检查与测量的准则。建立标准，是实施控制的依据。如果缺乏一整套标准，衡量绩效或者纠正偏差都会丧失客观依据。通常情况下，企业可采用的标准确立方式主要有以下 3 种。

a. 利用统计方法来确定预期结果。

b. 根据经验和判断来估计预期结果。

c. 在客观的定量分析的基础上建立工程标准。

②衡量成效。这一环节内容主要就是把实际工作成绩与控制标准进行对比，客观地评价工作，并从两者中找出偏差之处，以便为下一步控制措施的实施及时地提供完整而准确的资料。

③修正偏差。运用科学方法并按照客观标准对工作绩效进行测量，能够找出计划执行中存在的偏差。纠正偏差是以此为基础，对偏差的成因进行分析，并制定和执行必要的纠正措施。

（2）控制的要求

控制旨在确保企业活动达到预定要求，从而切实完成预定目标。为此，有效控制要满足以下几个方面的要求。

①准确性。一个给出不精确信息的控制系统会使管理层该做什么时什么都不做，没出问题却采取多余行动。因此，使精确的控制系统具有可靠性并能够提供适当的信息是非常必要的。

②适时性。控制系统应能够及时改变管理层关注的程度，从而避免某一部门发生给组织带来严重损失的情况。再好的资料一旦过时就没有用，所以一个高效的控制系统一定能及时地提供数据。

③经济性。某一控制系统使用时，经济角度必须合理。任何一个控制系统所带来的收益，必须与它的费用相对照。

④灵活性。控制系统要有充分的灵活性来适应种种不利变化或者抓住种种新机遇。大多数要求控制方式随着时间、条件等因素的改变而不断进行调整。

⑤通俗性。一种不易为人了解的管制毫无价值。一个晦涩难懂的控制系统可能造成不应该有的失误，可能打击员工工作积极性。

⑥标准合理性。标准过高或者不合理就无法起到激励的作用。因此，控制标准应该是让员工感到有挑战性，而不是挫败感。

⑦战略高度。管理层无法掌控组织内的一切。即使能做到，那也会得不偿失。应控制对本组织行为产生战略性影响的要素，其中包括本组织关键性活动、工作和事件。

⑧强调例外。既然管理层无法对各项活动进行管制，其管制手段就应考虑到例外情况的发生。

⑨多重标准。由于多重标准比单一标准更难以把握，因此它可以防止工作中出现做表面文章的现象。另外，在实际应用中难以用单一指标客观地评价。因此，多重标准可以对实际工作进行更为精确的测量。

⑩纠正行动。有效的控制系统既能指出出现了明显的偏差，又能提出修正它的方法。要在点明问题所在之时，给予解题思路。

（五）领导

1. 领导的含义

领导的含义由以下三要素组成。①领导者一定要拥有下属或者追随者。离开了下属，领导者就无从谈起。②领导者具有对追随者施加影响的能力或权力。这一能力或权力包括组织授予领导者的地位与权力以及领导者个人的影响。③领导的宗旨，在于通过影响部下来达到企业目的。

2. 领导的作用

领导者在领导、指导和激励下属努力完成组织目标时，应具体起到指挥、协调、激励三个方面的重要作用。

（1）指挥作用

在集体活动过程中，要求有一个头脑清醒、胸怀大局、能够高瞻远瞩、运筹帷幄的领导者，协助集体了解所处环境与情况，指出活动目的与实现目标之路。

（2）协调作用

在一个由很多人共同协作的集体活动过程中，人与人在思想方面产生种种差异，在行为上背离目标也就在所难免了。所以要求领导者协调好人与人之间的各种关系与活动，使每个人都团结在一起，向着一个共同目标发展。

（3）激励作用

让每个员工始终保持蓬勃的工作热情，最大程度地激发其工作热情，并带领不同员工朝着同一目标奋斗，协调好这些员工在不同时间和空间上的贡献，这就是领导者在组织上，带领员工努力完成企业目标时，所要扮演的特定角色。

3. 领导者素质修养

领导者素质修养是指为实现有效领导目标所需的层次、素质和自我努力的过程。领导者素质就是以先天禀赋为生理素质，经过后天实践锻炼，学习而形成，并对领导工作经常发生作用的那部分内在要素之和。

领导者的素养包含以下基本内容。

（1）品德素养

对于一名领导者来说，素养要求有很多，但是思想品德素养永远排在第一位。作为一个好的领导者，他的道德一定要比他所领导的部属更高，而且越到上层，道德素养要求越高。这是因为：第一，人的品德将对其心理与行为产生直接的影响。人的能力不只靠才智，还靠品德。二是领导者品德的好坏将直接影响到部属对工作的心理与行为。

（2）知识素养

①广博的科学文化知识。学识和文化构成了领导力的无穷源泉。作为领导者，要注意时时处处点滴积累，日积月累，形成丰厚的学养，厚积薄发。

②专业知识和管理知识。领导者要具备有关专业知识，对企业产品结构及制造工艺有较深了解，对科研与技术发展有一定认识；要了解基本的管理原理、方法及各专业管理基础知识。另外，还应该学习管理学、统计学、会计学、经济法、财政金融及外贸等领域的基础知识，并了解管理科学在国内外的发展情况。

（3）能力素养

①领导者的综合能力。a. 信息获取能力。领导者要能够从纷繁复杂的大量信息中透过现象看到实质，把握主要矛盾，并利用逻辑思维对其进行有效的归纳、总结和评判，从而及时地获取最为有效的情报。b. 知识综合能力。成功领导是科学理论与实践经验有机结合的结果，也是一门综合性极强的艺术。领导者一定要有灵活性和创造性，把多种知识综合起来使用。c. 利益整合能力。领导者必须具备对各种利益关系进行调节与协调、消除矛盾冲突、实现不同群体或不同地域利益融合的能力。d. 组织协调能力。领导者要熟悉和善于利用多种组织形式，要善于发挥组织的威力，把企业内部与外部的各种人力、

物力、财力统筹起来，以求得综合平衡、取得最佳成效。

②领导者的创新能力。a. 洞察力。敏锐、迅速、准确地抓住问题要害的能力。b. 预见力。预先把握事态发展轨迹的能力。c. 决断力。迅速做出选择、下定决心、形成方案的能力，也就是实际的决策能力。d. 推动力。善于启发下属达到创新意图。e. 应变力。面对事物发展偶然性，擅长随机处理。f. 识才力。善于识别和起用人才的能力。

（4）心理素养

①敢于决断的气质。领导者须有果断的勇气，而大胆果断并非盲目武断之举，它需要实际的情报工作与周密的方案比选。领导举棋不定，就不可能部署调动全力以赴地开展工作。

②竞争开放的个性。领导者须具备富有信心、开朗乐观、敢于进取、敢于竞争、临变不乱和多谋善断的心理素质，才能在有利的心理状态下投入激烈的竞争环境中，培养善于和他人相处、听取各方意见的开放型性格。

③坚韧不拔的意志。在当前飞速发展的新形势下，领导者必然要面临许多新情况、新问题，既无前人的经验可借鉴，也无现成的公式可套用，特别是在遇到挫折、走弯路的时候，作为一个领导者绝不能悲观、失望、气馁。要以一个领导者坚韧不拔的意志从中吸取教训、消除症结。

4. 领导方式的基本类型

早期的领导方式分类以领导者怎样利用其权力为标准，主要有如下 3 种基本类型：专权型、民主型、放任型。

所谓专权型领导就是领导者由个人说了算，安排部属去实施。这类领导者需要部属绝对顺从，把决策看作是他们个人的事。

所谓民主型领导就是领导者启动部属进行商讨，这种同议集众家之力、再决策的领导方式，需要上下一心、通力协作、保持一致的努力。

所谓放任型领导就是领导者撒手不管、下属想怎么干就怎么干的一种彻底的自由行为。他的责任只是向部属提供情报和接触企业外部，借此对部属工作有利。

这三种基本领导方式各有特点，在不同环境中都有应用。领导者应根据自己所处管理层次，承担的工作性质和部属的特性，对待不同时间和空间的不同问题，对不同部属选用不同领导方式。

（1）连续统一体理论

美国学者坦南鲍姆（R. Tannenbaum）和施米特（W. H. Schmidt）认为，领导方式是多种多样的，从专权型到放任型，有多种过渡形式。基于这样的理解，1958 年二人首次提出“领导方式连续统一体说”。概括性地阐述了这一学说的基本内容与观点。

①经理做出并宣布决策。该方法是由上级对某一问题进行确认并思考多种备选解决办法，从其中任选其一并将其公告给下级以实施。他可以考虑，也可以不考虑下属对自己决策的看法，但无论如何，他不给下属参与决策的机会，下级只能听命于自己。

②经理“销售”决策。在此方法中，与前一种方式相同，经理负责确认问题并做出决定，但是他并不只是宣布这一决定，更重要的是要说服部下接受自己的决定。其目的在于说明自己认识到部属内部可能存在一些异议，并试图通过澄清这一决定对部属的好处来排除异议。

③经理提出计划并允许提出问题。在这种情况下，经理做出决策，期望下属接受决策，但他向下属提供自己的想法和意图的详细说明，并允许提出问题，这样，下属就能更好地理解自己的意图和计划。

④经理提出可以修改的暂定计划。在这一途径下，让下属在决策上起到一定的影响力，但是证实问题与决策的主动权仍然被经理掌握着。

⑤经理提出问题，征求建议，做出决策。在这一模式下，尽管证实问题并做出决定仍然是经理的事，但是下级拥有建议权。经理提出问题后，下属可以提出各种解决问题的方案，经理从自己和下属提出的方案中选择满意的，目的是充分利用部属的知识和经验。

⑥经理规定界限，让团队做出决策。在这一办法中，经理将决策权移交给该集团。在这样做之前，他会对所要处理的问题进行说明，为所要做出的决定设定边界。

⑦经理允许下属在规定界限内行使职权。在这一模式下，群体拥有极端自由，唯一的边界就是上级制定的条款。

以上这些方法孰是孰非并无绝对标准，一个成功的经理未必就是专权或放任自流的人，而必须是在特定情况下采取适当行动的人。在需要果断命令的时候他很擅长命令；在要求工人参加决策的情况下，他能够提供这一可能性。

（2）管理方格理论

管理方格理论是研究企业领导方式及有效性的理论，由美国得克萨斯大学行为学家罗伯特·布莱克（Robert R. Blake）和简·莫顿（Jane S. Mouton）提出。管理方格如图 1－8 所示。

管理方格图为纵轴与横轴各 9 等分方格图，纵轴与横轴表示企业领导者对人及生产的重视。第一格表示关心程度最低，第九格表示关心程度最高。全图总共 81 个小方格，分别表示“关心生产”和“关怀人”这两个基本因素以不同比例结合的领导方式。在这些类型中，以下 5 种最为典型。

①1.1 型。1.1 类型是贫乏型管理。对于员工与生产几乎是无动于衷，仅仅用最少的精力去完成那些不得不完成的任务。这一领导方式会带来失败和罕

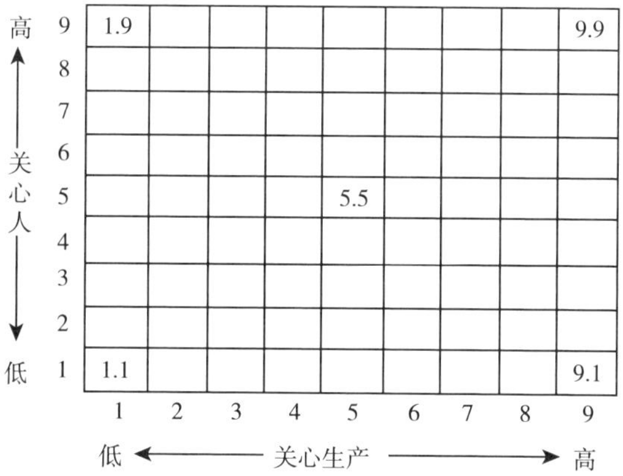

图 1-8　管理方格理论

见的极端局面。

②1.9 型。1.9 型是俱乐部类型经营。这类管理的主管人员几乎连生产都不在乎，只有人员。他们促成一种人人得以放松、感受友谊与快乐的环境，而没有人关心应协同努力以实现组织的目标。

③5.5 型。5.5 型是管理的中间型。这类领导既不重视人员，也不重视生产，但却能够保持均衡。一方面，可以更多地关注管理者的规划，指挥与控制责任；另一方面更注重引导和鼓励员工，努力将员工士气维持在所要求的令人满意的程度。但这种领导方式创新精神不强，只求常态的高效和令人满意的斗志。

④9.1 型。9.1 型第一任务是管理。领导作风十分专制，领导权重在完成生产任务，提高作业效率，重视对员工工作活动的规划、引导与调控，为了实现组织目标而对人的要素漠不关心，对员工成长与斗志关注较少。

⑤9.9 型。9.9 型是团队式的管理。也就是要高度关注生产与人员，力求把员工的个人需求与组织目标进行最为有效的融合，并注重让员工理解组织目标、关注工作结果。构建了“命运共同体”，致使员工关系融洽、斗志高昂、能够自我控制、出色地完成生产任务。

（3）权变理论

在权变理论看来，“普适”领导方式是没有的，领导工作受领导者客观环境影响很大。也就是说，领导与领导者都是一定既定环境作用下的结果，即 $S=f$（L，F，E）。

具体地说，领导方式是领导者的特征、追随者的特征和环境的函数。在上式中，S 代表领导方式，L 代表领导者的特征，f 代表追随者的特征，E 代表环境。

领导者特征，主要是指领导者个人品质、价值观、工作经历等。领导者若决断力强、相信X理论，就极有可能实行专制型领导。

追随者特点主要是指追随者个人品质、工作能力和价值观。如果追随者独立性更强、工作水平更高，采用民主型或者放任型领导更合适。

所谓环境，主要是指工作特性、组织特征、社会状况、文化影响、心理因素。劳动是否富有创造性或简单重复、组织中规章制度是否相对严格或松散、社会时尚是否偏向追随服从或崇尚个人能力等，这些因素强烈地冲击着领导方式。

弗雷德·菲德勒（Fred E. Fiedler）认为，每一种领导方式在特定的情境中都有可能奏效，而这一情境又是由诸多外在因素与内在因素共同作用的结果。

菲德勒把领导环境具体划为三个方面，即职位权力、任务结构和上下级关系。所谓职位权力就是领导者在其所处岗位上所拥有的威信和力量，或领导法定权、强制权和奖励权。权力越大，群体成员服从领导的程度越高，领导环境越优越；相反，就会变得更糟。所谓任务结构，就是任务是否清晰，下属是否有责任去完成这些工作。如果这几项工作做得愈清楚，下属的责任心愈强，领导的环境就愈有利；相反，就会变得更糟。上下级关系，就是群众与下级愿意跟着走的关系。如果下属越是尊敬上级，群众与下属就越是愿意跟随，那么上下级之间的关系就越是融洽，领导环境就越是优越；相反，就会变得更糟。

菲德勒为确定领导者领导方式，编制了调查问卷。问卷的主要内容是询问领导者对最不与自己合作的同事（least-preferred coworker）的评价。如果领导者在评价这类同事时多半使用敌意的话，那么这类领导就倾向于工作任务型（低LPC型）；若评价多采用善意的话，那么这种领导倾向于人际关系型（高LPC型）。

在菲德勒看来，环境的优劣极大地影响着领导目标的实现。对于低LPC型的领导，更注重工作任务完成。要是环境恶劣的话，他会先确保工作的完成；在环境比较好的情况下，任务就能保证完成了，此时他就会以做好人际关系为目的了。对于高LPC型的领导，更看重人际关系。如果环境恶劣，他会先以人际关系为重；如果环境恶劣，人与人之间的关系就会更加和谐，此时他就会追求任务的实现。

思考与练习

一、多项选择题

1. 以下哪两个性质是管理的二重性（　　）。

A. 自然属性　　　　B. 艺术属性

C. 社会属性　　D. 科学属性

2. 人本管理实现的方式正确的有（　　）。

A. 动力管理　　B. 柔性管理

C. 人才管理　　D. 绩效管理

3. 系统原理的特征有（　　）。

A. 目的性　　B. 集合性

C. 相关性　　D. 适应性

E. 整体性　　F. 有序性

4. 管理的基本方法正确的有（　　）。

A. 理性分析　　B. 以人为本

C. 人才管理　　D. 直觉判断

5. 以下决策类别分类正确的有：（　　）。

A. 组织决策和个人决策　　B. 初始决策和追踪决策

C. 战略决策和战术决策　　D. 理性决策和非理性决策

6. 组织决策受到以下哪些因素的影响（　　）。

A. 环境　　B. 过去的决策

C. 决策者风险偏好　　D. 组织文化

7. 以下计划划分正确的有（　　）。

A. 战略计划和作业计划　　B. 短期计划与长期计划

C. 具体计划与指导性计划　　D. 初步计划与后续计划

8. 组织要素包括以下哪几点（　　）。

A. 共同目标　　B. 人员和责任

C. 协调关系　　D. 交换信息

9. 控制的分类正确的有（　　）。

A. 前馈控制　　B. 同期控制

C. 反馈控制　　D. 计划控制

10. 领导的作用有（　　）。

A. 指挥作用　　B. 协调作用

C. 激励作用　　D. 战略作用

二、简答题

1. 何谓决策？它有哪几层含义？

2. 何谓追踪决策？它与初始决策相比有何特点？

3. 战略决策与战术决策有何区别？

4. 决策过程包括哪几个阶段的工作？

5. 计划的定义和目的分别是什么？

6. 什么是组织的含义和本质？
7. 什么叫集权与分权，以及集权与分权如何合理地结合？
8. 控制有哪几种类型？
9. 描述控制的过程。控制有何要求？
10. 领导的内涵和作用是什么？

第二章 >>>

管理思想的起源与发展

本章提要

本章概述了管理活动的形成和发展过程，并介绍了国内外重要的管理实践、管理思想和管理理论。通过了解管理学的发展历史，可以使学生对管理学有一个全面的认识，并更好地把握管理理论的发展趋势。

重点难点

-管理理论的演变和发展过程
-科学管理理论的主要内容
-行为科学理论的核心概念

第一节　中外早期的管理思想

一、中国早期管理思想及相关文化背景

中国传统管理智慧以“道”为核心，代表了东方管理智慧的精髓。20 世纪 80 年代以来，中国传统智慧对现代管理水平提升的绩效就成了西方管理学界热议的话题，证明了中国传统智慧对现代管理水平提升的有效性。如今，西方管理学界不仅关注兵家的谋略思想，也重视儒家、道家和佛家的智慧。儒家强调“道”在道德方面的作用，认为应通过德行和礼仪来治理。道家则强调顺应自然的“道”，认为人应与自然和谐共生，并追求自由自在的生活方式。佛家则强调觉悟的“道”，佛教中的“佛”意味着觉悟者，通过觉醒实现解脱和信仰。这些智慧扎根于 3 000 年前的中国传统文化，经历了春秋战国时期的“百家争鸣”。随着时间的推移，按照文化的优胜劣汰规则，形成了以儒、释、道为主体的传统文化格局。中国古代文化以儒道佛（禅）为代表，留下了丰富的实践理性原则。我们应从中吸取丰富的处世之道和管理智慧，领悟“亦儒亦道亦禅”的和谐境界，以儒家培养品德，以道家培养身体，以禅宗培养心灵。

这三家思想中蕴含的丰富管理智慧在漫长的历史中得到了验证和传承，其智慧之光将在现代企业管理中继续闪耀。

（一）道家思想

道家是中国春秋战国时期诸子百家中最重要的思想学派之一，以老子和庄子为主要代表。道家强调整体论和机体论的世界观，注重人的自由自在。中国文化是儒道互补的文化，而道家作为一种补充结构，吸引了一大批对儒家理想失望的知识分子。如果说儒家代表了世俗文化，那么道家则代表了超世俗的文化观念。儒家强调有序的现实主义，而道家则主张看似无序实则有序的理想主义。儒家有句名言："天下有道则见，无道则隐"（孔子），易经也有类似的说法："天地闭，贤人隐"，其中的"隐"正是道家的追求。道家的"隐"有两种方式：一是隐遁于大自然，与自然和谐共生；二是通过改变生活和工作策略，以柔克刚、迂回前进。

1. 老子的管理思想

老子是先秦道家学说的奠基人，他的思想体系不仅涵盖深邃的哲学思想，还包含了社会和国家管理的方方面面，涉及政治、经济、文化和军事等领域。

老子的管理思想以"道"为核心。他崇尚自然的原理，认为"人法地，地法天，天法道，道法自然"，将自然提升至最高地位。老子的理论是一种独特的治理理论，一种无政府主义政治理论。老子的哲学也是一种个人生活哲学，主张首先揭示宇宙事物变化的不变规律即"道"和"常"，然后按照这个规律调整自己的行为，使其符合自身利益。在老子看来，管理的本质在于如何促使万物自然发展、完成各自的创造力，而不是占为己有，不追求功利，不控制或强迫他人，而是让事物顺其自然。

2. 庄子的管理思想

庄子是老子思想的继承者和发展者，两者在"道法自然"的观点上有相似之处。庄子强调"天有大美而不言"，认为至高无为，大圣不作，观察天地即可明白。他也持有无为和反对战争的观点。因此，他经常与老子一起被称为"老庄"，是道家思想中最重要的代表之一。

（二）儒家思想

儒家是春秋战国时期的重要学派，由伟大的思想家、教育家孔子创立，后经由思想家、文学家孟子加以发展。其核心思想是"仁"，即以"忠恕"为基础的人际关系。儒家主张君王行使"仁政"来使天下归心。尽管儒家思想在封建社会受到统治者的重视，但在战乱时期德政难以实施。儒家思想在汉朝后成为封建社会的正统思想。

1. 孔子的管理思想

孔子（公元前551年—前479年）是春秋末期的伟大思想家、政治家和教育家，也是儒家思想的奠基人。他修订了《诗经》和《尚书》，制定了《礼》和《乐》，整理了《周易》，撰写了《春秋》。他的门徒们记录了他的言行，编成《论语》，后世将他尊为至圣和万世师表。作为儒家学派的创始人，孔子管理思想的核心是以“仁”为中心、以“礼”为准则、以“和”为目标的以德治国，成为中国传统思想的主流，为后来儒家思想的发展奠定了基础。孔子的主要管理思想内容如下。

以“信”为本的生存法则：在孔子的伦理思想中，“信”是一个重要的范畴，也是他仁学伦理的基本内涵之一。他认为，如果能在天下推广恭敬、宽容、诚信、敏锐和仁慈等五种品德，那就是真正的仁义了。孔子将“信”视为四教（文、行、忠、信）之一。他认为，从国家政务管理的角度来看，民众的信任比拥有足够的兵力和食物更加重要。没有民众的信任，国家就难以存在。

“和”与“中庸”的管理哲学：孔子继承了前人关于“和同之辨”的正确观点，明确提出“君子和而不同，小人同而不和”。他主张“和为贵”，提倡“君子群而不党”。在实现“和”的方法上，他提出了“中庸之道”，即通过正确把握事物发展的“度”来达到和谐的状态。

“为政以德”的治国思想：通过道德和礼教来治理国家，实行“礼治”或“德治”，将德行和礼节应用于民众，是治国的理想方案。他主张加强教育，先让人民富足，然后再教化，减轻刑罚，在教育和刑罚之间取得平衡，反对对民众的过度剥削，主张以人为本，提供最基本的生活条件。

2. 孟子的管理思想

孟子是孔子思想的嫡传弟子，被尊为“亚圣”，与孔子的思想一同被称为“孔孟之道”，孟子的管理思想是孟子思想体系的一个重要组成部分，主要包括。

性善论：孟子认为人性本善，具有与生俱来的善性和良知。他提出了修身养性的方法，如尽心、寡欲、自反等，以保持和发展人的善性。

“仁政”思想：孟子以人性为基础，提出了“仁政”和“王道”政治学说。他强调以仁心治理国家，保障民众的福祉，重视人民的地位，并主张以恒产来稳定民心。

理想人格：孟子关注理想人格的构建，他认为每个人都有成为尧舜的潜力，强调道德修养、忠诚奉公和天下为己任的思想，以实现天下大同和个人的成就。

（三）其他诸子管理思想

1. 法家的管理思想

法家的形成可以追溯到春秋时期的管仲和子产，而战国时期的李悝、商鞅、申不害和慎到是早期代表，韩非则是先秦法家理论的集大成者。战国时期的法家分为三派：重法派（以商鞅为代表）、重术派（以申不害为代表）和重势派（以慎到为代表）。

商鞅强调法律的重要性，他在秦国进行了变法运动，通过明确的法律体系和严格的刑罚来稳定社会秩序。申不害注重权术，认为君主应掌握权谋，以控制臣下。慎到则强调权力，认为君主必须拥有绝对的权力来治理国家。韩非综合了三派的长处，发展了法家的法治思想。他提出了中央和地方的关系问题，并主张综合运用法律、权谋和权力来实现统一的中央集权。

2. 墨家的管理思想

墨子是先秦时期的一位平民思想家，创立了墨家学派。他起初受儒家学说影响，但后来与儒家对立，并对其进行了强烈批评。墨子的学说代表了下层劳动人民的利益，因此在当时获得了广泛共鸣，与儒家齐名。

墨子的管理思想核心是“兼相爱，交相利”，其管理主张都围绕这一核心展开，形成一个相互关联的整体。墨子强调“兼相爱”作为基本管理准则和社会道德规范，而“交相利”则是具体体现了“兼相爱”的观念。

墨子的管理思想与现代国内外的许多管理思想有共通之处。他提出的“兼爱”思想实质上是以人为本的管理思想，现代知识管理思想则是墨子“尊贤”思想的实际运用，而现代企业管理中的企业文化思想则是墨子“团结同道”思想的新发展。

二、西方早期管理思想与相关文化背景

自 18 世纪 60 年代英国的产业革命开始以来，资本主义经营管理逐渐受到社会的重视，随着资本主义的发展和工厂制度的形成。越来越多的人开始研究社会实践中的经济与管理问题。其中，最早对经济管理思想进行系统论述的学者是英国经济学家亚当·斯密。他于 1776 年发表了《国民财富的性质和原因研究》一文，系统地阐述了劳动价值论和劳动分工理论。斯密认为，劳动是国民财富的来源，每年一个国家的人民劳动产生了他们消费的所有生活必需品。这些生活必需品的供应状况取决于两个因素：一是人民的劳动技能、技巧和判断力的水平；二是从事有用劳动的人数与从事无用劳动的人数之比。他还指出，劳动创造了价值，是工资和利润的根源。通过分析，他得出结论：工资越低，利润越高；工资越高，利润越低。这揭示了资本主义经营管理的核心问题和剥削本质。

斯密在研究经济现象时提出了一个重要观点：经济现象是基于个体追求私利的行为所产生的。他认为，在经济活动中，人们追求的完全是个人利益。然而，每个人的利益又受到其他人利益的限制，这迫使每个人必须考虑他人的利益。因此，相互之间形成了共同利益，进而产生和发展了社会利益。社会利益

正是以个人利益为基础的。这种认为每个人都追求经济利益的“经济人”观点，正是资本主义生产关系的反映。

在亚当·斯密之后，另一位英国人查理·巴贝奇进一步发展了斯密的论点，并提出了许多对于生产组织机构和经济学的启发性问题。1832年，他在《论机器和制造业的经济》一书中概述了他的思想。巴贝奇赞同斯密关于“劳动分工能提高劳动效率”的观点，但他认为斯密忽视了分工可以减少支付工资的好处。巴贝奇对制针（普通直针）业进行了典型的调查研究，将制针业的生产过程划分为7个基本操作工序，并根据工序的复杂程度和劳动强度雇用不同的工人，支付不同的工资。如果不实行分工，整个制造过程将由一个人完成，这将要求每个工人具备全面的技能，能够完成制造过程中技巧要求高的工序，同时还要有足够的体力来完成繁重的操作。工厂主必须按照全部工序中技术要求最高、体力要求最强的标准支付工资。因此，巴贝奇提出了所谓的“边际熟练”原则，即根据技能水平和劳动强度设定界限，并将其作为报酬的依据。这为后来的工厂流水线作业提供了重要的理论价值。

除了亚当·斯密和查理·巴贝奇之外，这一时期还有一位英国的空想社会主义者罗伯特·欧文，也是一位著名的管理学者。经过一系列的实验，他首次提出在工厂生产中应重视人的因素，包括缩短工人的工作时间、提高工资和改善工人的住宅条件。他的改革实践证明，重视人的作用和尊重人的地位，也能够使工厂获得更多的利润。因此，有人认为欧文是人事管理的奠基人。

上述各种管理思想是随着生产力的发展，为了适应资本主义工厂制度的发展而产生的。尽管这些管理思想并不完全系统或全面，也没有形成专门的管理理论学派，但它们对于促进生产和科学管理理论的产生和发展起到了积极的影响。

第二节　古典管理理论

古典管理理论产生于19世纪末至20世纪20年代，该学派把管理分为3个主要职能：计划、组织和控制，其主要观点包括：强调科学方法和标准化的工作设计、强调管理层级和职能、注重组织结构和权威，以及追求效率和效益的提高。这些理论为现代管理实践奠定了基础，对于提高生产力和组织效能有着重要的影响。

一、科学管理理论（泰勒）

科学管理理论主张通过科学的方法和观点来分析工作和监督劳动，通过分析客观事实和利用经验数据，找到最佳的工作方式。该理论的创始人是美国的弗雷德里克·泰勒。他于1911年出版了《科学管理原理》，标志着企业管理从经验向科学的转变。泰勒因其在管理发展史上的重要贡献被誉为“科学管理之父”。

泰勒的管理思想和理论主要包含以下三个观点。

最高工作效率的追求：泰勒认为科学管理的根本目标是提高工作效率。他认为提高工作效率是工厂主和工人共同达到富裕的基础。通过提高工作效率，可以统一较高的工资和较低的劳动成本，使工厂主获得更多利润，工人获得较高工资。这样可以增加工厂主扩大再生产的动力，促进生产的发展。因此，提高劳动生产率是泰勒创立科学管理理论的基本出发点，也是确定科学管理原理和方法的基础。

科学管理方法的应用：达到最高工作效率的重要手段是用科学的管理方法取代传统的经验管理。泰勒认为管理是一门科学。他主张在管理实践中建立明确的规章制度、条例和标准，使所有管理过程科学化、制度化。这样可以提高管理效能，确保工作按照科学方法进行，减少不确定性和主观因素的影响。

精神变革的要求：实施科学管理的核心问题是要求管理人员和工人在精神上和思想上进行彻底的变革。泰勒认为科学管理是一场重大的精神变革。他要求工人树立对工作、同事和雇主负责的观念。当管理人员和工人都将注意力从盈利分配转移到增加盈利数量上时，他们用友好合作和互相帮助取代对抗和斗争时，就能创造比过去更多的利润。这样，工人的工资和企业主的利润都会大幅增加，双方之间就不再为盈利分配争吵。

根据以上观点，泰勒提出了以下管理制度。

①科学的操作方法：对工人提出科学的操作方法，以合理利用工时，提高工效。

②工人选择、培训和提高：进行科学的工人选择，并对他们进行培训，使他们按照作业标准进行工作。通过选择和训练，工人的生产效率显著提高。

③科学的工艺规程：制定科学的工艺规程，并以文件形式固定下来。

④差别计件工资制：实行具有激励性的差别计件工资制。根据作业标准和时间定额，规定不同的工资率。对完成和超额完成工作定额的工人，支付较高的工资率；对未完成定额的工人，则支付较低的工资率。

⑤管理与劳动的分离：将管理工作称为计划职能，将工人的劳动称为执行职能，将工作划分为管理者只负责计划，工人只负责执行劳动。

⑥职能工长制：为了确保工长有效履行职责，泰勒主张将管理工作细分，使每个工长只负责一种或两种管理职能。

⑦例外原则：该原则指企业的高级管理人员将一般的日常事务授权给下级管理人员处理，自己只保留对例外事项（即重要事项）的决策权和控制权。

除了泰勒之外，与他同时对管理改革做出重要贡献的还有亨利·L.甘特、弗兰克·吉尔布雷斯夫妇、亨利·福特等人。尽管如今这些改革似乎已经成为人们熟知的常识，但在当时却是重大的变革。实践证明，这些改革取得了显著的成效，普遍提高了生产效率，创造了高效率、低成本、高工资和高利润的新局面。这些改革对于现代管理理论和实践的发展产生了深远的影响。

泰勒作为科学管理学派的代表，主要关注通过科学方法提高生产现场的效率。尽管在生产现场管理中取得了显著成效，但在推广过程中却遭到了反对和抵抗。这一反对和抵抗主要源于社会传统观念的影响以及泰勒制本身存在的弱点。对于泰勒，应当以历史的观点客观评价。

①泰勒制突破了多年来传统的落后的经验管理方法，引入了科学的管理理念，建立了一套具体的科学管理方法，取代了仅凭个人经验进行作业和管理的旧方法。这是管理理论上的进步，也为管理实践带来了新的局面。

②由于采用了科学的管理方法和操作程序，生产效率提高了两三倍，推动了生产的发展，适应了当时资本主义经济的发展需求。

③通过管理职能与执行职能的分离，企业中出现了专门从事管理工作的人员。这为管理理论的创立和发展提供了实践基础。

④泰勒制被批评为资本家最大限度压榨工人的手段。它将工人视为只能按照管理人员的决定、指示和命令进行劳动的会说话的机器。泰勒的“标准作业方法”“标准作业时间”和“标准工作量”都是基于最强壮、最熟练的工人在最紧张劳动时测定的时间定额，对大多数工人来说是难以忍受和坚持的。

⑤泰勒将人看作纯粹的“经济人”，认为人的活动仅出于个人的经济动机，忽视了企业成员之间的交往以及工人的情感、态度等社会因素对生产效率的影响。泰勒认为，工人的集体行为会降低工作效率，只有使每个工人个别化才能达到最高效率。

⑥泰勒所强调的“科学管理”被视为一种“精神变革”，声称对劳资双方都有利，但掩盖了早期资本主义制度对工人进行剥削的实质。

泰勒制是在适应历史发展需求的背景下产生的，但同时也受到历史条件和倡导者个人经历的限制。该制度主要关注解决工人操作问题以及生产现场的监督和控制问题，其管理范围相对较小且内容相对窄。在泰勒方法中企业的供应、财务、销售、人事等方面的活动很少被涉及。

二、组织管理理论

（一）法约尔的一般管理理论

亨利·法约尔在科学管理领域补充了泰勒制的局限性。泰勒的研究从具体工人的工作效率出发，重点关注企业内部的工作效率。而法约尔的研究则从总经理的角度出发，将整个企业作为研究对象。他认为管理理论是指那些经过广泛验证和证明的关于管理的普遍承认的理论，它是一套关于原则、标准、方法、程序等内容的完整体系。法约尔的管理理论主要反映在他的代表作《一般管理与工业管理》一书中，该书于 1916 年出版。其主要内容可以总结为以下几点。

（1）法约尔认为经营和管理是两个不同的概念

他将企业的经营活动划分为 6 大类，其中管理只是经营活动中的一类。这六类经营活动包括技术活动（如设计、工艺和加工等）、商业活动（如购买、销售和交换等）、财务活动（如资本的筹集和运用等）、安全活动（如机器设备和人员保护等）、会计活动（如财产清点、资产负债表制作、成本核算和统计等）以及管理活动（如计划、组织、指挥、协调和控制）。法约尔认为，这 6 类经营活动在企业中涵盖了从高层领导到普通工人的各个层级，每个人都不同程度地从事这些活动，只是随着职务层级的不同，侧重点会有所变化。例如，普通工人更注重技术活动，而高层领导人更注重管理活动。

（2）法约尔在他的著作中对管理活动进行了全面而系统的论述，指出管理包括 5 个职能或要素，它们分别是计划、组织、指挥、协调和控制

第一是计划，管理人员需要准确地预测企业未来可能面临的各种情况，确定企业的目标以及实现这些目标的步骤。这涵盖了长期的指导计划和短期的行动计划。第二是组织，即确定执行工作任务和管理职能的机构。管理机构进一步确定所需的机器、物资和人员来完成任务。第三是指挥，管理人员对下属的活动进行指导，以确保企业的各项活动相互协调和配合。管理人员需要树立良好的榜样，全面了解企业职工的情况以及与企业签订合同的情况。对于不称职的员工，管理人员应该进行考核，并及时解雇。此外，组织结构也需要经常进行审议，根据管理需要进行调整和改组。第四是协调，即协调企业各部门和员工的活动，引导他们朝着共同的目标前进。第五是控制，即确保实际工作与规定的计划和标准相符合。这 5 种职能形成了一个完整的管理过程，因此也被称为管理过程理论。

（3）法约尔总结并归纳了管理的 14 条原则

①分工：通过劳动专业化，减少每个工人所需掌握的工作项目，提高生产效率，并降低成本。

②权力与责任：权力包括管理人员的职务权力和个人权力，强调权力与责任的统一。

③纪律：维护纪律的实质是遵守各方达成的协议，需要明确和公正的协

议、称职的领导和公正的制裁。

④统一命令：一个员工在任何活动中只应接受一位上级的命令，违背这个原则会破坏权力和纪律。

⑤统一领导：为达到同一目的而进行的各种活动应由一位首脑根据计划开展，以实现统一行动、协调配合和集中力量。

⑥员工个人要服从整体：整体利益大于个人利益的总和，协调这两方面利益的关键是领导阶层的坚定性和榜样作用。

⑦人员的报酬要公平：报酬必须公平合理，满足职工和公司双方的需求，对贡献大且方向正确的职工应给予奖赏。

⑧集权：根据管理人员和下级人员的特点、企业规模和条件等情况，适度降低下级的作用。

⑨等级链：从最上级到最下级各层权力连成的等级结构，用于贯彻执行统一的命令和保证信息传递的秩序。

⑩秩序：保持人和物的有序状态，包括了解每个工作岗位的性质和内容，安排适合的职工和合适位置的物资和设备。

⑪平等：以亲切、友好、公正的态度严格执行规章制度，平等对待雇员可以激发他们的忠诚和献身精神。

⑫人员保持稳定：鼓励员工长期为公司服务，培养稳定的管理人员队伍。

⑬主动性：提倡员工认真思考和创新的精神，给予他们发挥主动性的机会，同时在等级链和纪律的限制下进行。

⑭集体精神：为实现集体精神，需要统一命令，避免引起嫉妒，在工作安排和奖励上保持公正，并尽可能直接地交流意见。

法约尔的管理思想在系统性和理论性方面具有较强的特点，他的管理职能分析为管理科学建立了科学的理论框架。法约尔提出的管理 14 条原则经过多年的研究和实践检验，总的来说仍然是正确的，这些原则过去为企业管理人员提供了巨大的帮助，现在仍然受到许多管理者的推崇。因此，法约尔被尊称为“现代经营管理之父”。

（二）韦伯的行政组织理论

马克斯·韦伯是德国的一位学者和著名作家，他在教授、政府顾问和编辑等职务上有丰富的经验。他的重要贡献之一是在他的著作《社会和经济组织的理论》中提出了理想行政组织的概念，也就是所谓的“官僚体制”或者叫作“科层制”。韦伯认为官僚体制是一种严密、合理且像机器一样运作的社会组织，具有熟练的专业活动、明确的权责划分、严格执行的规章制度以及金字塔式的等级关系等特点，从而形成了一个系统化的管理技术体系。这一理论对于工业化以来各种类型的组织产生了广泛而深远的影响，并成为现代大型组织广泛采用的一种管理方式。因此，韦伯被尊称为“组织理论之父”。

韦伯的行政组织理论的核心内容包括以下几点。

（1）权力的基础

行政组织理论的核心在于通过科学确定的“法定的”制度规范作为基本约束机制，对组织协作行为进行管理。韦伯指出，在组织管理过程中，基本权力的依托从个人转向“法理”，以理性和正式规定的制度规范作为权力的中心进行管理。

（2）行政组织的特征

韦伯提出的行政组织理论具有以下特点：

①劳动分工。在明确分工的基础上，规定每个岗位的权力和责任，并将这些权力和责任明确规范化，以制度化的方式进行管理。

②权威等级。根据不同职位权力的大小，确定组织内的地位，形成有序的等级系统，并以制度形式加以巩固。

③正式的选拔。所有人员的选拔和晋升都应该基于他们的技术能力。员工的技术能力通过考试、培训和经验评估来确定。

④正式的规则和法规。管理人员在实施管理时必须受制于规则和程序，以确保员工产生可靠和可预测的行为。

⑤服从制度规定。组织的所有成员原则上都必须服从制度规定，而不是服从某个个人。

⑥管理者与所有者分离。管理者是职业化的专家，而不是所有者。管理者获得固定报酬，并有晋升的机会。他们忠于职务而不是忠于个人。

韦伯的理论提出的科学管理体系是一种制度化、法律化、程序化和专业化的组织理论。他阐明了官僚体制与社会化大生产之间的必然联系，并突破了以等级门第为标准的家长制管理形式，推动了管理方式的转变，消除了管理领域非理性、非科学的因素。他的理论对西方学术界和社会的各个领域产生了深远的影响，现代社会的各种组织都在不同程度上按照科层制原理来建立和管理。

然而，韦伯的行政管理体制，即官僚制，也存在一些难以克服的缺陷。首先，他忽视了组织管理中人的主体作用，过于强调了制度和规则对组织管理的决定性作用。其次，他偏重于从静态角度分析组织结构和组织管理，而忽视了组织之间、个人与组织之间以及个人之间的相互作用。此外，他过分强调了法规对组织管理的作用，以及人对法规的从属和工具化性质。

因此，韦伯的行政组织理论虽然被广泛采用，但仍存在一些局限性。对于今天的管理实践来说，我们需要综合考虑组织中人的作用、组织之间的互动以及灵活应对变化的能力，不仅仅依赖于制度和规则。

三、行为管理理论

（一）行为科学的由来

随着20世纪科学的发展，学科不断细分，学科之间的联系也变得更加广泛。1949年，美国芝加哥大学召开了一次跨学科的科学会议，会议邀请了哲学家、精神病学家、心理学家、生物学家和社会学家等参加，讨论了应用现代科学知识来研究人类行为的一般理论。会议为这门综合性学科命名为“行为科学”，并于1953年在芝加哥大学成立了行为科学研究所。

弗雷德里克·泰勒的科学管理理论将人视为“活的机器”“机器的附件”或“经济人”，而行为科学认为人不仅仅是“经济人”，还是“社会人”。也就是说，影响工人生产效率的因素不仅仅是物质条件，还包括人的工作情绪。而人的工作情绪又受到社会环境和个人心理因素的影响。

行为科学是一门研究人类行为规律的科学。资本主义管理学家试图通过行为科学的研究来掌握人们行为的规律，寻找对待工人和职员的新方法以及提高工作效率的新途径。

（二）霍桑试验与人际关系理论

1. 梅奥及霍桑试验

“行为科学”的发展始于人际关系学说。埃尔顿·梅奥是人际关系学说的创始人。1924—1932年，梅奥应美国西方电气公司的邀请，在该公司位于芝加哥附近的霍桑地区的工厂进行了为期8年的试验，这就是著名的“霍桑试验”。霍桑试验的目的是研究工作条件对生产效率的影响，以寻找提高劳动生产率的方法。这项研究计划由美国国家研究委员会赞助，分为四个阶段进行：

（1）工场照明试验

实验旨在研究照明强度对工人生产率的影响，研究表明照明度的改变并不是影响生产率的决定因素。

（2）继电器装配试验室研究

这个实验旨在探究工作条件对工人生产率的影响，并通过控制工作环境来观察结果。通过逐步增加休息次数、延长休息时间、缩短每日工作时间，提供茶点，并实行了五天工作制等措施。接着，又逐步取消这些待遇，恢复原来的工作条件。结果显示，不论工作条件如何变化，生产量都有所增加，并且工人的工作热情提高。研究小组认为，这些变化可能是由于工人对实验的关心和兴趣，以及在实验中更加尊重工人和倾听他们意见的因素所致。为了进一步研究这一点，他们进行了第三阶段的试验。

（3）谈话研究

研究小组用了两年多的时间对两万名工人进行了调查，采用非直接提问的方式，让工人自由选择谈论的话题。通过大规模的谈话，研究人员收集到了大量关于工人态度的资料。经过分析，他们发现工人的工作效果不仅与他们在组织中的地位和身份相关，还与小组中其他成员的影响力相关。似乎存在一种非正式的组织结构在工人中产生了影响。基于这一结论，研究小组进行了进一步的系统研究，并进入了试验的第四阶段，即观察研究。

（4）观察研究

研究小组对一个由 14 名男工组成的生产小组进行了观察试验。这个小组的工资是根据集体产量计算的，根据小组内成员的情况，他们完全有可能超过原来的实际产量。然而，在进行了 5 个月的统计后，小组的产量一直保持在一个稳定水平上。通过观察，发现大家都按照集体的平均标准进行工作，没有人会刻意突出或偷懒。此外，小组中还存在自然的领导人物。这证实了非正式组织的存在，并且这种组织对工人的行为具有强大的约束力，甚至超过经济上的激励。

2. 人际关系学说

梅奥等人就试验及访问交谈结果进行了总结，得出的主要结论是：生产效率不仅受物理、生理的因素影响，还受到社会环境、社会心理的影响，这与科学管理的观点截然不同。

根据霍桑试验的基础，梅奥提出了人际关系学说，其主要内容有三点。

（1）企业员工是“社会人”

梅奥等人提出了“社会人”的假设，认为人并不是孤立存在的，而是属于某个工作集体并受其影响。他们追求的不仅仅是金钱收入，还包括人际关系、安全感、归属感等社会和心理欲望的满足。

（2）满足工人的社会欲望、提高工人的士气是提高生产效率的关键

霍桑实验表明，生产效率的提高关键在于改变工人的工作态度，即提高工人士气。梅奥等人从人是社会人的角度出发，认为“士气”取决于社会和心理方面的欲望满足程度，如安全感、归属感等。满足程度越高，“士气”越高，生产效率也越高。而“士气”受家庭、社会生活和企业内人际关系的影响。

（3）企业内实际存在着一种“非正式组织”

人际关系理论认为，企业员工在共同工作、共同生产中必然形成相互关系，产生共同的情感，并自然形成一种行为准则或惯例，要求个人服从。这构成了“非正式组织”。非正式组织对工人的行为有着重要的影响，也是影响生产效率的重要因素。正式组织和非正式组织在本质上是不同的。正式组织以效率和成本为主要标准，要求企业成员为了提高效率和降低成本而确保形式上的合作。非正式组织则以情感为主要标准，要求成员遵守在人际关系中形成的非正式、非书面的行为准则。

人际关系学说是行为科学理论的早期思想，为后来行为科学的发展奠定了基础。人际关系学说强调重视人的行为，而行为科学则进一步要求研究人的行为规律，找出影响不同行为的因素，并探讨如何控制人的行为以达到预定的目标。

（三）马斯洛需求层次理论

需要层次理论

需要层次理论是由美国的人本主义心理学家和行为科学家亚布拉罕·马斯洛在1954年提出的理论，并在西方管理学界广为流传。在他的著作《动机和人》中，马斯洛指出人类是有需要的动物，这些需要取决于已经得到的满足和尚未满足的缺失。只有尚未满足的需要才能对行为产生影响，已经得到满足的需要无法再起到激励作用。另外，人的需要被分为多个层次，一层需要得到满足后，下一层需要才会出现。马斯洛认为，在特定的时刻，如果一个人的所有需要都未能得到满足，那么满足最基本的需要就变得尤为紧迫。只有当基本的需要得到满足时，更高层次的需要才会出现。而且只有在前面的需要得到充分满足后，后面的需要才会显现出激励作用。马斯洛将需要划分为五个级别：生理需要、安全需要、社交需要、尊重需要和自我实现需要。

（1）生理需要

生理需要是任何动物都具有的一种需求，尽管不同动物表现出的需求形式各异。

对于人类而言，为了维持生存，首要任务是满足基本的生活需求，例如食物、衣物、住所和交通等。马斯洛认为这些是人类最基本的需求，如果这些需求得不到满足，人们就无法维持生存，其他层次的需求也无从谈起。

（2）安全需要

安全需要在基本的生活条件得到满足之后，成为推动人们工作的最主要力量。安全需要可以分为两个子类：当前的安全需求和未来的安全需求。当前的安全需要是指对社会生活的各个方面都能得到保障，如就业安全、劳动过程中的安全和人身安全等。而未来的安全需要则是希望未来的生活能够得到保障。未来是充满不确定性的，而不确定性往往引发担忧，因此人们追求未来的安全，例如对疾病、老年、伤残后生活的保障等。

（3）社交需要

马斯洛认为人类是社会性动物，人们的生活和工作都是与他人互动的。人们渴望在社会生活中被接纳和认同，希望得到他人的注意、关心、友爱和同情，以建立情感上的归属感。

（4）尊重需要

尊重需要包括自尊和受他人尊重。自尊指的是在个人取得成功时感到自豪，而受他人尊重则表示当个人作出贡献时，能够获得他人的承认和赞赏，例如领导和同事们的好评和赞扬。自尊心是驱使人们积极向上的动力，每个人都具有自尊心。领导者应该关注员工在自尊方面的需求和特点，努力满足他们的自尊需求，不伤害他们的自尊心，只有这样才能激发员工在工作中的主动性和积极性。

（5）自我实现需要

自我实现需要是更高层次的需求。这种需求包括希望在工作中取得成就，在事业上有所建树，实现自己的理想和抱负。和自尊的需求一样，几乎每个人都不同程度地表现出自我实现的需要。自我实现的需要通常表现在两个方面。一是胜任感方面。有这种需求的人渴望控制事物或环境，而不是被动接受事情的发生和发展，他们希望在自己的掌控下进行。二是成就感方面。类似于物理学中的“充分负荷”原理，人们在工作中常设定一些既具有一定困难，又经过努力可以实现的目标。他们的工作既不保守也不冒险，而是在相信自己有能力影响事物结果的前提下进行。对于这些人来说，工作的乐趣在于成果和成功，成功后的喜悦远比任何其他报酬都更为重要。

马斯洛的需求理论为我们提供了一个研究人类各种需求的参考框架。只有在了解需求类型和特征的基础上，领导者才能根据不同员工的不同需求有效地激励他们。

（四）双因素理论

美国心理学家弗雷德里克·赫茨伯格在 1959 年与其他人合著的《工作与激励》以及 1966 年出版的《工作与人性》两本著作中提出了激励因素和保健因素，也被称为双因素理论。

在 20 世纪 50 年代后期，赫茨伯格为了研究人们的工作动机，对匹兹堡地区的 200 名工程师和会计师进行了深入的访谈和调查。他提出了许多问题，例如：在什么情况下你对工作特别满意？在什么情况下你对工作特别厌恶？原因是什么？调查结果发现，使他们感到满意的因素主要是工作的性质和内容，而使他们感到不满意的因素主要是工作环境或工作关系方面的。赫茨伯格将前者称为激励因素，将后者称为保健因素。

激励因素：这类因素的存在可以明显激励员工，但如果缺乏这些因素，并不会导致员工极度不满意。这些因素可以归纳为 6 类：工作上的成就感、受到重视、晋升机会、工作本身的性质、个人发展的可能性和责任。

保健因素：这类因素对员工行为的影响类似卫生保健对人们身体的影响。当卫生保健工作达到一定水平时，可以预防疾病，但不能治病。同样地，当保健因素低于一定水平时，会引起员工的不满意；当这些因素得到改善时，员工的不满意将消除。然而，保健因素对员工并没有积极的激励作用。保健因素可以归纳为十项：企业的政策与行政管理、监督、与上级的关系、与同事的关系、与下级的关系、工资、工作安全、个人生活、工作条件和地位。

对于上述两类因素的分析表明，激励因素与工作本身密切相关，包括对工作的满意度、个人成就感、得到认可和晋升等；而保健因素则与工作环境等外部条件有关，是确保工作正常完成的基本要素。研究还发现，当职工受到强烈的激励时，他们对不利的外部环境会有更高的忍耐力；相反，如果没有足够的激励，就不太可能产生这种耐性。

赫茨伯格的双因素理论与马斯洛的需求层次理论存在显著的相似性。马斯洛的高级需求对应于赫茨伯格的主要激励因素，而满足基本生活需求的低级需求则类似保健因素。可以说，赫茨伯格对需求层次理论进行了补充。他明确了激励因素和保健因素的界限，并指出各种激励因素主要源自工作本身，从而为激励工作提供了指导方向。

（五）人性理论

人的本性问题一直是伦理学家和管理学者研究的核心议题。早在科学管理时期，就有人开始探讨这个问题。梅奥等人对于“社会人”和“非正式组织”的讨论也与此相关。随后的行为科学更深入地研究了这个问题。人性理论主要包括道格拉斯·麦格雷戈的“X 理论”和“Y 理论”，以及威廉·大内的“Z 理论”。

1. X 理论、Y 理论

道格拉斯·麦格雷戈是美国麻省理工学院的教授，于 1957 年首次提出了 X 理论和 Y 理论，并在 1960 年出版的《企业的人性方面》一书中对这两种理论进行了比较。他认为，管理中存在两种截然不同的人性假设观点，即 X 理论和 Y 理论。

麦格雷戈所提出的 X 理论主要观点是：

人的本性是负面的，一般人倾向于好逸恶劳、尽可能回避工作。由于人们对工作的厌恶，仅仅通过奖赏是不足以克服他们对工作的厌恶倾向的，必须通过强制、监督、指挥和威胁惩罚来迫使他们付出足够的努力来完成工作目标。

相反，Y 理论与 X 理论背道而驰。麦格雷戈认为 Y 理论是较为传统的 X 理论的合理替代。Y 理论的主要观点是：

人们并非懒惰，他们对工作的喜好或憎恶取决于这项工作对他们来说是一种满足还是一种惩罚。在正常情况下，人们愿意承担责任。人们热衷于发挥自己的才能和创造力。

通过比较 X 理论和 Y 理论，可以发现它们在对待工人需求的观点上存在差异，因此采用的管理方法也不同。根据 X 理论对待工人需求的方式，管理者需要采取严格的控制和强制手段。而如果按照 Y 理论来看待工人需求，管理者则需要创造一个能够多方面满足工人需求的环境，以充分发挥人们的智慧和能力，更好地实现组织和个人的目标。

2. Z 理论

美国加州大学管理学院的日裔美籍教授威廉·大内在分析研究了日本企业管理经验后，提出了他构想的 Z 理论。Z 理论认为企业管理当局与职工的利益是一致的，双方的积极性可以融合在一起。

根据 Z 理论，管理的主要内容包括以下几点。

（1）长期雇用

企业应该长期雇用职工，而不是短期雇用。即使在经济萧条和经营不佳的情况下，企业通常也不会裁员，而是动员全体员工共同渡过难关。这样可以让员工感到职业有保障，并积极关心企业的利益和前景。

（2）上下结合决策

鼓励员工参与企业的管理工作，包括调查研究、反馈情况以及参与重大决策。员工参与被鼓励和支持。

（3）个人负责制

要求基层管理人员不仅仅机械地执行上级命令，而是敏感地理解上级命令的实质，并创造性地执行。强调中层管理人员对各方面的建议进行协调统一，这一过程是反复协商的过程。虽然这可能需要更多时间，但有助于贯彻执行。

（4）和谐上下级关系

企业管理当局应表现出对员工的全面关怀，营造融洽和愉快的工作氛围。

（5）全面知识培训

对员工进行全面的知识培训，使他们具备多方面的工作经验。例如，如果要提拔一位计划科长为经营副经理，需要在其具备财务科长和生产科长能力之后，才能选拔其担任经营副经理。

（6）绩效评估和稳步晋升

强调对员工进行长期和全面的评估，不以单个事件或短期表现作为评判的依据。

（7）含蓄的控制机制和正规的检测手段

控制机制应该比较含蓄而不是过于正规，但对于检测手段需要遵循正规的程序。

思考与练习

一、简答题

1. 探讨中国古代思想家管理思想的核心要点，并讨论它们对现代企业经营管理的启示。

2. 泰勒的科学管理理论的主要内容是什么？讨论该理论的贡献和局限性，分析该理论对当前我国企业管理的指导意义。

3. 解释法约尔的组织理论的主要内容，并评估该理论的贡献和局限性。法约尔管理的14条原则对现代管理有什么指导意义？

4. 人际关系学说的主要内容是什么？它是如何影响组织和管理实践的？

5. 行为科学研究的主要内容是什么？它如何应用于组织行为和管理领域？

6. 马斯洛的需求层次理论的核心内容是什么？解释在双因素理论中，激励因素和保健因素的含义。

7. 解释麦格雷戈的X理论和Y理论的主要观点，探讨它们对当前我国企业管理的启示。

第三章 ›››

企业战略管理

本章提要

本章概述了企业战略管理的原理与过程，明确了企业战略的概念、特征，分析了企业面临的宏观环境、行业环境、内部环境，并从总体层面、经营层面和职能层面探析了公司可能采取的不同层次的战略。

重点难点

-企业战略的概念与特征

-企业战略管理的工具：SWOT 分析法、PEST 分析法、波士顿矩阵和波特五力模型

-企业总体战略和企业竞争战略的类型

第一节　企业战略管理概述

一、企业战略的概念

（一）战略与战术

1. 战略与战术的含义

战略（strategy）一词最早是军事方面的概念。在西方，“strategy”一词源于希腊语“strategos”，意为军事将领、地方行政长官。后来演变成军事术语，指军事将领指挥军队作战的谋略。在中国，战略一词历史久远，“战”指战争，略指“谋略”“施诈”。《孙子兵法》被认为是中国最早对战略进行全局筹划的著作。战术是指为了达到战略目的所采取的具体行动和手段，也比喻解决局部问题的方法。

2. 战略与战术的关系

战略是一个全局的整体的概念，战术是一个局部的具体的概念；战术应当支配战略，战略推动战术。一旦战略方向确定好之后，战术动作都是围绕这个

战略方向进行开展的。

（二）企业战略的含义

“战略”一词与企业联系在一起并得到广泛应用的时间并不长，最初出现在西方经营学者伯纳德的《经理职能》一书中，以说明企业组织决策机制，从有关企业的各种要素中产生了“战略”因素的构想。

企业战略指企业在经营中为了适应未来环境的变化，寻求长期生存和稳定发展而制定的总体性和长远性的谋划与方略。企业战略是企业最高决策层为企业在未来的环境中生存和发展绘制的一张蓝图。绘制这张蓝图，必须充分分析未来环境的变化趋势和企业自身的实力，经过一系列科学筹划与决策，集中体现企业经营思想，其实质是达到企业外部环境、企业实力和企业战略目标三者之间的动态平衡。

（三）企业战略的特征

企业战略是设立远景目标并对实现目标的轨迹进行的总体性、指导性谋划，属宏观管理范畴，具有指导性、全局性、长远性、竞争性、系统性、风险性六大主要特征。

1. 指导性

企业战略界定了企业的经营方向、远景目标，明确了企业的经营方针和行动指南，并筹划了实现目标的发展轨迹及指导性的措施、对策，在企业经营管理活动中起着导向的作用。

2. 全局性

企业战略立足于未来，通过对国际、国家的政治、经济、文化及行业等经营环境的深入分析，结合自身资源，站在系统管理高度，对企业的远景发展轨迹进行了全面的规划。

3. 长远性

企业战略通常着眼于未来三到五年乃至更长远的目标。企业在考虑战略问题时，考虑的是企业在未来相当长的时期内的总体发展问题。这就需要管理者用发展的眼光来看待和制定企业战略，而不是着眼于目前的短期效益。

4. 竞争性

竞争是市场经济不可回避的现实，也正是因为有了竞争才确立了“战略”在经营管理中的主导地位。面对竞争，企业战略需要进行内外环境分析，明确自身的资源优势，通过设计适宜的经营模式，形成特色经营，增强企业的对抗性和战斗力，推动企业长远、健康的发展。

5. 系统性

立足长远发展，企业战略确立了远景目标，并需围绕远景目标设立阶段目标及各阶段目标实现的经营策略，以构成一个环环相扣的战略目标体系。同时，根据组织关系，企业战略需由决策层战略、事业单位战略、职能部门战略三个层级构成一体。

6. 风险性

环境总是处在一个不确定的、变化莫测的趋势中，所以任何战略都有可能出现对事实估计的不准确性偏差，而这种偏差就是企业经营的风险。这就需要管理者能以冷静的眼光，根据外部环境和内部因素的变化进行调整、修正其战略，使得已制定的战略在不断调整中沿着预定方向前进。

二、企业战略的层次

企业战略不是单一的，而是分为多个层次的。企业规模不同，企业战略的层次也相应地不同。一般来讲，企业的战略可以划分为三个主要的层次：公司（总体）战略、经营（竞争）战略和职能战略，如图 3－1 所示。

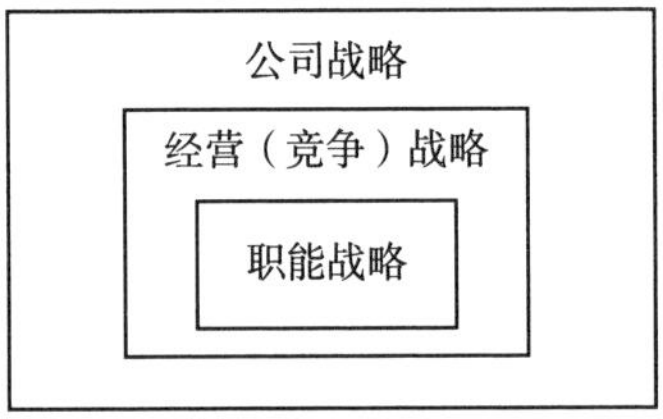

图 3－1　企业战略的层次

（一）公司战略

公司战略，是指为实现企业总体目标，对企业未来发展方向做出的长期性和总体性战略。它是企业战略中最高层次的战略，是整个企业发展的最高行动纲领。它需要根据企业的目标，选择企业可以竞争的经营领域，合理配置企业经营所必需的资源，使各项经营业务相互支持、相互协调。从企业的经营发展方向到企业各部门之间的协调，从有形资源的充分利用到整个企业的价值观念、文化环境的建立，都是总体战略的重要内容。企业总体战略是有关企业全局发展的、整体性的、长期的战略行为，其制定与推行的人员主要是企业的高层管理人员。

（二）经营战略

经营战略也称竞争战略，是在企业公司战略指导下，各个战略事业单位制定的部门战略，是公司战略之下的子战略。经营战略主要强调经营范围和资源配置两个因素，主要研究的是产品和服务在市场上的竞争问题。其目的从企业外部来看主要是建立一定的竞争优势，即在某一特定的产品与市场领域取得获得能力；从企业内部来看主要是获得一定的协同效应，即统筹安排和协调企业内部的各种生产、财务、研究开发、营销等业务活动。

（三）职能战略

职能战略是为贯彻、实施和支持公司战略与竞争战略而在企业特定的职能管理领域制定的战略。职能战略一般可分为营销战略、人事战略、财务战略、生产战略、研究与开发战略、公关战略等。与公司战略和竞争战略相比较，职能战略更为详细、具体和更具有可操作性。

公司战略、经营战略和职能战略是一个企业战略不可或缺的组成部分，他们之间相互联系、相互配合。企业每一层次的战略为下一层次战略获取方向，并且组成下一层次的战略环境；每一层战略亦为上一层战略目标的实现获取保障与支持。因此，企业要构建其总体战略目标，必须把三个层次的战略精确地融合起来。

三、企业战略的构成要素

现代市场竞争日趋激烈，企业能否获得成功取决于其战略制定。企业战略制定的构成要素包括经营范围、资源配置、竞争优势及协同作用等。

（一）经营范围

经营范围是指企业从事生产经营活动的领域。企业战略首先应明确企业现在的产品与市场范围和未来有可能发展的产品和市场范围。对于大多数企业来说，应该根据自己所处的行业、自己的产品和市场来确定经营范围。

（二）资源配置

从经济学的观点来看，资源是有限的或短缺的，而需求则是无限的。因此资源配置就是从企业本身出发，在企业目标的指引下，通过资源在不同产品生产之间的协调与分配而达到利益最大化。资源配置的优劣状况会极大地影响企业实现自己目标的程度。因此，资源配置又被视为形成企业核心竞争力的基础。

（三）竞争优势

竞争优势是指企业在自己的经营领域内强于其他竞争对手的市场地位，加强并巩固这种竞争优势，形成可持续发展的局面。简单来说就是相比其他企业来说所具备的其他企业所不具备的产品或者市场优势。竞争优势既可以来自企业在产品和市场的地位，也可以来自企业对特殊资源的正确运用。

（四）协同作用

协同作用是指企业从资源配置和经营范围的决策中所能发现的各种共同努力的效果，即“1＋1＞2”的效果。协作不仅可以产生积极作用，即企业总体资源的收益大于各部分资源收益之和，也可能产生消极作用。例如，当企业在新的领域进行多种经营时，新行业的环境条件与过去经营环境是截然不同的，以往的管理经验发挥不了作用。在这种情况下，管理协作便会产生消极作用。

四、企业战略的管理过程

企业战略管理是对企业未来的发展方向制定决策和实施这些决策的动态、系统过程。一个完整的战略管理过程包括企业战略分析、战略选择与评价、战略实施与控制三方面，如图 3－2 所示。

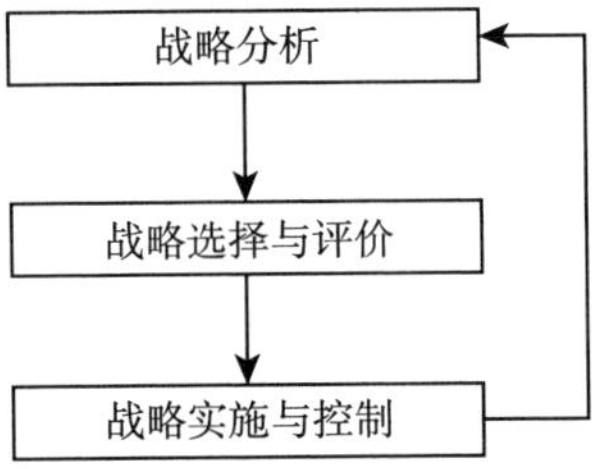

图 3－2　企业战略的管理过程

（一）战略分析

对企业的战略环境进行分析、评价，并预测这些环境未来发展的趋势，以及这些趋势可能对企业造成的影响及影响方向。主要分为企业外部环境分析和企业内部环境分析两部分。

企业外部环境一般包括下列因素：政府——法律因素、经济因素、技术因素、社会因素以及企业所处行业中的竞争状况。目的是适时地寻找和发现有利于企业发展的机会，以及对企业来说所存在的威胁，做到“知彼”，以便在制定和选择战略中能够利用外部条件所提供的机会而避开对企业有威胁的因素。

企业的内部环境即企业本身所具备的条件，也就是企业所具备的素质，主要包括下列因素：生产经营活动的各个方面，如生产、技术、市场营销、财务、研究与开发、员工情况、管理能力等。目的是发现企业所具备的优势或弱点，以便在制定和实施战略时能扬长避短、发挥优势，有效地利用企业自身的各种资源。

（二）战略选择与评价

战略选择及评价过程实质是战略决策过程，即制定多个可以实现组织目标的战略方案，并按照某些评价标准从中选择一个最优方案的过程。

1. 战略方案制定

制定战略方案时，通常应根据企业的规模、业务特点等选择不同的制定战略的方法。

（1）“自上而下”法

先由高层管理人员制定企业总体战略，然后由各部门根据各自职能将总体战略具体化，形成一个战略体系或者方案。

（2）“自下而上”法

在总体战略目标指引下，先由各部门提交战略方案，最高管理层进行协调平衡，对各部门的方案进行汇总研究，形成系统的总体战略。

（3）“上下结合”法

由最高管理层和下属各部门共同参与、沟通磋商、科学论证，制定适宜的战略方案。

2. 战略方案评价

评估备选方案通常使用两个标准：一是考虑选择的战略是否发挥了企业的优势，克服劣势，是否利用了机会，将威胁削弱到最低程度；二是考虑选择的战略能否被企业利益相关者所接受。需要指出的是，实际上并不存在最佳的选择标准，管理层和利益相关团体的价值观和期望在很大程度上影响着战略的选择。

3. 战略方案选择

战略方案选择就是通过最终的战略决策，选择最适合企业自身发展的决策，确定战略有三种方法。

（1）根据企业目标选择战略

企业目标是企业使命的具体体现，因此选择对实现企业目标最有利的战略方案。

（2）提交上级部门审批

对于中下层机构的战略方案，提交上级管理部门审批能够使最终选择方案更加符合企业整体战略目标。

（3）聘请外部机构

即由咨询组织的专家选择战略方案，能够提供更加科学、客观的看法。

（三）战略实施

企业战略方案确定后，战略实施就是将战略方案转化为战略行动，才能实现战略及战略目标。企业战略实施的过程有以下四个相互联系的阶段。在战略发动阶段，企业领导者研究如何将企业战略方案转化为员工的实际行动，充分调动企业员工的积极性和主动性；在战略实施计划阶段，企业经营战略方案具体化，依据战略方案和战略重点，制订实现企业战略目标的计划，明确各阶段的工作量和工作期限；在战略实施阶段，根据企业经营战略，设计相适应的组织结构，整合各种资源，建设良好的企业文化和控制激励机制等；在战略控制评估阶段，对执行战略过程进行控制与评价，适时调整战略计划以适应内外部环境与条件的变化，确保企业总体战略得以有效实施。

（四）战略控制

战略管理的基本假设是所选定的战略能实现企业的目标。在战略实施过程中，一方面企业中每个人由于缺乏必要的能力、认识和信息，对要做的工作不甚了解，或不知道如何做得更好，从而出现行为上的偏差；另一方面由于原来战略计划制订得不当或环境的发展与原来的预测不同，造成战略计划的局部或整体不符合企业的内外条件。因此，一个完整的战略管理过程必须有战略控制，以保证实际的成果符合预先制定的目标要求。当实际工作成果与预定的战略目标相比存在明显偏差时，就应当采取有效的控制措施给予纠正；如果产生的偏差没有超出容许的范围，则不需采取修正行动。

在企业中有三种类型的控制：战略控制、战术控制和作业控制。战略控制涉及与环境的关系、企业基本的战略方向或态势；战术控制涉及战略计划的实施和执行；作业控制涉及短期的企业活动。如同战略结构中有公司战略、经营战略和职能战略一样，企业中也存在控制的结构。在公司层级，控制的重点是使公司内各种各样的活动保持一个整体的平衡，在这一层次最重要的控制是战略控制和战术控制；在经营层次，控制主要是维持和改进经营单位的竞争地位，此时战术控制占主导地位；在职能层次，控制的作用是开发和提高以职能为基础的显著优势和能力，在这一层次作业控制和战术控制是主导。战略管理人员应确保控制的这三个层次能够一体化地融合在一起，正确地运作，并依据不同的管理角度或范围采用不同的控制方式。

第二节　企业战略环境分析

战略环境分析是企业战略管理的基础，其任务是根据企业目前所处的市场环境和发展机会来做出正确的战略决策和完成有效的实施过程。企业的战略环境分析包括企业外部环境分析（宏观环境、行业环境、竞争环境）和企业内部环境分析，如图 3 - 3 所示。

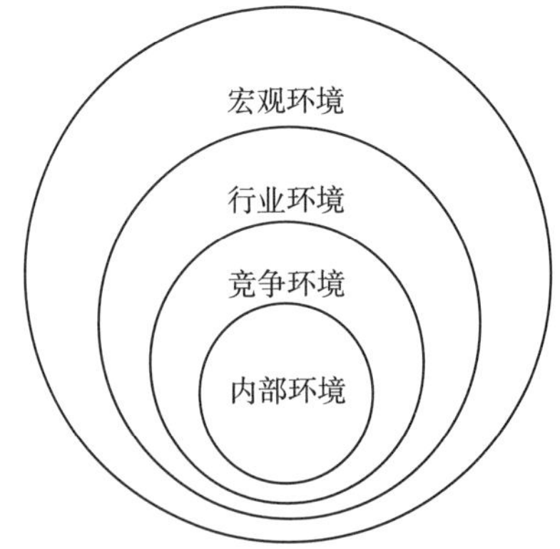

图 3 - 3　企业战略环境层次

一、企业宏观环境分析

企业宏观环境由存在于组织外部，通常短期内不为企业高层管理人员所控制的变量所构成。与微观环境相比，宏观环境对企业的作用是间接的，影响范围也更广泛，企业和它们的供应商、竞争者、客户或其他相关利益群体，都处在一个相同的宏观环境中，争取机会，应对挑战。企业宏观环境分析可以概括为四类：政治环境（political environment）、经济环境（economic environment）、社会环境（social environment）和科技环境（technological environment），即PEST分析法。

（一）政治环境

政治环境指那些制约和影响企业的政治要素的总和，政治因素及其运用状况是企业宏观环境的重要组成部分。政治环境中对企业起决定、制约和影响作用的因素主要有政治局势、政党、国家的法律法规、方针政策等。

政治体制是指企业所在国家的国体和政权的组织形式以及相关制度，如国家的政治和行政管理体制、政府部门结构以及选举制度、公民行使政治权力的制度等。不同国家的政治体制常常导致政府政策、法规、行政效率等方面的差异，从而对直接投资形成有利或不利的影响。

政局稳定性是指国家政局的稳定性以及社会的安定状况。如国家领导人的更换、政府的更迭可能导致国家政体的变化以及政治主张的改变；再如战争、政变、社会内乱以及某些国家的种族、宗教冲突等都将导致政局动荡不安，这都将会给企业的经营带来灾难性的影响。从企业的角度来看，国家政局的变动和领导人的更迭对企业的投资与经营如果没有产生直接的影响，那么这种政局变动并不能被视为政治风险；如果政局变动致使政府的经济政策发生了一定程度的变化，那么，这种政局变动就是政治风险。企业尤其是跨国企业在准备进入海外市场时，一定要慎重考虑东道国的政治环境。

此外，政府制定的一些法律、法规，它们也直接影响着某些商品的生产和销售，对企业的影响具有刚性约束的特征，主要有政府的政策和规定、税率和税法等，比如在我国已经出台的经济法律、法规有：食品卫生法、烟草专卖条例、药品管理法、经济合同法、专利法、工商企业登记管理条例等近400项。这些有关的经济法律、法规对市场消费需求的形成起了重要的调节作用。

（二）经济环境

经济环境指企业在生产经营管理的过程中所面临的各种经济条件、经济特征和经济联系等，主要由社会经济结构、经济发展水平、经济体制和宏观政策四个要素构成。一个企业经营的成功与否在很大程度上取决于整个经济运行状况。对于经济环境的分析，要注意考察以下几点。

①社会经济发展水平和经济增长方式，例如我国目前的经济增长方式开始由粗放型转为集约型，从重“数量”向重“质量”转变，提高了企业运营的效率，也给企业发展带来了挑战。

②国民经济总体运行情况，即经济周期当前处于哪个阶段，国民生产总值的各项指标变动情况。任何国家的经济增长都呈现出不同程度的周期性。企业应该研究并把握经济周期波动的规律，制定反周期战略，以避免由于宏观经济周期所带来的损失。

③某国或某地区的通货膨胀率、银行利率、外汇汇率等经济指标，是影响市场和消费水平的重要指标。通货膨胀是指在纸币流通制度下，物价水平在整个社会普遍而持续的上升，简单点说就是物价总水平上涨或者是货币贬值。通货膨胀给企业带来严重不利影响表现在：物价上涨导致企业在生产产品的过程中外购原材料价格上涨；物价上涨也引起了包括制造费用在内的各项费用的增加；由于政府采取各种政策，以遏制通货膨胀，在市场机制的作用下，紧缩的货币政策会加剧金融资源的稀缺，从而增加中小企业融资的难度。

④税收是国家依照法律规定的标准，强制性、无偿性地向经济单位和个人征收实物或货币而取得财政收入的一种经济活动。对企业而言，依法纳税是企业应尽的义务和职责，企业应该根据国家规定足额纳税，不可偷税漏税。根据企业性质的不同，企业缴纳的税收种类也会有所不同。

（三）社会环境

社会环境指企业所处环境中诸多社会现象的集合。社会环境中的社会结构、民族特征、文化传统、价值观念、宗教信仰、教育水平、风俗习惯、伦理道德、语言文字等因素都会影响企业的发展水平，以及企业能否长期发展获得利润。不同的国家和地区在社会文化方面有着显著的差异，社会文化对企业管理的影响是多方面的。社会环境还包括一个重要因素就是物质环境。社会生产离不开物质资源，无论生产创造的财富属于哪一个部门，其起始点都必定是物质资源。物质环境包括土地、森林、河流、海洋、生物、矿产、能源、水源等自然资源以及环境保护、生态平衡等方面的发展变化对企业的影响。

（四）技术环境

技术环境是指一个企业所在国家或地区的技术水平、技术政策、新产品的开发能力以及技术的发展动向等。科技发展水平通常反映在科技发展现状、科技发展结构、科技人员的素质和数量、科学技术的普及程度、现有工业技术基础的水平、产业结构的现代化水平，以及与企业经营相关的原材料、制造工艺、能源、技术装备等科学技术发展动向的多个方面。技术政策为技术革新和传播提供了政策保障，指引着技术发展的方向。

科学技术是第一生产力，一个国家或地区经济的发展与新技术的发明和应用的数量及质量密切相关。所有的企业尤其是技术密集型企业，必须高度重视科学技术对企业的影响力，鼓励技术创新，以保持竞争优势。衡量企业所面临的技术环境主要可以依靠以下几个指标：整个国家或地区的研发费用、企业所在行业的研究开发支出、技术力量的集中程度、专利产权数量及质量和新产品开发的情况等。

二、企业行业环境分析

（一）行业状况分析

行业状况是企业需要面对的最直接、最重要的环境，也可以称为任务环境。企业首先要判断自己所处行业是否存在发展的机会，根据行业寿命周期来判断行业所处的发展阶段，判断该行业是朝阳产业还是夕阳产业。

每个行业都存在一定的寿命周期，主要包括四个阶段：导入期、成长期、成熟期和衰退期。行业寿命周期曲线的形状是由社会对该行业的产品需求状况决定的。行业是随着社会某种需求的产生而产生，又随着社会对这种需求的发展而发展。最后，当这种需求消失时，整个行业也就随之消失，行业的寿命即告终止。判断行业处于寿命周期的哪个阶段，可以用市场增长率、需求增长率、产品品种、竞争者数量、进入（或退出）行业的障碍、技术变革和客户购买行为等作为分析指标。

（二）行业规模、技术分析

行业规模结构分析是为弄清行业的发展与社会需求之间的关系，这对于确定企业的经营范围具有重要意义。进行行业规模结构分析的内容有：行业生产产品或提供服务的总量与社会需求之间的关系；行业产品结构与该产品发展趋势之间的关系；行业目前的实际生产能力与设计能力之间的关系；行业内规模能力悬殊型企业和规模能力均衡型企业各自所占的比重；本企业规模与行业规模的发展趋势之间的关系等。

行业技术状况分析能正确地判断行业的发展前景和行业能力的发展水平。进行行业技术状况分析的内容有：行业目前的技术位于技术寿命周期的哪个阶段；行业的总体技术水平如何；行业技术的变化节奏如何；行业技术的发展方向是什么；本企业的技术水平在行业中处于什么地位等。

（三）行业竞争分析

波特五力模型主要用来分析本行业的公司竞争格局以及本行业与其他行业之间的关系。波特认为，“在任何产业里，无论是在国内还是在国外，无论是生产一种产品还是提供一项服务，竞争规律都寓于如下五种竞争力量之中：供应商的讨价还价能力、购买方的讨价还价能力、新竞争者的进入、替代品的威胁和现有竞争者之间的竞争。”整个行业的竞争态势取决于这五种行业竞争结构要素的相互作用关系，如图 3－4 所示。

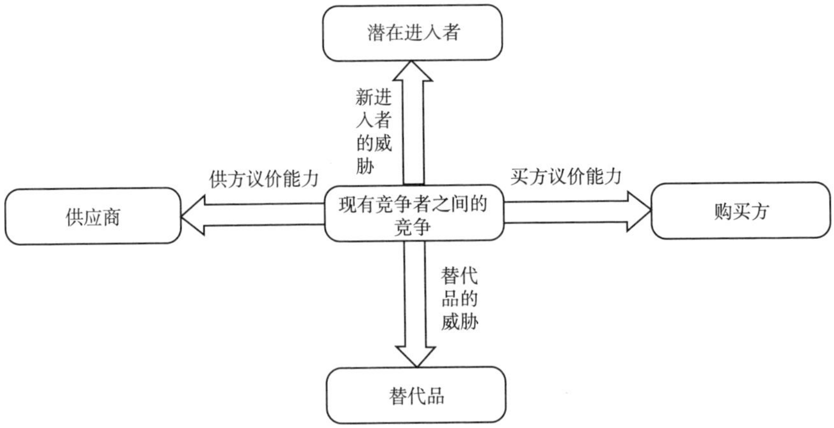

图 3－4　波特五力模型分析

（1）供应商的议价能力

供方主要通过提高投入要素价格与降低单位价值质量的能力，来影响行业中现有企业的盈利能力与产品竞争力。供方力量的强弱主要取决于他们所提供给买主的是什么投入要素。当供方所提供的投入要素的价值构成了买主产品总成本的较大比例、对买主产品生产过程非常重要，或者严重影响买主产品的质量时，供方对于买主的潜在讨价还价力量就大大增强。一般来说，满足如下条件的供方集团会具有比较强的讨价还价能力。

①供方行业为一些具有比较稳固的市场地位而不受市场激烈竞争困扰的企业所控制，其产品的买主很多，以至于每一单个买主都不可能成为供方的重要客户。

②供方各企业的产品各自具有一定特色，以至于买主难以转换或转换成本太高，或者很难找到可与供方企业产品相竞争的替代品。

③供方能够方便地实行前向联合或一体化，而买主难以进行后向联合或一体化。

（2）购买者的议价能力

购买者主要通过压价与要求提供较高的产品或服务质量的能力，来影响行业中现有企业的盈利能力。一般来说，满足如下条件的购买者可能具有较强的讨价还价能力。

①购买者的总数较少，而每个购买者的购买量较大，占了卖方销售量的很大比例。

②卖方行业由大量相对来说规模较小的企业所组成。

③购买者所购买的基本上是一种标准化产品，同时向多个卖主购买产品在经济上也完全可行。

④购买者有能力实现后向一体化，而卖主不可能前向一体化。

（3）新进入者的威胁

新进入者在给行业带来新的生产能力、新的资源的同时，希望在已被现有企业瓜分的市场中赢得一席之地。这就有可能会与现有企业发生原材料与市场份额的竞争，最终导致行业中现有企业盈利水平降低，严重的还有可能危及这些企业的生存。竞争性进入所带来威胁的严重程度取决于两方面的因素：进入新领域的障碍大小与预期现有企业对于进入者的反应情况。

进入障碍主要包括规模经济、产品差异、资本需要、转换成本、销售渠道开拓、政府行为与政策、自然资源和地理环境等方面。预期现有企业对进入者的反应情况，主要是采取报复行动的可能性大小，取决于有关厂商的财力情况、报复记录、固定资产规模、行业增长速度等。总之，新企业进入一个行业的可能性大小，取决于进入者主观估计进入所能带来的潜在利益、所需花费的代价与所要承担的风险这三者的相对大小情况。

（4）替代品的威胁

两个处于同行业或不同行业中的企业，可能会由于所生产的产品是互为替代品，从而在它们之间产生相互竞争行为，这种源自替代品的竞争会以各种形式影响行业中现有企业的竞争战略。第一，现有企业产品售价以及获利潜力的提高，将由于存在着能被用户方便接受的替代品而受到限制。第二，由于替代品生产者的侵入，使得现有企业必须提高产品质量，或者通过降低成本来降低售价，或者使其产品具有特色，否则其销量与利润增长的目标就有可能受挫。第三，源自替代品生产者的竞争强度，受产品买主转换成本高低的影响。总之，替代品价格越低、质量越好，用户转换成本越低，其所能产生的竞争压力就越强。

（5）现有竞争者的竞争程度

作为企业整体战略一部分的各企业竞争战略，其目标都在于使得自己的企业获得相对于竞争对手的优势。所以，在实施过程中就必然会产生冲突与对抗现象，这些冲突与对抗就构成了现有企业之间的竞争。现有企业之间的竞争常常表现在价格、广告、产品和售后服务等方面，其竞争强度与许多因素有关。

一般来说，出现下述情况将意味着行业中现有企业之间竞争的加剧：①行业进入障碍较低，势均力敌竞争对手较多，竞争参与者范围广泛；②市场趋于成熟，产品需求增长缓慢；③竞争者企图采用降价等手段促销；④竞争者提供几乎相同的产品或服务；⑤一个战略行动如果取得成功，其收入相当可观；⑥行业外部实力强大的企业在接收了行业中实力薄弱企业后，发起进攻性行动，结果使得刚被接收的企业成为市场的主要竞争者；⑦退出障碍较高，即退出竞争要比继续参与竞争代价更高。在这里，退出障碍主要受到经济、战略、感情以及社会政治关系等方面考虑的影响，具体包括：资产的专用性、退出的固定费用、战略上的相互牵制、情绪上的难以接受、政府和社会的各种限制等。

行业中的每一个企业或多或少都必须应对以上各种力量构成的威胁，而且必须面对行业中的每一个竞争者的举动而有所反应。除非认为正面交锋有必要而且有益处，例如要求得到很大的市场份额，否则企业可以通过设置进入壁垒，包括差异化和转换成本来保护自己。

三、竞争对手分析

竞争对手是企业经营过程中最直接的影响者和被影响者，这种直接的互动关系决定了竞争对手分析在外部环境分析中的重要性。竞争对手分析的目的是通过了解竞争对手的信息，获知竞争对手的发展策略以及行动，以便作出最适当的应对。对竞争对手的分析涉及四个方面：竞争对手的长远目标、竞争对手的现行战略、竞争对手的假设和竞争对手的能力。

（一）竞争对手的长远目标

对竞争对手长远目标的分析与了解，有利于预测竞争对手对其目前的市场地位以及财务状况的满意程度，从而推断其改变现行战略的可能性以及对其他企业战略行为的敏感性。

（二）竞争对手的现行战略

对竞争对手现行战略的分析，要了解竞争对手正在做什么、能够做什么。通过对竞争对手现行战略的分析，可以帮助公司了解竞争对手目前是如何进行竞争的，如果将来竞争结构发生了变化，竞争对手进行战略调整的力度怎样。

（三）竞争对手的假设

竞争对手的假设分为两类：一是竞争对手对自己的假设，二是竞争对手对产业及产业中其他公司的假设。竞争对手关于其公司情形的假设可能正确，也可能不正确。不正确的假设可能造成令他人感兴趣的战略契机。正如竞争对手对它自己持一定假设一样，每个公司对产业及其竞争对手也持一定假设。同样，这假设可能正确也可能不正确。对竞争对手的假设分析有利于正确判断竞争对手的战略意图。

（四）竞争对手的能力

对竞争对手能力的分析要了解竞争对手的强项和弱点是什么，竞争对手有哪些资源，形成了何种核心能力，与竞争对手相比，企业本身的实力又如何。

而其优势与劣势将决定其发起战略反击行动的能力以及处理所处环境或产业中事件的能力。

四、企业内部环境分析

企业战略目标的制定及战略选择既要知彼又要知己，其中“知己”是要分析企业的内部环境或条件，认清企业内部的优势和劣势。企业内部环境或条件分析目的在于掌握企业历史和目前的状况，明确企业所具有的优势和劣势。它有助于企业制定有针对性的战略，有效地利用自身资源，或采取积极的态度改进企业劣势。企业内部环境分析可以从企业资源分析、企业能力分析和企业价值链分析三个方面展开。

（一）企业资源分析

企业的任何活动都需要借助一定的资源来进行，企业资源的拥有和利用情况决定其活动的效率和规模。企业资源主要分为有形资源和无形资源，具体包括人、财、物、技术、信息等。

1. 人力资源

人力资源包括人力资源的数量、素质和使用状况。人力资源分析的具体内容有各类人员（包括生产操作人员、技术人员、管理人员）的数量、技术水平、知识结构、能力结构、年龄结构、专业结构；各类人员的配备情况、合理使用情况；各类人员的学习能力及培训情况；企业员工管理制度分析等。

2. 物力资源

物力资源包括各种有形资产。物力资源分析就是要研究企业生产经营活动需要的物质条件的拥有情况以及利用程度。

3. 财力资源

财力资源分析包括企业资金的拥有情况、构成情况、筹措渠道和利用情况，具体包括财务管理分析、财务比率分析、经济效益分析等。

4. 技术资源

技术资源主要是指企业的技术现状，包括设备和各种工艺装备的水平、测试及计量仪器的水平、技术人员和技术工人的水平及其能级结构等。

5. 信息资源

信息资源包括的内容很多，如各种情报资料、统计数据、规章制度、计划指令等。信息资源分析现有信息渠道是否合理、畅通，各种相关信息是否掌握充分，企业组织现状、企业组织及其管理存在的问题及原因等。

（二）企业能力分析

企业能力是指企业有效利用资源的能力。拥有资源不一定能有效运用，因而企业有效利用资源的能力就成为企业内部条件分析的重要因素。在分析企业能力时，可以从不同的角度进行分析，如从重要程度方面分析企业的一般能力与核心能力。

核心能力，是企业独有的、能为顾客带来特殊效用、使企业在某一市场上长期具有竞争优势的内在能力。企业要形成和保持竞争优势，只拥有一般的资源和能力还不行，必须形成超出竞争对手的特殊技能和能力。企业核心能力主要有以下几个特征。

1. 稀缺性

核心能力必须是企业所特有的，它能为企业带来超过平均水平的利润。

2. 难以模仿性

它是企业中不同单位和个人相互作用的结果，是通过协调和组织企业生产技术方面的资源而获得的。这种能力在发展过程中，通过自身的学习和积累，可以不断得到强化，从而使竞争优势得到巩固和持续。所以，核心能力很难由于被竞争对手模仿而消失。

3. 价值优越性

核心能力能很好地实现顾客所看重的价值，如能显著地降低成本、提高产品质量、提高服务效率、增加顾客效用等，从而使企业在创造价值和降低成本方面比竞争对手更具优势。

4. 可延展性

核心能力能够同时应用于多个不同的任务，使企业在较大范围内满足顾客的需要。

（三）企业价值链分析

美国战略管理学家迈克尔·波特于 1985 年提出的价值链分析是进行企业内部环境分析的一个重要工具，如图 3－5 所示。

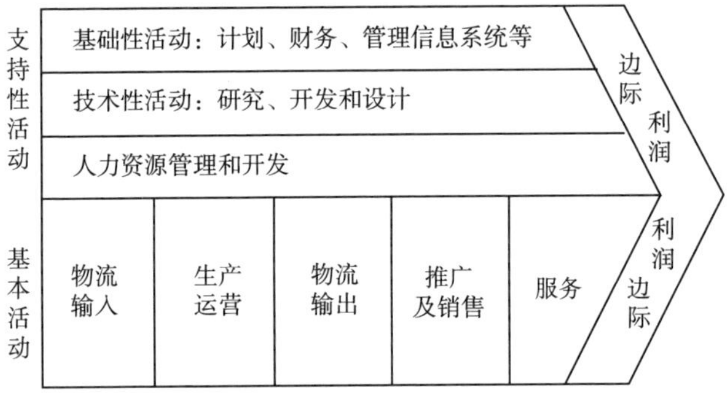

图 3－5　波特价值链

1. 价值链的两类活动

价值链分析将企业的生产经营活动分为基本活动和支持活动两大类。

基本活动指生产经营的实质性活动，一般可以分为物流输入、生产运营、物流输出、推广销售和服务五种活动。支持活动指用以支持基本活动而且内部之间又相互支持的活动，包括采购管理、技术开发、人力资源管理和企业基础设施等。

2. 价值链分析

价值链分析的关键是，要认识企业不是机器、货币和人员的随机组合，如果不将这些资源有效地组织起来，生产出最终顾客认为有价值的产品或服务，那么这些资源将毫无价值。因此，资源分析必须是一个从资源评估到对怎样使用这些资源的评估过程。价值链分析要明确以下三点：

（1）确认那些支持企业竞争优势的关键性活动

虽然价值链的每项活动，包括基本活动和支持活动，都是企业成功所必经的环节，但是这些活动对企业竞争优势的影响是不同的。在关键活动的基础上建立和强化这种优势很可能使企业获得成功。

（2）明确价值链内各种活动之间的联系

价值链中基本活动之间、基本活动与支持活动之间以及支持活动之间存在各种联系，选择或构筑最佳的联系方式对于提高价值创造和战略能力是十分重要的。例如，在基本活动之间，保持高水平的存货会使生产安排变得容易，并且可以对顾客的需求作出快速反应，但会增加经营成本。因此，应该评估一下增加存货可能带来的利和弊。

（3）明确价值系统内各项价值活动之间的联系

价值活动的联系不仅存在于企业价值链内部，而且存在于企业与企业的价值链之间。价值系统内包括供应商、分销商和客户在内的各项价值活动之间的许多联系。供应商的产品特点以及它与企业价值链的其他接触点能够十分显著地影响企业的成本和产品差异。例如，供应商频繁的运输能降低企业库存的要求、供应商产品的适当的包装能减少企业搬运费用、供应商对发货的检查能减少企业对产品进行检查的需要。

五、企业战略的 SWOT 分析

SWOT 分析法就是对企业外部环境中存在的机会与威胁和企业内部能力的优势和劣势进行综合分析，据此对备选的战略方案做出系统的评价，最终选择出最佳的竞争战略。

（一）分析环境因素

通过各种调查研究方法，分析出企业主要的优势、劣势、机会和威胁。

企业的优势（S）是指企业内部的优势。企业的资金实力雄厚、规模大、产品种类比竞争对手多、知名度高、拥有一大批忠实的客户等。

企业的劣势（W）是指企业内部的劣势。企业没有明确的战略方向、企业的产品质量不够好、售后服务水平较低等。

企业的机会（O）是指企业外部环境中的机会。政府的支持、市场需求增长趋势强劲等。

企业的威胁（T）是指企业外部环境中的威胁。政局不稳、自然灾害的发生、新竞争对手的增加、供应商和购买者的议价能力增强等。

（二）构造 SWOT 矩阵

将调查得出的各种因素按照重要性和影响力大小等排序方式，构造出 SWOT 矩阵。那些对企业发展产生长远的、直接的、重要的因素优先排列出来。

（三）进行战略选择

在完成环境因素分析和 SWOT 矩阵的构造后，便可以制订相应的行动计划。发挥优势、克服劣势、利用机会、化解威胁。企业可以得出以下四种不同的战略：

SO 战略：优势＋机会，是利用企业内部的长处去抓住外部机会的战略。这时企业拥有强大的内部优势和众多的增长机会，可以采取增长型战略。

WO 战略：劣势＋机会，此时企业虽然拥有外部机会，但是缺少有利的内部条件。在这种情况下，企业可以采取转型战略，有效地利用企业的外部机会，尽快改善企业内部的不利条件。

ST 战略：威胁＋优势，此时企业的外部环境不太理想，面临诸多威胁，但是拥有不错的内部条件。在此情况下，企业应该考虑多元化战略，利用自身优势在其他产品或市场上寻找发展机会；或者在自身优势非常明显，实力异常强大的情况下，也可以考虑采用一体化战略，前向或后向并购，利用规模优势克服环境带来的不利影响。

WT 战略：威胁＋劣势，这是一种最不利的情况。此时外部面临威胁，内部又存在缺陷，内外部都缺少有力的支持。在这种情况下，企业可以采取减少产品的紧缩战略，或是改变产品的放弃战略。

六、企业业务组合分析——波士顿矩阵

波士顿矩阵由美国著名的管理学家、波士顿咨询公司创始人布鲁斯·亨德森于 1970 年创作。它以企业生产经营的全部产品或业务的组合为研究分析对象，为企业选择经营领域的战略提供决策参考，如图 3－6 所示。

利用波士顿矩阵分析时，首先计算企业每种产品的相对市场占有率和销售增长率，然后将结果定位于矩阵的相应位置，这样就可以大致得到不同产品的不同市场状态。

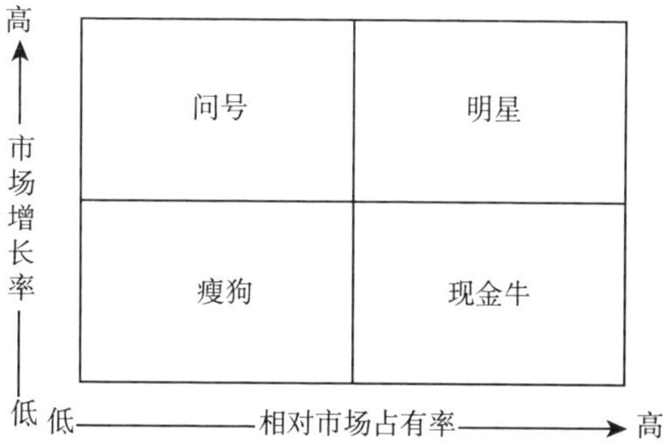

图 3-6　波士顿矩阵

（一）明星产品（stars）

它是指处于高增长率、高市场占有率象限内的产品群，这类产品可能成为企业的现金流产品，需要加大投资以支持其迅速发展。其采用的发展战略是：积极扩大经济规模和市场机会，以长远利益为目标，提高市场占有率，加强竞争地位。

（二）现金牛产品（cash cow）

现金牛产品指低市场成长率、高相对市场份额的产品，这是成熟市场中的领导者，它是企业现金的来源。由于市场已经成熟，企业不必大量投资来扩展市场规模，同时作为市场中的领导者，该产品享有规模经济和高边际利润的优势，因而给企业带来大量财源。企业往往用现金牛产品来支付账款并支持其他三种需大量现金的业务。

（三）问题产品（question marks）

它是处于高增长率、低市场占有率象限内的产品群。前者说明市场机会大，前景好，而后者则说明在市场营销上存在问题。其财务特点是利润率较低，所需资金不足，负债比率高。

（四）瘦狗产品（dogs）

它是处在低增长率、低市场占有率象限内的产品群。其财务特点是利润率低、处于保本或亏损状态，负债比率高，无法为企业带来收益。对这类产品应采用撤退战略：首先应减少批量，逐渐撤退，对那些销售增长率和市场占有率均极低的产品应立即淘汰；其次是将剩余资源向其他产品转移；最后是整顿产品系列，最好与其他事业部合并，统一管理。

第三节　企业战略选择

一、企业的总体战略

前文简单地介绍过企业战略按层次分为：总体战略、竞争战略和职能战略，本小节主要介绍企业的总体战略和竞争战略。

企业的总体战略可以分为三种：增长型战略、稳定型战略、紧缩型战略。

（一）增长型战略

企业增长型战略是指企业扩大原有主要经营领域的规模，或向新的经营领域开拓的战略。

1. 密集型战略

密集型增长是指企业在现有业务领域里充分利用在产品和市场方面的潜力来求得发展的战略。主要有市场渗透、市场开发和产品开发三种战略形式。

（1）市场渗透战略

市场渗透战略是指企业以现有产品渗透现有市场，扩大市场占有率，增加销量。在现有市场上扩大现有产品的销售主要取决于两个因素：产品使用人的数量和每个使用人的使用频率。因此可以采用的经营战略主要有：①使现有顾客增加购买数量，如增设销售网点、拓宽销售渠道；②夺走竞争对手的顾客，这就要求自己的产品物美价廉，广告做得好；③努力发掘潜在的顾客，如采取促销活动激发消费者购买产品的兴趣。

（2）市场开发战略

市场开发战略是指企业用现有产品去开发新市场的战略。可以采用的方法是发展现有产品的新顾客群或新的地域市场，从而扩大产品销售量。当现有产品在原有市场上已无进一步渗透的余地，而新市场发展潜力大、竞争相对缓和时，企业可以实行市场开发战略。

（3）产品开发战略

产品开发战略是指企业向现有市场提供新产品，满足现有顾客的潜在需求，增加销售额。这就要求增加产品的规格、样式，使产品具有新的功能和用途等，以满足目标顾客不断变化的要求。

2. 一体化战略

一体化战略是指企业充分利用自己在产品、技术、市场上的优势，使其经营业务向外发展的战略。分为三种形式：后向一体化、前向一体化、横向一体化。

（1）后向一体化战略

后向一体化战略是指企业进入供应链的上游。当企业产品在市场上拥有明显的优势，可以继续扩大生产，但是由于协作供应企业的材料、外购供应跟不上或成本过高，影响企业的进一步发展时，企业可以依靠自己的力量，扩大经营规模，由自己来生产材料或配套零部件，也可以向后兼并供应商或与供应商合资兴办企业，组成联合体，统一规划和发展。

（2）前向一体化战略

前向一体化战略是指公司进入供应链的下游，即对产品进行深加工，或建立自己的销售组织来销售本公司的产品或服务，或者获得分销商或者零售商的所有权，或加强对他们的控制等。

（3）横向一体化战略

也称水平一体化，是指获得竞争对手的所有权，或者加强对其控制，包括收购、兼并和接管。目的是促进企业实现更高程度的规模经济和迅速发展。

3. 多元化战略

企业多元化战略是指企业在原主导产业范围以外的领域从事生产经营活动。企业出于分散经营风险、规避业务萎缩、提高资源配置效率等方面的考虑会采取多元化经营的战略。主要有以下几种形式：

（1）同心多元化

同心多元化是指以企业现有的设备和技术能力为基础，开发新产品，增加产品的门类和品种，犹如从同一圆心向外扩大业务范围，以寻求新的增长。

（2）水平多元化

水平多元化增长战略即企业针对现有市场（顾客）的其他需要，增添新的物质技术力量开发新产品，以扩大业务经营范围，寻求新的增长。企业经营多种业务，业务分布在两个或两个以上的产业，且这些产业不处在同一价值链上，但是根据业务之间是否存在某些明显的实质相似性，可分为相关水平多元化和非相关水平多元化。

（3）集团式多样化

集团式多样化是指企业通过投资或兼并等形式，把经营范围扩展到多个新兴部门或其他部门，组成混合型企业集团，开展与现有技术、现有产品、现有市场无联系的多样化经营活动，以寻求新的增长机会。这种战略通常适用于规模庞大、资金雄厚、市场开拓能力强的大型企业。

（二）稳定型战略

稳定型战略是在企业的内外部环境约束下，企业准备在战略规划期使企业的资源分配和经营状况基本保持在目前状态和水平上的战略。采用稳定型战略时，企业的经营风险相对较小。由于经营主要与过去大致相同，因而能避免因改变战略而改变资源分配的困难。同时也能给企业一个较好的修正期，使企业集聚更多的能量，避免因发展过快而导致的弊端。但是实施稳定型战略是以企业的内外部环境相对稳定为前提的，一旦环境发生变化，而企业没有准确预测的话，会承担很大风险。另外该战略的实施也容易使企业的风险意识减弱，甚至惧怕和回避风险，这也同样会影响企业的经营活动。按照战略的具体实施，可以分为以下几种：

1. 无增战略

实行这种战略的企业不进行重大的战略调整，保持原有的战略不变。采用它的企业可能基于以下两个原因：一是企业过去的经营相当成功，并且企业内外环境没有发生重大变化。二是企业并不存在重大的经营问题或隐患，因而战略管理者没有必要进行战略调整，或者害怕战略调整会给企业带来利益分配和资源分配的困难。采用无增战略的企业除了每年按通货膨胀率调整其目标外，其他暂时保持不变。

2. 维持利润战略

这是一种牺牲企业未来发展来维持利润的战略。维持利润战略注重短期效果而忽略长期利益，其根本意图是度过暂时性的难关，因而往往在经济形势不景气时被采用，以维持过去的经济状况和效益，实现稳定发展。但如果使用不当的话，维持利润战略可能会影响企业长期发展。

3. 暂停战略

在一段较长时间的快速发展后，企业可能会遇到一些问题使得效率下降，这时就可以采用暂停战略，即在一定时期内降低企业的目标和发展速度。暂停战略可以充分达到让企业积聚能量的目标，为今后的发展做准备。

4. 谨慎实施战略

如果企业外部环境中某一重要因素难以预测或变化趋势不明显，企业的某一战略决策就要有意识地降低实施进度，步步为营，这就是所谓的谨慎实施战略。实施这种战略可以降低经营风险，使企业持续、稳定地向前发展。

（三）紧缩型战略

紧缩型战略是指企业从目前的战略经营领域和基础水平撤退和收缩，且偏离战略起点较大的一种经营战略。紧缩型战略能帮助企业在外部环境恶劣的情况下，节约开支和费用，能在企业经营不善的情况下最大限度地降低损失，帮助企业更好地实行资产的最优组合。但紧缩型战略也有可能为企业带来一些不利之处，实行紧缩战略的尺度较难把握，若操作有误可能会扼杀具有发展前途的业务和市场，使企业总体利益受到伤害。由于紧缩战略常常引起不同程度的裁员和减薪，因此实施紧缩战略会引起企业内部人员的不满。根据实施紧缩型战略的基本途径，可以分为以下三类：

1. 抽资转向战略

抽资转向战略是企业在现有的经营领域不能维持原有的产销规模和市场，不得不采取缩小产销规模和市场占有率，或者企业在存在新的更好的发展机遇的情况下，对原有的业务领域进行压缩投资、控制成本，以改善现金流为其他业务领域提供资金的战略方案。另外，在企业财务状况下降时也有必要采取抽资转向战略，这一般发生在物价上涨导致成本上升或需求降低使财务周转不灵的情况下。

2. 放弃战略

放弃战略是指将企业的一个或几个主要部门转让、出售或者停止经营。这个部门可以是一个经营单位、一条生产线或者一个事业部。采用放弃战略需要考虑很多方面：①技术或经济结构上的问题，即一个企业的技术特征及其固定和流动资本妨碍其退出。例如，卖掉某个下属单位，就会影响企业技术上的成套性和经济结构的合理性，对生产经营不利。②企业战略上的问题，即企业内部各单位之间的紧密联系和战略依存关系，可能不允许放弃某个经营单位。③管理上的问题。例如，企业管理人员往往会对放弃战略持反对意见，因为这对他们可能会有威胁。

3. 清算战略

清算战略是企业由于无力清偿债务，通过出售或转让企业所属业务部门的全部资产，以偿还债务或停止该业务全部经营活动。通常只有在其他战略全部失灵时才被迫采用。然而，如企业已符合破产条件，则应及时进行破产清算，相比顽固地坚持无法挽回的事业来讲，这是较适当的战略。

二、企业的竞争战略

竞争战略考虑的是在企业生产经营活动所在的行业与市场上运用的战略。企业选择竞争战略，是为了在所竞争的行业和市场中形成竞争优势，以获得超过竞争对手的利润率。

（一）成本领先战略

成本领先战略是指企业通过在内部加强成本控制，在研究开发、生产、销售、服务和广告等领域内把成本降低到最低限度，成为行业中的成本领先者的战略。企业可以凭借其成本优势，在激烈的市场竞争中获得有利的竞争地位。

1. 成本领先战略的优点

（1）形成进入障碍

企业的生产经营成本低，便为行业的潜在进入者设置了较高的进入障碍。那些在生产技术尚不成熟，经营上缺乏规模经济的企业都很难进入该行业。

（2）增强企业的讨价还价的能力

企业的成本低，可以使企业能应付投入费用的增长，提高企业与供应者的讨价还价能力，降低投入因素变化所产生的影响。同时，企业成本低，也可以提高自己对购买者的讨价还价能力，对抗强有力的购买者。

（3）降低替代品的威胁

企业的成本低，在与竞争者竞争时，仍旧可以凭借其低成本的产品和服务吸引大量的顾客，降低或缓解替代品的威胁，使自己处于有利的竞争地位。

（4）保持领先的竞争地位

当企业与行业内的竞争对手进行价格战时，由于企业的成本低，可以在竞争对手毫无利润的水平上保持盈利，从而扩大市场份额，保持绝对竞争优势地位。

2. 成本领先战略的风险

（1）竞争对手开发出更低成本的生产方法

例如，竞争对手利用新的技术或更低的人工成本，形成新的低成本优势，使得企业原有的优势成为劣势。

（2）竞争对手采用模仿的办法

当企业的产品或服务具有竞争优势时，竞争对手往往会采取模仿的办法，形成与企业相似的产品和成本，给企业造成困境。

（3）顾客需求的改变

如果企业过分地追求低成本，降低了产品和服务质量，会影响顾客的需求，结果会适得其反，企业非但没有获得竞争优势，反而会处于劣势。

（二）差异化战略

差异化战略是为使企业产品、服务、企业形象等与竞争对手有明显的区别，以获得竞争优势而采取的战略。企业实现差异化战略可以有很多方式，如产品设计或品牌形象的差异化、产品技术的差异化、顾客服务上的差异化和销售分配渠道上的差异化等，最理想的情况是企业使自己在几个方面都标新立异，建立自己的特色。

1. 差异化战略优势

（1）形成进入障碍

由于产品的特色，顾客对产品或服务具有很高的忠实程度，从而该产品和服务具有强有力的进入障碍。

（2）降低顾客敏感程度

由于差别化，顾客对该产品或服务具有某种程度的忠实性，当这种产品的价格发生变化时，顾客对价格的敏感程度不高。

（3）增强讨价还价的能力

产品差别化战略可以为企业带来较高的边际收益，降低企业的总成本，增强企业对供应者的讨价还价的能力。同时，由于购买者别无其他选择，对价格的敏感程度又降低，企业可以运用这一战略削弱购买者的讨价还价能力。

（4）防止替代品的威胁

企业的产品或服务具有特色，能够赢得顾客的信任，便可以在与替代品的较量中比同类企业处于更有利的地位。

2. 差异化战略劣势

（1）企业形成产品差别化的成本过高

大多数购买者难以承受产品的价格或者不愿意为具有差别化的产品支付较高的价格，企业也就难以盈利。

（2）市场需求发生变化

市场的环境发生了变化，企业不能保持差别化。

（3）竞争对手的模仿和进攻使已建立的差异缩小甚至转向

竞争对手推出更有差别化的产品，使得企业的原有购买者转向了竞争对手的市场。

（三）集中战略

集中战略又称专一化战略，是指企业把其经营活动集中于某一特定的购买群体、产品线的某一部分或某一地区市场上，来建立企业的竞争优势及市场地位。

集中型战略包括三种具体形式：一是产品类型的专业化，即企业集中全部资源来生产经营特定产品系列中的一种产品；二是顾客类型的专业化，即企业只为某种类型的顾客提供产品和服务；三是地理区域的专业化，即企业产品经营范围仅局限于某一特定的地区。

1. 集中战略的优点

①由于经营目标和范围集中，管理简单、方便，可以集中使用企业的各项资源。能够深入研究与本企业产品有关的各项技术，深入了解市场用户的具体需要。

②可以在一定程度上提高企业的实力，从而提高企业的经济效益。

③可以通过目标市场的选择，寻找现有竞争者的最薄弱环节切入，避免与实力强大的竞争者正面冲突，因此，这种战略适合实力相对较弱的中小企业。

2. 集中战略的劣势

①狭小的目标市场导致的风险。由于企业将全部力量和资源都投入了一个特定的市场，当顾客偏好发生变化，技术出现创新或有新的替代品出现时，就会发现这部分市场对产品或服务的需求下降，企业就会受到很大的冲击。

②购买者群体之间需求差异变小。由于目标细分市场与其他细分市场的差异过小，企业原来赖以形成集中化战略的基础就消失了。

③竞争对手的进入与竞争。竞争者可能模仿或新进入者重新细分市场，从而使原来实施集中化战略的企业失去了优势。

思考与练习

一、单项选择题

1.（　　）是企业所期望达到的成果与变成的状态。

A. 企业目标　　B. 经营战略

C. 总体战略　　D. 控制目标

2. 公司战略是企业（　　），决定企业经营方针、投资规模、经营方向和远景目标等战略要素，是企业战略中最高层次的战略。

A. 职能战略　　B. 经营战略

C. 总体战略　　D. 增长战略

3. 以下不是外部环境分析考虑的因素是（　　）。

A. 政治因素　　B. 经济因素

C. 科技因素　　D. 产业因素

4. 按照波特的观点，“在任何产业里，无论是在国内还是在国外，无论是生产一种产品还是提供一项服务，竞争规律都寓于五种竞争力量之中”，下面哪项不属于五种基本竞争力（　　）。

A. 新竞争者的进入　　B. 替代品的威胁

C. 购买方讨价还价的能力　　D. 研发能力

E. 现有竞争者之间的竞争

5. 波士顿矩阵中（　　）代表较低的市场增长率和较高的相对市场占有率。

A. 金牛区　　B. 问题区

C. 明星区　　D. 瘦狗区

6. （　　）是把其经营活动集中于某一特定的购买群体、产品线的某一部分或某一地区市场上，来建立企业的竞争优势及市场地位。

A. 差异化战略　　B. 成本领先战略

C. 集中化战略　　D. 竞争战略

二、判断题

1. 战略一词运用于企业经营管理，是指企业在经营中为了适应未来环境的变化，寻求长期生存和稳定发展而制定的总体性和长远性的谋划与方略。（　　）

2. 一般来说，一个企业的战略可以划分为如下三个层次：公司战略、经营战略、职能战略。（　　）

3. 五种竞争力量的强度是同样重要的。（　　）

4. 水平多元化战略通常立足于现有产品和市场。（　　）

5. 后向一体化战略是企业进入供应链的上游，自己供应生产所需的原料、零配件和半成品。（　　）

6. 紧缩型战略包括抽资转向战略、无增战略、放弃战略、清算战略。（　　）

7. 成本领先战略是指企业通过在内部加强成本控制，在研究开发、生产、销售、服务和广告等领域内把成本降低到最低限度，成为行业中的成本领先者的战略。（　　）

三、简答题

1. 什么是企业战略？企业战略有哪些特征？

2. 简述企业战略的层次。

3. 简述完整的企业战略管理过程。

4. 什么是 PEST 分析?

5. 企业的三种竞争战略各有何利弊?

四、案例讨论

珠海格力电器股份有限公司成立于 1991 年，1996 年 11 月在深交所挂牌上市。公司成立初期，主要依靠组装生产家用空调，现已发展成为多元化、科技型的全球工业制造集团。格力电器成立以来，一直保持着自身主营业务的核心竞争力，即空调的生产与销售，很少涉足别的领域。但是自 2013 年起，格力相继进军智能装备、通信设备、模具等领域，已经从专业空调生产延伸至多元化的高端技术产业。

2016 年，格力电器开始深化自身多元化发展意图，涉足领域包括但不限于移动设备、智能化、新能源等方面。在产品智能化上，格力电器在相关技术上已经趋于成熟，并且在国际市场上也小有名气。在移动设备上，致力于产品芯片研究，并且拥有完善的制作流程和制作标准，手机已然上市并取得了不错的市场回馈。由此可以看出，格力在移动通信领域上的研发实力不容小觑。同年，格力电器还建立了多个大型研发中心，不仅局限于硬件上的研发，格力电器还建立了一个科学的系统运行管理体系，生产效率大幅提升并且在成本控制上也大有成效。随后两年，格力电器不断完善自身在智能家居领域的布局。建立完整家居智能化生态，将人工智能和家居相连接，达到家居智能交互的效果。并且建立了大型的智能云平台，储存用户数据，利用大数据分析为客户提供更加智能的服务。

2019 年，随着电子商务的不断发展，格力电器逐渐将自身经营模式与主流趋势相融合，打造线下和线上相结合的销售模式。在大力发展线上商城的同时也在全国各地成立了多家线下分销店。2020 年，随着新冠疫情的暴发，格力电器开始意识到医疗的重要性，斥巨资成立了珠海格健医疗科技有限公司。公司经营的产品包括医疗防护用品、消毒设备等。整体来看，格力电器多元化发展还是较为科学，结合主营业务和新兴业务的优势，达到相互促进的目的。

目前，格力智能装备不仅为自身自动化改造提供先进设备，同时也为家电、汽车、食品、3C 数码、建材卫浴等众多行业提供服务。研发手机、并购家电公司和智能设备的宣传等种种行为无不在说明格力电器已然成了一个多元化发展的企业。格力电器逐步加快自身多元化战略的进程，通过家居智能化，合理地将企业原有的家电业务和新兴业务相结合，实现企业资源共享，产业布局调整优化，推进智能制造升级，努力实现高质量发展。

截至 2022 年格力电器实现营收总收入 1 901.51 亿元，同比增长 0.26%；

主营业务收入 1 531.66 亿元，同比增长 5.75%；归属于上市公司股东的净利润 245.07 亿元，同比增长 6.26%；基本每股收益 4.43 元，同比增长 9.65%。2023 年一季度实现营业总收入 356.92 亿元，同比增长 0.44%；归属于上市公司股东的净利润 41.09 亿元，同比增长 2.65%。

问题：

1. 你认为格力实施多元化战略的原因有什么？
2. 你认为格力实施多元化战略中产生的问题有？

第四章

生产经营管理

本章提要

本章概述了经营管理的概念以及职能，并在此基础上，重点讲解了产品定价策略与管理、存货的批量管理等。通过了解企业生产经营管理的各个环节中的管理，可以使学生对企业成本管理有更新的认识和了解。

重点难点

-经营管理的职能
-产品定价的各种方法
-存货成本的组成部分
-存货最优量的确定

第一节　经营管理概述

一、什么是经营管理

企业经营管理是对企业生产经营活动进行计划、组织、协调、指挥、控制和创新，以获取经济效益的一系列行为的总和。

经营是企业或经营者有目的的经济活动，是经营者在国家方针政策的指导下，根据计划目标、市场需求状况及企业自身的需要，以市场为对象，以产品生产和产品交换为手段，为实现企业目标，使企业的生产技术、经济活动与企业外部环境达成动态均衡的一系列有组织的活动。经营的重点是讲求经济效益。

管理是实现经营目标的一种有组织的活动，它通过计划、组织、指挥、协调、控制等职能，对企业的人力、物力、财力、信息及其要素的合理利用，对再生产过程的产、供、销、分配等环节的合理组织，保证各项经济活动顺利进行，从而达到实现经营目标的要求。

经营与管理之间相互区别：①管理是劳动社会化的产物，而经营则是商品经济的产物；②管理适用于一切组织，而经营只适用于企业；③管理旨在提高作业效率，而经营以提高经济效益为目标。

经营与管理也相互依赖、相互作用。管理是基础，管理必须为经营服务。经营是管理职能的延伸与发展，两者是不可分割的整体。在市场经济条件下，企业管理由以生产为中心转变为以交换和流通过程为中心，经营的功能日益重要并为人们所重视。企业管理的职能自然要延伸到研究市场需要、开发适销产品、制定市场战略等方面，从而使企业管理必然地发展为企业经营管理。

不过，经营管理又有狭义与广义之分，人们称之为小经营与大经营。

狭义的经营管理，是指对企业经营活动的管理。经营活动的主要内容是了解企业的外部环境和竞争形势，根据外部环境的变化趋势制定企业目标、战略计划、投资决策，保证企业在满足社会需要的前提下，取得良好的经济效益。

广义的经营管理，是指对企业全部生产经营活动的管理。我们把企业的活动分为生产活动与经营活动。从系统观念来分析，企业系统的正常运转，同时受到外部环境和内部条件的制约。企业系统的功能，就是要在内外条件的约束下，把外界的输入经过中间转换，输出市场需要的产品、劳务以及企业所期望的利润。中间转换过程主要是生产活动及其管理活动。生产活动是经营活动的物质技术基础，也是它的重要组成部分。所以，广义的经营管理也包括对生产过程的管理。

综上所述，广义的经营管理与狭义的经营管理的区别，主要表现为内容和范围有所不同。广义的经营管理包括生产管理在内的全部企业管理，狭义的经营管理则是剔除了生产管理并与生产管理相对应的一个范畴。

二、经营管理的职能

法约尔把管理职能概括为计划、组织、指挥、控制、协调，这显然是就一般管理而言的。对企业来说，它只适用于生产型企业管理的特定条件。经营管理职能不同于一般管理职能，也不同于生产型企业管理的职能。经营型企业的经营管理职能包括五个方面的内容，即战略职能、决策职能、开发职能、财务职能和公共关系职能。

（一）战略职能

战略职能是企业经营管理的首要职能。因为企业所面对的经营环境是一个非常复杂的环境，影响这个环境的因素很多，企业欲求得长期稳定的生存与发展，就必须高瞻远瞩、随机应变，实行战略经营。所谓战略经营，即在没有得到最准确的答案之前就采取行动。这一行动按照一个系统的模式进行循环：了解环境——对环境信息（机会与风险）做出评价——决定对策——制定行动方案和规划——实施结果反馈。所以，经营管理的战略职能包括五项内容：

①经营环境分析（机会与风险评价）。

②制定战略目标。

③选择战略重点。

④制定战略方针和对策选择。

⑤制定战略的实施规则。

（二）决策职能

经营职能的中心内容是决策，甚至可以说经营管理就是经营决策。上述经营管理战略职能的每一项内容，无不属于决策范畴。决策职能主要是通过环境预测，制定决策方案并进行方案优选、方案实施等过程来完成的。决策的主体不仅仅是企业的最高领导层，还应包括整个企业的所有管理者和全体职工。因为企业的经营战略必须经由所有管理者和职工长期不懈地身体力行、不断革新才能最终实现。

（三）开发职能

有效的经营必须善于有效地开发和利用各种资源。企业战略职能的发挥在很大程度上取决于开发职能的作用。如果把资源开发仅限于人、财、物，是极其狭窄的。作为经营管理的开发职能，其重点在于产品的开发、市场的开发、技术的开发，以及能力的开发。一个卓越企业的制胜法宝，是用第一流的人才、第一流的技术、第一流的产品，创造出第一流的市场竞争力。

（四）财务职能

企业的经营过程自始至终都伴随着财务过程。所谓财务过程，就是资金的筹措、运用与增值的过程。财务职能集中表现为资金筹措职能、资金运用职能、增值价值分配职能以及经营分析职能。资金筹措是企业经营活动的起点。资金运用涉及资金的重点分配与预算。增值价值的分配关系国家、企业、职工三者关系的正确处理。可以说，企业的经营管理职能始于财务职能，终于财务职能。

（五）公共关系职能

企业是社会经济系统的一个子系统。企业欲维持其生存与发展，必须按照环境适应论的观念同它赖以存在的社会经济系统的诸环节保持协调，这种同外部环境保持协调的职能，被称为社会关系职能或公共关系职能。从大系统观点来看，企业行为受许多因素的影响，这些因素包括政治、经济、文化等各个方面。从企业投入—产出的系统出发，企业同投资者、往来厂商、从业人员、顾客、行政机关之间有着密切的甚至是相互制约关系。公共关系职能正是要求以企业为中心，有意识地进行积极的协调和必要的妥协，使各种利益集团根据各自的立场，对企业的生存和发展给予协作或承认。由此可见，公共关系职能是企业生存和发展的必要条件。

三、短期经营决策的理论基础

管理的重心在经营，经营的重心在决策。企业在生产经营的过程中需要进行各种各样的经营和投资决策，决策的成功与否直接关系到企业长期的生存和发展。成本管理会计中一般将决策分为短期经营决策和长期投资决策，本章主要介绍短期经营决策。

短期经营决策是指企业在现有的生产能力条件下，对通常仅影响当年经营效果的专门业务所进行的决策。它的核心问题是如何使企业现有的资源得到最充分和最合理的利用，以便取得最佳经济效益。

与长期投资决策相比，短期经营决策具有如下三个方面的特点：其一，从性质上讲，短期经营决策一般不涉及大型固定资产投资，属于经营决策的范畴；其二，从时间上讲，短期经营决策只涉及一年以内的一次性专门业务，决策结果的影响时间较短；其三，从方法上讲，短期经营决策一般不考虑货币时间价值因素和风险因素，主要采用差量分析法、边际分析法、本量利分析法以及线性规划等方法。

为了有效地进行短期经营决策，首先必须正确划分相关成本与非相关成本。相关成本是指与特定决策相关、决策时必须加以考虑的未来成本。非相关成本是指与特定决策不相关的成本，决策时可不予考虑的成本。

相关成本对决策方案影响重大，是决策者在决策分析时必须考虑的成本，如果遗漏了相关成本，将会导致信息失实、决策失误。相关成本的主要特点有如下两方面。

（1）相关成本是未来成本

决策是面向未来的，与之相关联的成本也只能是未来将要发生的成本，因为决策不能改变已经发生的沉没成本。

（2）相关成本是有差别的未来成本

只有当未来的成本有差别时，才会对方案的选择产生影响。

在成本管理会计的决策中，应该注意正确选择决策的相关成本，而且由于决策的目的不同，考虑的相关成本也有所不同。短期经营决策的内容较多，概括起来一般包括定价决策、生产决策和存货决策等。

第二节　产品定价策略与管理

一、产品定价的程序及影响因素

（一）定价程序

一般而言，企业定价的程序分为四个步骤：选择定价目标、分析市场情况、选择价格策略和确定最后价格。

1. 选择定价目标

企业定价首先要按照企业的目标市场战略和市场定位战略要求，选择定价的目标。一般来讲，企业可选择的定价目标有维持生存、最大化市场占有率，以及最大化企业利润等。企业在选择定价目标时，需要权衡各种定价目标的影响因素及其优缺点，慎重地加以选择和确定。

2. 分析市场情况

企业要根据自身营销能力、相关成本费用、竞争者产品价格等，估测市场容量及自身所处行业地位。

3. 选择价格策略

在分析市场情况后，应该选择适当方法和策略实现企业的定价目标。通常而言，企业采取的价格策略可分为低价策略、高价策略和平价策略。其中，对于需求价格弹性较大的产品，市场容量较大且生产相对容易的产品，产品生命周期趋于成熟或处于衰退期的产品，以及随着产品销量的增大，可以使单位产品的固定成本明显下降的产品，往往采取低价策略。对于市场上供求较为平衡的产品，需求弹性适中的产品，往往采取平价策略。对于需求弹性小或缺乏的产品，消费者很难判断产品质量的新产品，往往采取高价策略。

4. 确定最后价格

企业要围绕既定的定价目标，以及市场情况，选择适当的定价策略，并最终确定产品的最后价格。

（二）影响因素

1. 定价目标

任何企业都不能孤立地制定价格，必须按照企业的目标市场战略及市场定位战略的要求来进行。企业定价的目标主要有：维持生存、当期利润最大化、市场占有率最大化、产品质量最优化。

2. 产品成本

从长远看，任何产品的销售价格都必须高于成本费用，只有这样，才能以销售收入来抵偿生产成本和经营费用。因此，成本是价格的底线。

3. 市场需求

市场营销理论认为，产品的最高价格取决于产品的市场需求，最低价格取决于该产品的成本费用。在最高价格和最低价格的幅度内，企业能把产品价格定多高，则取决于竞争者的同种产品的价格水平。

二、产品定价方法

（一）成本导向定价法

成本导向定价法是指以成本为中心，按照卖方意图进行定价的方法。在定价时，首先要考虑收回企业在生产经营中投入的全部成本，然后再考虑获得一定的利润，产品的成本包括企业在生产经营过程中发生的一切费用。

1. 成本加成定价法

成本加成定价法是指在单位产品成本的基础上，加上一定比例的预期利润作为产品的售价。其计算公式为：

单位产品价格＝单位产品成本×(1＋加成率)

其中，加成率即为预期利润占产品成本的百分比。这种方法的优点是价格盯住成本，简便易行；缺点是只从卖方的利益出发，没有考虑市场需求和竞争因素的影响。同时，加成率是一个估计数，缺乏科学性。零售行业一般采用加成定价法。如百货商店一般对烟类加成20%，照相机28%，图书34%，衣物41%，珠宝饰品46%等。

【例4-1】 假设一家电炉生产厂商，其生产的固定成本为600 000元，单位变动成本为每台20元，预计销售量为50 000台。

单位成本＝单位产品变动成本＋(固定成本/销售量)＝20＋600 000÷50 000＝32（元），如果该厂想获得成本加成的20%的利润，则每台电炉的价格＝单位成本×(1＋加成率)＝32×(1＋20%)＝38.4（元）

2. 目标成本定价法

目标成本定价法是指以期望达到的目标成本为依据，加上一定的目标利润和应纳税金来制定价格的方法。目标成本定价是“预期成本”，一般低于定价时的实际成本。其作为一种“预期成本”，尽管不是定价时的实际成本，但也不是人们主观臆想出来的，它是建立在对“量、本、利”关系的科学测算的基础上，利用盈亏平衡分析的原理加以确定的。目标成本定价法适用于经济实力雄厚，生产和经营有发展前途的企业，尤其适用于新产品的定价。其计算公式为：

产品价格＝目标成本×(1＋目标成本利润率)÷(1－税率)

目标成本＝(固定成本÷目标产量)＋单位产品变动成本

目标成本利润率＝目标利润÷(目标成本×目标产量)×100%

（二）竞争导向定价法

竞争导向定价法是指以竞争者的价格为主要依据来确定本企业产品的价格。本企业产品价格可与主要竞争者的价格相同，也可以略高或者略低。

1. 随行就市定价法

随行就市定价法是指企业在很大程度上是以竞争对手的价格作为其定价的基础，而不太注意自身的成本或需求。企业的定价可以高于、等于或低于竞争对手的价格。在寡头垄断市场上，小企业通常会追随市场领导者，一般将其产品价格定得低于市场领导者的产品价格。在以下情况下，往往采取这种定价方法，如：难以估算成本；企业打算与同行和平共处；如果另行定价，很难了解购买者对本企业的价格的反应。

2. 竞争价格定价法

竞争价格定价法是指根据本企业产品的实际情况及与竞争者产品的差异状况来确定价格。这是一种主动竞争的定价法，一般为实力雄厚、产品独具特色的企业所采用。此法通常将企业估算价格与市场上竞争者的价格进行比较，分为高于竞争者定价、等于竞争者定价、低于竞争者定价三个价格层次。其中，在本企业产品存在明显优势，产品需求弹性较小时，采用高于竞争者定价；在具备较强的资金实力，能应付竞相降价的后果且需求弹性较大时，采用等于竞争者定价；而在企业产品竞争优势不明显，产品需求弹性一般时，采用低于竞争者定价。

3. 密封投标定价法

密封投标定价法即通过投标竞争的方式确定商品价格，该方法通常适用于建筑包工、产品设计和政府采购等方面。企业定价的基点不仅依赖于企业自身的成本或需求，而且更多依赖于竞争者的定价。在进行投标时，企业往往面临两难的境地，如果企业报价较低，容易得到合同，但企业所得利润比较少；如果企业报价较高，则取得合同的可能性会很小。

4. 拍卖定价法

拍卖定价法是指卖方委托拍卖行，以公开叫卖方式引导买方进行报价，利用买方竞争求购的心理，从中选择高价格成交的一种定价方法。这种方法常见于出售古董、珍品、高级艺术品或大宗商品的交易中。

（三）撇脂定价法

撇脂定价法是指企业在向市场推出新产品时，将其价格定得远远高于成本，希望在短期内回收成本以获得最大销售利润的一种定价方法。通常，当市场上有足够的购买者，且产品需求缺乏弹性时，可以采取该定价方法，因为即便把价格定得很高，市场需求也不会大量减少。其优点是：企业能迅速实现预期盈利目标，掌握市场竞争和新产品开发的主动权；短期内能获得高额利润，掌握调价的主动权。缺点是：高价所带来的高利润必然会吸引更多竞争者的加入；市场推广速度较慢，不利于获得最大的市场占有率。为了克服这些缺点，企业往往会加大广告投入，并在适当时机进行降价以扩大市场份额，限制竞争者的进入。

（四）渗透定价法

渗透定价法是指企业在向市场推出新产品时，将其价格定得略高于成本或接近于成本水平，以实现其在短期内扩大市场，获得最大的市场占有率和强有力的市场地位的一种定价方法。渗透定价的优点是能迅速打开市场，提高企业产品的市场占有率，低价薄利不会招致竞争者的进入；其缺点是价格较低，利润微薄，投资回收期较长，不利于良好企业形象的树立，并有可能招致反倾销报复。

（五）温和定价法

温和定价又称满意定价或君子定价，是指企业为了兼得撇脂定价和渗透定价的优点，将价格定在适中水平上。这是一种居中的价格策略，它既能保证企业获得满意的利润，又能被消费者接受，对买卖双方都有利。该定价方法具有风险较小、易为各方接受和有利于企业实现目标利润等优点。其缺点是比较保守，不能适应激烈竞争的市场环境，产品难以打开销路，易使企业失去更大的市场机会。

（六）特殊订货的定价策略

所谓特殊订货的定价策略，是指订单的价格低于一般正常销售产品的售价，甚至低于产品的制造成本。特殊订货的定价往往发生在下列情况下：企业存在闲置生产能力且闲置生产能力又无法转移、没有其他用途时；市场需求变化时；企业面临激烈的竞价时。

企业是否接受特殊订货的决策标准是：当特殊订货能给企业带来边际贡献（即边际贡献大于0）且企业有剩余的生产能力时，就可以接受该项特殊订货。即便该项特殊订货的完全成本大于其售价，但由于其边际贡献可弥补部分固定成本，接受该特殊订货对企业来说依然是有利可图的，否则，企业不应该接受该特殊订货。除此之外，企业在进行特殊订货决策时，还应该考虑接受较低价的特殊订货是否会影响企业正常渠道的销售、是否会招致其他客户的不满以及是否会失去潜在客户等，综合考虑相关因素后作出最优的决策。

1. 薄利多销的定价决策

所谓薄利多销，就是主动降低价格，通过扩大产品的销售量来争取实现更多的利润。因此，薄利多销不是目的，而是手段。“薄利”是对单位产品而言，“多销”是对整个企业而言，其最终目的是使企业实现更多的利润。所以，薄利多销只是一个美名，其实质是降价、多销、增利。

企业要想使薄利多销能够取得好的效果，除了应该慎重考虑其产品的性质之外，还必须着重掌握好降价时机和降价幅度这两个关键性的环节。实行薄利多销时，一要考虑利润最优，二要考虑风险因素，三要考虑企业现有生产能力。

2. 赊销的定价策略

企业在制定商品价格时，往往同时要考虑货款的收款期和现金折扣。收款期的长短对商品销售量和企业财务状况有一定的影响。如果期限短，可以使货款早日收回，减少应收账款的余额，从而降低催账费用和可能发生的坏账损失。因为减少应收账款金额，就是减少应收账款投资，增加现金流量。但从顾客的立场看，企业的收款期（即顾客的付款期）短就是价格相对贵，从而影响商品的销路。所以，企业在制定收款期时，必须权衡得失。

3. 现金折扣的定价策略

现金折扣是为了加速应收账款的回收，从而减少应收账款投资额。现金折扣的定价策略就是指企业要比较提供现金折扣促使顾客提前付款而增加的收益是否超过提供折扣而发生的损失，如果前者大于后者，即为可取的方案。

第三节　存货批量管理

一、存货管理的目标

存货是保证公司生产经营活动得以顺利进行的物资条件。一般而言，企业持有充足的存货，不仅有利于生产过程的顺利进行，节约采购费用与生产时间，防止造成生产的停顿，而且能够迅速地满足客户各种订货的需要，从而为企业的生产与销售提供较大的机动性，避免因存货不足带来的机会损失。然而，存货的增加必然要占用更多的资金，将使企业付出更大的持有成本，而且存货的储存与管理费用也会增加，影响企业获利能力的提高。因此，如何在存货的收益与成本之间进行利弊权衡，在充分发挥存货功能的同时降低成本、增加收益、实现它们的最佳组合，成为存货管理的基本目标。简而言之，存货管理的主要目的是控制存货水平，在充分发挥存货功能的基础上，降低存货成本。

二、存货的成本

存货成本主要表现为采购成本、订货成本、储存成本和缺货成本等。

（一）采购成本

采购成本是指企业由于购买存货而发生的买价和运杂费等价外费用构成的成本，其总额取决于采购数量和单位采购成本。一般来讲，单位采购成本在相当范围内不随采购数量的变动而变动，因此，采购成本与采购数量成正比例变化。

（二）订货成本

订货成本是指企业为订购材料、商品等而发生的各种费用支出，如采购人员的工资、采购部门的一般性费用（如办公费、水电费、折旧费、取暖费等）和采购业务费（如差旅费、邮电费、检验费等）。订货成本可分为两大部分：为维持一定的采购能力而发生的、各期金额比较稳定的固定订货成本（如折旧费、水电费、办公费等）；随订货次数的变动而成正比例变动的变动订货成本

（如差旅费、检验费等）。当存货需要量一定时，每次采购数量越多，则订货次数越少，订货成本也就越低；反之，则订货成本越高。订货次数又与采购数量相关：在全年需要量既定的情况下，每次采购量越大，订货次数就越少，订货成本就越小；反之，则订货成本越高。订货成本的计算公式如下：

订货成本＝每次订货的成本×订货的次数＝每次订货的成本×（全年需要量÷每次采购数量）

（三）储存成本

储存成本是指储存存货而发生的各种费用支出，通常也包括两大类：一类是总额稳定、与储存数量的多少及储存时间长短无关的固定储存成本（如支付给储运公司的仓储费、仓储部门的折旧费或自设仓库发生的所有费用、仓库职工的固定月工资）；另一类是随存货数量的变动而成正比例变动的变动储存成本（如搬运费、保险费、存货占用资金支付的利息等）。一定时期的储存总成本受存货数量的多少与单位存货储存成本高低两个因素的影响，库存量越低，储存成本越低；反之，储存成本就越高。库存量的高低受采购量的影响，一次采购量越大，则库存量也大；一次采购量越小，则库存量也小。所以，储存成本又是与采购量相关的，采购量越大，储存成本越大；反之，储存成本越小。储存成本的计算公式如下：

储存成本＝平均库存量×单位存货的储存成本

平均库存量可以用简单的算术平均，即最高库存量加上最低库存量除以 2 得出。一般在最佳状态下，最高库存量就是每次的采购量，最低库存量为 0，所以，平均库存量就等于采购量除以 2，即：

储存成本＝（每次的采购量/2）×单位存货的储存成本

（四）缺货成本

缺货成本是指由于存货数量不能满足企业生产和销售的需要而给企业带来的损失。一般情况下，这个成本企业很难准确计量，但企业在确定存货量时可以适当加以考虑。但在最佳采购批量的情况下，可以不考虑缺货成本。如果存在缺货成本，就不是最佳的采购批量了。

三、怎样确定存货最优量

存货最优量又名最优安全存货量，是指在存货总成本最小的前提下，企业为保证生产正常进行，防止缺少原材料情况的发生而多储备的存货量。

确定安全存货量的步骤如下：

第一，确定公司在某一时段内销售量及其概率分布状况，并评估公司存货的年置存成本占存货价值的比重。

第二，该公司必须评估存货短缺的成本。当发生存货短缺时，顾客有的愿意延期交货，也有部分潜在顾客不愿意购货，这样可以评估各种安全存货水平的成本。

第三，根据公司销售量概率分布状况，我们可以计算库存短缺的预期成本和安全存货的置存成本。

第四，将预期短缺成本和安全置存成本加总，得出各安全存货水平的总成本。

最优的安全存货量是使存货的预期短缺成本（即因存货短缺所造成的损失）和存货的置存成本（即存货的储存保管费用）之和最小时的安全存货量。具体来说，可根据企业销售量概率分布状况，评估计算不同安全存货水平上的预期短缺成本和存货的置存成本，其中预期短缺成本和存货的置存成本二者之和最小的安全存货水平，即为最优安全存货水平。应该注意的是，最优安全存货水平对销售量的概率分布和存货的预期短缺成本非常敏感。如果销售量的概率分布和存货的预期短缺成本评估有误差，最优安全存货水平就不会很准确。

思考与练习

一、单项选择题

1. 在企业定价方法中，目标利润定价法属于（　　）。

A. 成本导向定价　　B. 需求导向定价

C. 竞争导向定价　　D. 市场导向定价

2. 在企业定价方法中，薄利多销属于（　　）。

A. 需求导向定价　　B. 竞争导向定价

C. 成本导向定价　　D. 特殊订货定价

二、多项选择题

1. 以下哪些是新产品定价策略（　　）

A. 渗透定价策略　　B. 撇脂定价策略

C. 温和定价策略　　D. 竞争导向定价策略

E. 成本导向定价策略

2. 根据定价的基础不同，定价方法可分为（　　）

A. 需求导向　　B. 成本导向

C. 政策导向　　D. 竞争导向

E. 心理导向

三、简答题

1. 什么是经营管理？经营和管理之间有何关系？

2. 产品的定价策略是什么？

第五章 》》》

财务管理

本章提要

本章在介绍财务管理基本概念的基础上，使学生了解财务管理的目标、筹资的动机和方式以及投资的意义，重点讲解企业筹资的分类及特点，投资的分类等内容。通过学习本章内容，帮助学生理解财务管理在企业管理中如何发挥重要作用，促进企业的高质量发展。

重点难点

-财务管理的概念及目标
-筹资的分类和特点
-投资的分类

第一节　财务管理概述

一、财务管理的概念

企业要进行生产经营活动，必须通过人力、物资、资金以及信息等各项要素来开展。企业生产经营过程中的资金不停地流转变化，即资金运动，就是企业财务活动。简单来说，财务管理是组织企业财务活动、处理财务关系的一项经济管理工作。企业财务管理是基于企业生产经营活动中客观存在的财务活动和财务关系而产生的，它是企业组织财务活动、处理企业与各方面财务关系的一项管理工作，是企业管理的重要组成部分。

企业财务活动是以现金收支为主的企业资金收支活动的总称。资金是资产的货币表现和货币本身，是企业进行生产经营的一种必要生产要素。企业的生产经营过程，一方面表现为采购、储存、加工物资，与销售实物资产的流动，另一方面表现为价值形态的资金流入与流出。这种资金收支活动就构成了企业的财务活动。具体而言，企业的财务活动由企业筹资引起的财务活动、企业投资引起的财务活动、企业经营引起的财务活动和企业分配引起的财务活动组成。

企业财务关系指的是企业在组织财务活动过程中发生的与各方面相关的经济关系。企业的筹资活动、投资活动、经营活动、利润及其分配活动都会与企业内外各方面发生联系，因此这些关系就构成了企业的财务关系。具体来看，企业的财务关系包括企业同其所有者之间的财务关系、企业与职工之间的财务关系、企业内部各单位之间的财务关系、企业同其被投资单位之间的财务关系、企业同其债权人之间的财务关系，企业同其债务人之间的财务关系、企业与税务机关之间的财务关系等。

二、财务管理的过程

企业的资金运动一般经过资金的筹集、资金的投放、资金的耗用、资金的收益和资金的分配五个环节。

（一）资金的筹集

企业进行生产经营活动，必须首先筹集一定量的资金，它包括资金需求量的预测、资金筹集的渠道及方式。资金运动的起点和前提条件就是筹资活动。

（二）资金的投放

资金的投放即企业的投资活动，由长期资产投资和流动资产投资组成。它包括投资项目与投资方式的选择、投资额的确定、投资的成果与投资风险的分析等。资金运动的中心环节和关键所在就是资金如何运用。

（三）资金的耗用

资金的耗用即成本和费用的消耗与补偿，它包括产品成本和各种费用的预测与决策，对供应、生产和销售等再生产环节各种消耗的分析与控制。资金运动的基础环节是资金的耗费，利润水平高低的决定性因素是资金的耗费水平。

（四）资金的收益

资金的收益即销售收入的管理，企业资金投入生产经营与对外投资带来货币收入的过程，它包括价格的形成、收入额的确定、结算方式的选择与销售收入实现的过程。资金运动的关键环节是企业的收入，它不仅关系着资金消耗的补偿，更关系着投资效益的实现。

（五）资金的分配

资金的分配即对已实现的销售收入和其他货币收入的分配过程。资金的分配是一次运动的终点，同时又是下一次运动的起点。由于资金分配是企业经济效益的体现，关系到各方面的经济利益，因而具有很强的现实性和政策性。

三、财务管理的特点

财务管理在企业管理中扮演着不可或缺的角色，它侧重于企业价值管理，根据资金在企业中的运作规律，通过对企业筹资、投资、日常经营及收入分配等各种财务活动的管理，使企业的价值达到最大。财务管理具有以下几个特点：

（一）综合性强

财务管理工作的综合性要求在从事财务管理工作时必须综合考虑，借助于价值形式，把企业的经营过程、一切物质条件和人力资源都合理地加以规划和控制，促进企业效益不断提高、企业价值不断增大。

（二）涉及面广

财务管理具体表现在对企业的各种资金收支活动的组织上。在企业生产经营的各个方面，从供、产、销到人事、行政、技术等各部门的业务活动，都与资金的收支活动密切相关。因此，财务管理工作必然要延伸到企业生产经营的各个方面。反过来，企业与资金运作相关的每项活动，都要接受财务管理部门的指导，按规定做事情。

（三）可量化性

企业财务管理的实施效果能够通过一系列财务指标来反映。根据这一特点，财务管理部门可以及时向相关管理部门或人员提供财务信息，来帮助了解各项的管理效果，便于改进管理，并提高效率和效益。

四、财务管理的目标

目标是系统希望实现的结果，根据不同的系统所研究和解决的问题，可以确定不同的目标。财务管理的目标是企业理财活动所希望实现的结果，是评价企业理财活动是否合理的基本标准。财务管理的目标应该和企业生产经营的目标相一致，并为实现企业的生产经营目标服务。从本质上讲，企业的目标是通过生产经营活动创造更多的财富，实现企业价值的增值。同时，在企业价值增值的过程中，企业应该承担社会责任，实现企业经济价值和社会价值的统一。但是，由于企业的发展战略和所处的发展阶段不同等原因，财务管理目标可能存在不同的表现形式，主要有利润最大化目标、股东财富最大化目标、企业价值最大化目标和相关者利益最大化目标四种。

（一）以利润最大化为目标

利润最大化目标是指财务管理工作的最终目的是不断增加企业利润，使企业利润在一定时期内达到最大。这一观点认为，利润代表了企业新创造的财富，利润越多则表明企业的财富增加得越多，越接近企业的目标。在市场经济背景下，企业往往把追求利润最大化作为目标，节省成本，提高企业的经营绩效，这样能够帮助企业加强经济核算。但利润最大化也存在明显的缺陷：第一，没有考虑到风险因素，一般来说高风险伴随着高收益，企业如果只是追求利润最大，则会忽略所存在的风险；第二，没有考虑货币的时间价值以及利润与投入资本间的关系，因为利润是一个绝对指标，不能合理地说明企业经济效益水平的高低，不便于管理人员做出科学的判断；第三，忽视长远利益，在两权分离的情况下，管理者为了突出任职期间的绩效，就会只顾实现目前的最大利润，而忽略企业的长远发展。

（二）以股东财富最大化为目标

股东财富最大化是指通过财务上的有效管理，为股东创造最大的财富。对于股份制企业，股东拥有的股票数量和股票的市场价格两个方面决定了股东财富的多少，在股票数量一定时，股东财富最大化等同于股价最大化。而要使股票市场价格最大化，企业必须提高经营管理水平。股东财富最大化目标虽在一定程度上克服了利润最大化忽视风险因素、追求短期利润等方面的不足。但它只强调股东的利益，可能会忽视债权人、社会公众等其他利益相关者的利益；并且只适用于股票已经公开上市的股份公司，对一般企业难以适用。

（三）以企业价值最大化为目标

企业价值最大化是指通过财务上的合理经营，采取最优的财务政策，充分利用资金的时间价值和风险与报酬的关系，保证将企业长期稳定发展摆在首位，强调在企业价值增长中应满足各方的利益关系，不断增加企业财富，使企业总价值达到最大。与股东财富最大化相比，企业价值最大化主要是把企业相关者利益主体进行糅合形成企业唯一的主体，在企业价值最大化的前提下，也必能增加利益相关者之间的投资价值。但是，企业价值最大化的不足在于对企业价值的评估上，由于评估的标准和方式都存在较大的主观性，股价能否做到客观和准确直接影响到企业价值的确定。

（四）以相关者利益最大化为目标

相关者利益最大化是指公司相关者利益最大化。严格来说，公司的利益相关者不仅包括股东，还包括公司经营者、债权人、供应商、客户、员工和政府等。

相关者利益最大化的目标内容包括：强调风险与报酬的均衡；强调股东的首要地位；强调对代理人即企业经营者的监督与控制；关心本企业普通职工的利益；加强与债权人（尤其是银行）的关系；关心客户的长期权益；加强与供应商的协作以及保持与政府部门的良好关系。相关者利益最大化目标的优点在于：第一，有利于企业长期稳定发展，避免只站在股东的角度进行投资可能导致的一系列问题；第二，体现了合作共赢的价值理念，有利于实现企业经济效益和社会效益的统一；第三，这一目标本身就是一个多元化、多层次的目标体系，较好地兼顾了各个利益主体之间的利益。

（五）各种财务管理目标之间的关系

前面讨论的有关财务管理的目标，有利润最大化、股东财富最大化、企业价值最大化以及相关者利益最大化，这四种目标都以股东财富最大化为基础。

尽管以股东财富最大化作为财务管理的基础，但还要考虑相关者的利益。各国公司法规定，股东权益是剩余权益，只有满足了公司其他利益相关者的利益之后才有股东的利益。例如，公司生产和销售产品，还需合法纳税、给员工发工资等，之后才能获得税后收益。事实上，其他利益相关者的要求先于股东被满足，也是有限的。

一般来说，只有实现股东财富最大化，才有可能实现利润最大化、企业价值最大化以及相关者利益最大化。因此，在强调公司应承担应尽的社会责任的前提下，以股东财富最大化作为财务管理的目标，是可以接受的。

第二节　筹资管理

一、企业筹资管理概述及动机

（一）企业筹资概述

资金筹集是企业财务活动的起点，筹资活动是企业生存、发展的基本前提，没有资金企业将难以生存，也不可能发展。企业筹资是指企业为了满足经营活动、投资活动、资本结构管理和其他需要，运用一定的筹资方式，通过一定的筹资渠道，筹措和获取所需资金的一种财务行为。企业维持简单再生产和扩大再生产的基本条件就是资本，比如企业在创立时期，需要筹集注册资金；在生产经营时期，需要筹集资金来扩大生产规模或调整资本结构。企业筹资最基本的目的就是为了维持企业的经营和发展，为企业的经营活动提供资金保障。

（二）企业筹资动机

企业每次具体的筹资行为都是受特定动机所驱动的。比如为提高技术水平购置新设备而筹资；为对外投资活动而筹资；为产品研发而筹资；为解决资金周转临时需要而筹资等。这些具体的筹资动机归纳起来有五种类型：创立性筹资动机、支付性筹资动机、扩张性筹资动机、调整性筹资动机和混合性筹资动机。

1. 创立性筹资动机

创立性筹资动机，是指企业设立时，为取得注册资本并开展经营活动的基本条件而产生的筹资动机。

2. 支付性筹资动机

支付性筹资动机，是指企业为了满足经营业务活动的正常变动所形成的支付需要而产生的筹资动机。

3. 扩张性筹资动机

扩张性筹资动机，是指企业因扩大生产经营规模或增加对外投资需要而产生的筹资动机。例如，企业生产经营的产品供不应求，需要购置新设备满足供应要求；开拓有发展前途的对外投资领域等。扩张性筹资会带来企业资本总额和资本总量的增加，也会导致企业资本结构的变化。

4. 调整性筹资动机

调整性筹资动机，是指企业因调整资本结构而产生的筹资动机。调整性筹资不会带来企业资本总额和资本总量的变化，仅会引起资本结构的变化。

5. 混合性筹资动机

混合性筹资动机一般兼具扩张性筹资动机和调整性筹资动机的特点。

二、筹资管理的内容

筹资活动是企业资金流转运动的起点，筹资管理解决的是企业为什么筹资、筹资量是多少、筹资的方式以及如何协调企业的财务风险和资本成本、合理安排资本结构等问题。

（一）科学预计资金需要量

企业创立时，要按照计划的生产经营规模，核定长期资本需要量和流动资金需要量；企业正常经营时，要根据年度经营计划和资金周转水平，核定维持营业活动的日常资金需求量；企业扩张发展时要根据生产经营扩张规模或对外投资对大额资金的需求安排专项的资金。

（二）合理安排筹资渠道、选择筹资方式

一般来说，企业最基本的筹资渠道是直接筹资和间接筹资。直接筹资，是企业直接从社会取得资金；间接筹资是企业通过银行等金融机构从社会取得资金。

（三）降低资本成本、控制财务风险

资本成本是企业筹集和使用资金所付出的代价，包括资金筹集费用和使用费用。通常来看，债务资金的资本成本比股权资金的资本成本要低。即使都是债务资金，由于借款、债券和租赁的性质不同，其资本成本也有差异。企业在筹资管理中，要合理利用资本成本较低的资金，努力降低企业的资本成本率。

财务风险，是企业无法如期足额地偿付到期债务的本金和利息的风险。企业筹集资金在降低资本成本的同时，要充分考虑财务风险。

三、筹资的方式

一般来说，企业最基本的筹资方式有两种：股权筹资和债权筹资。股权筹

资形成企业的股权资金，通过吸收直接投资、公开发行股票等方式取得资金；债权筹资形成企业的债务资金，通过向银行借款、发行公司债券、利用商业信用等方式取得资金。

四、筹资的分类及特点

筹资的分类及特点见表 5－1。

表 5－1　筹资的分类及特点

分类依据	类型	资本来源	特点
按照所筹资金的使用期限不同	长期筹资	长期筹资是指企业筹集使用期限在一年以上的资金。长期筹资通常采取吸收直接投资、发行股票、发行债券、长期借款、融资租赁等方式	长期筹资的归还期限长、还债压力和风险较小；但一般长期负债的利率高于短期负债利率，成本较高
	短期筹资	短期筹资是指企业筹集使用期限在一年以内的资金。短期筹资经常利用商业信用、短期借款、保理业务等方式取得	短期筹资程序比较简单，能够快速获得资金；但借款数量有限，筹资风险大
按照资金来源的范围不同	内部筹资	内部筹资指的是公司将自己的资金、未分配利润和折旧等转化为投资的融资方式	内部融资的企业不需要向外支付借款成本，因而风险很小；但受公司盈利能力及积累的影响，融资规模受到较大程度的制约
	外部筹资	外部筹资指来源于公司外部的融资，即公司吸收其他经济主体的资本，使之转化为自己投资的融资方式，包括发行股票、发行债券、向银行借款，公司获得的商业信用、融资租赁也属于外部筹资	外部筹资具有速度快、弹性大、资金量大的优点。但缺点是企业需要负担高额成本，因此产生较高的风险
按照是否借助金融工具	直接筹资	直接筹资是指企业直接与资金供应者协商融通资金，包括吸收直接投资、发行股票、发行债券等方式	直接筹资的手续相对复杂、筹资费用较高，但有利于提高企业知名度和资信度
	间接筹资	间接筹资是指企业借助银行和非银行金融机构筹集资金，包括银行借款、融资租赁等方式。间接筹资主要形成的是债务资金	间接筹资的手续相对简便、筹资效率高、筹资费用较低，但容易受金融政策的制约，筹资范围相对较窄

（续）

分类依据	类型	资本来源	特点
按照资产的权益性不同	股权筹资	股权筹资是指以直接吸收投资、发行股票的方式进行筹资，是企业经济运营活动中一个非常重要的筹资手段	股权筹资的优点是能尽快形成生产能力、公司控制权集中，财务风险小；缺点是不利于公司治理、资本成本负担较重
	债务筹资	债务筹资是指企业按约定代价和用途取得且需要按期还本付息的一种筹资方式	债务筹资的优点是资本成本低、筹资弹性大、筹资速度较快，缺点是限制条件多、筹资数额有限
	混合筹资	包括兼具股权和债务性质的混合融资和其他衍生工具融资	我国上市公司目前最常见的混合筹资方式是可转换债券融资，优点是能够降低筹资成本，调整资本结构，缺点是转股后可转换债券筹资将失去利率较低的好处

【例 5－1】单项选择题

关于直接筹资和间接筹资，下列表述错误的有（　　）。

A. 发行股票属于直接筹资　　B. 直接筹资的筹资费用较高

C. 融资租赁属于间接筹资　　D. 直接筹资仅可以筹资股权资金

【例 5－2】多项选择题

下列各项中属于债务筹资方式的有（　　）。

A. 商业信用　　B. 优先股

C. 普通股　　D. 融资租赁

五、筹资管理的原则

（一）遵循国家法律法规，合法筹集资金原则

企业的筹资活动和筹资行为应该遵守国家有关法律法规，依法履行法律、法规和投资合同规定的义务，依法筹集资金，依法披露信息，维护各方合法权益。

（二）分析生产经营情况，预测资金需量原则

企业要根据生产经营及其发展的需要进行合理预测资金的需要量，筹资规模应与资金需要量相匹配。

（三）了解各种筹资渠道，选择资金来源原则

在考虑筹资难度的基础上，公司应根据不同资金来源的成本，认真选择筹资渠道，选择经济可行的筹资方式，努力降低筹资成本。

（四）合理安排筹资时间，适时获得资金原则

公司筹集资金时，应根据资金需求的具体情况，合理安排筹集资金的到位时间，使筹集资金与资金使用时间相衔接。

（五）研究各种筹资方式，优化资金结构原则

公司筹资要综合考虑股权资金与债务资金的关系、长期资金与短期资金的关系、内部筹资与外部筹资的关系，合理安排资金结构，保持适当的偿债能力，防范企业财务危机。

第三节　投资管理

一、企业投资的概述及分类

（一）企业投资概述

企业投资通常是指企业投入一定量的资金，从事某项经营活动，以期望在未来时期获取收益或达到其他经营目的的一种经济行为。在财务管理学上，投资有广义和狭义之分。广义上的投资是指企业全部资金的运用，即企业全部资产的占有，既包括投放在固定资产等方面的长期投资，又包括投资在流动资产等方面的短期投资。在市场经济背景下，企业作为独立的经济实体，为了追求利润最大化和企业价值的增长，总是通过投资行为来不断地扩大经营范围以及经营规模，不断地寻找新的收入和利润来源，并通过投资来分散经营风险。企业投资的根本目的是谋取利润，提高企业价值。所以，投资活动是企业经营活动中不可或缺的一部分，投资管理是企业财务管理的重要工作。

（二）根据管理的需要，企业投资可分为以下几类

1. 按投资期限可划分为短期投资和长期投资

短期投资又称为流动资产投资，是指在一年内可收回的投资，主要包括现金、应收款项、存货以及准备在短期内变现的有价证券。短期投资是指企业为保证日常生产经营活动正常进行而进行的投资，具有时间短、变现能力强、流动性大等特点。

长期投资是指一年以上才能收回的投资，主要包括机器、设备、厂房等固定资产的投资，也包括准备长期持有的有价证券投资以及对无形资产的投资。企业的长期投资，尤其是固定资产投资，对企业的长期发展和长期盈利能力起着非常重要的影响。由于这类投资耗资大、回收期长、未来的影响因素多、风险大，一旦投资决策失误，改变决策或消除不良决策所造成的后果的成本较高。

2. 按投资范围（方向）可划分为对内投资和对外投资

对内投资是指企业为了保证生产经营活动的正常进行以及扩大经营规模，把资金投在企业内部，购置企业生产经营所需各种资产的投资活动。对内投资分为维持性投资和扩张性投资。维持性投资一般不改变企业现有的生产规模和投资方向，如旧设备的维修。扩张性投资会改变企业的生产规模或经营方向，对企业前途会产生较大的影响，如购置新设备、研发新产品。

对外投资分为对外直接投资和对外证券投资。对外直接投资即直接投资于其他企业，是企业以现金、实物或无形资产等出资形式直接投放于其他经济实体，并参与其经营活动的投资行为，属于直接投资。对外证券投资是指企业以购买股票、债券等有价证券方式投资其他企业，以获取收益或其他权利的行为，属于间接投资。

3. 按投资与企业生产经营的关系，可划分为直接投资和间接投资

直接投资是指把资金直接投放于生产经营性资产，以便获得收益的投资，如购置设备、兴建工厂等。直接投资决策要事先创造一个或几个备选方案，通过对这些方案的分析和评价，从中选择最优的行动方案。

间接投资又称证券投资，是指把资金投放于金融性资产，以便获取股利或者利息收入的投资，如购买企业债券等。证券投资决策只能通过证券分析和评价，从证券市场中选择企业需要的股票和债券，并组成投资组合。作为行动方案的投资组合不是事先创造的，而是通过证券分析得出的。

4. 按投资方案间的相关性，可划分为独立投资和互斥投资

独立投资是指在彼此相互独立的若干个投资方案或项目间选择进行的投资。在这种情况下，项目间不能相互取代，并且某一投资项目的收益和成本不会因其他项目的采纳与否而受到影响。

互斥投资是指各项目投资间相互排斥，不能同时并存的投资。这类投资决策必须将所有投资方案逐个分析和评价，并加以比较，才能做出科学的选择和判断。

5. 按投资的风险程度可划分为确定性投资和风险性投资

确定性投资是指未来情况可以较为准确地预测的投资。由于风险小，未来收益较为确定，因而企业在进行此类投资决策时，可以不考虑风险问题。

风险性投资是指未来情况不确定，难以准确预测的投资。由于风险大，未来收益不确定，企业在进行此类决策时，应充分考虑投资的风险问题，采用科学的分析方法，以便作出正确的投资决策。企业的大多数战略性投资均属于风险性投资。

6. 按对未来的影响程度可划分为发展性投资和维持性投资

发展性投资也称战略性投资，是指对企业全局及未来生产经营发展有重大影响的投资。如对新产品投资、转产投资、建立分公司等。

维持性投资也称战术性投资，是为了维持企业现有生产经营正常进行，不会影响企业全局和前途的投资。如更新设备、改善工作环境、提高生产效率等投资。

7. 按投资的性质可划分为生产性投资和金融性资产投资

生产性投资包括与企业经营有关的创造性投资，如建造厂房、购置机器设备、采购原材料等与维持企业现有经营有关的重置性投资。

金融性资产投资又称为证券投资，它包括政府债券、企业债券、金融债券、股票等投资。

【例 5－3】单项选择题

根据投资范围（方向）可划分为（　　）。

A. 短期投资和长期投资　　B. 发展性投资和维持性投资

C. 直接投资和间接投资　　D. 对内投资和对外投资

【例 5－4】多项选择题

根据企业投资的分类，下列属于维持性投资的有（　　）。

A. 开发新产品　　B. 更新替换旧设备

C. 生产技术革新　　D. 企业间兼并合并

二、投资管理的原则

（一）可行性分析原则

项目投资可行性分析是指对投资项目实施的可行性进行科学的论证，主要包括环境可行性、技术可行性、市场可行性和财务可行性等几个方面。

（二）结构平衡原则

投资项目在资金投放时，要遵循结构平衡的原则，合理分布资金。

（三）动态监控原则

投资的动态监控，是指对投资项目实施过程中的进程控制。

三、投资项目财务评价指标

投资决策评价指标是指用于衡量和比较投资项目可行性的量化标准和尺度。从财务评价的角度，项目投资决策评价指标有静态指标和动态指标，静态指标包括静态投资回收期、投资收益率；动态指标包括净现值、净现值率、获利指数和内部收益率。

（一）静态投资回收期

静态投资回收期（简称回收期），是指以投资项目经营净现金流量抵偿原始投资所需要的全部日期。它有“包含建设期的投资回收期”和“不包含建设期的投资回收期”两种方式。

（二）投资收益率

投资收益率又称投资利润率，是指投资收益（税后）与投资成本的比率。

（三）净现值

净现值是投资产生的未来现金流的贴现值与项目投资成本之间的差额（未来现金净流量现值一原始投资额现值）。净现值法是一种评价投资方案的方法。该方法利用净现金收益和净现金投资的总现值计算净现值，然后根据净现值对投资方案进行评价。净现值为正，投资方案可接受；净现值为负，投资方案为不可接受。净现值越大，说明投资方案越好。净现值法是一种比较科学也比较简便的投资方案评价方法。

（四）净现值率

净现值率（NPVR）又称净现值比、净现值指数，它是净现值与投资现值的比率，表示的是单位投资收益的净现值。如果净现值率小，单位投资的收益就低，净现值率大，单位投资的收益就高。

（五）获利指数

获利指数指投资方案未来现金流量的总现值与原始投资金额的现值之比。获利能力指数法是用获利能力指数作为评价方案优劣的方法。如果获利指数大于 1，方案是可行的，获利指数越大，方案越好。

（六）内部收益率

内部收益率法是用内部收益率评价项目投资财务效益的方法，所谓内部收益率是资金总流入现值等于资金总流出现值，净现值等于零时的折现率。如果没有使用计算机，内部收益率应由几个贴现率计算，直到找到净现值等于或接近零的贴现率。

四、企业投资的意义

企业筹资的目的是投资，实现各种资金的最有效组合从而使企业获取最大的投资收益，是企业投资管理所追求的财务目标。在市场经济条件下，企业能否把筹集到的资金投放到收益大、风险小的项目上去，即能否进行有效的投资，对企业的生存和发展有着极其重要的意义。

（一）投资是企业创造财富，满足人类生存和发展的必要前提

人类社会的存在和发展，需要有充分丰富的物质基础，有效的投资活动在为其自身创造财富时，也为社会创造财富，从而满足整个社会生存和发展的需要。

（二）企业投资是实现财务管理目标的基本前提

企业财务管理的目标是不断地创造企业价值，为此，企业就要采取各种措

施来增加自身利润，降低财务风险。从创造价值的角度来看，一个企业之所以具有一定的市场价值，吸引投资者进行投资，并不在于该企业拥有一定的设备、厂房、土地和员工等生产要素，而主要在于企业能够通过投资活动选择购买所需要的生产要素，并将这些生产要素有效地结合起来，充分发挥其效益，进而不断地创造出更高的价值。如果将企业比作一块蛋糕，进行有效的投资的目的就是要让这块蛋糕越做越大，使得企业有利益关系的各方面都能从中受益，增加自身的财富。

（三）企业投资是自身发展生产的必要手段

对企业而言，投资不仅是简单维持再生产的基础，也是扩大再生产的必要条件。在科技发展的今天，企业要维持简单再生产的顺利进行，就必须及时对所用的机器设备更新、对产品和生产工艺改革、不断提高职工的素质能力等；要实现扩大再生产，就要新建厂房、购置机器设备、增加职工人数等。企业只有通过一系列成功的投资活动，才能增强自身的经济实力，不断发展壮大经营规模。

（四）企业投资是降低风险的重要方法

企业若把资金投向生产经营的关键环节或薄弱环节，可以使企业各项生产经营能力配套、平衡，形成强大综合的生产能力；若把资金投向多个行业，实现多元化经营，则能够增强企业获取利益的稳定性。这些都能够降低企业自身的风险。

思考与练习

简答题

1. 什么是财务管理？财务管理的特点是什么？
2. 财务管理的目标有哪些？
3. 企业筹资的渠道和分类有哪些？各有什么优缺点？
4. 企业投资管理的分类是什么？
5. 投资项目的财务评价指标有哪些？

下篇

第六章 >>>

成本导论

本章提要

成本是现代社会经济生活中的一个基本价值观念，是社会经济管理的一个重要内容；对于会计而言，成本还是一种方法与程序。本章概述了成本在会计学中的含义、成本与费用的关系、成本会计的任务与职能等方面的基本理论知识。在学习中，一方面要注意结合财务会计与管理会计的相关知识，全面理解；另一方面还要结合后面各章内容的学习，不断深化理解。

重点难点

-成本的内涵
-实际成本与理论成本之间的联系和区别
-成本与费用的关系
-成本会计演进发展的几个阶段
-成本会计的各项职能、成本会计的任务

第一节　成本的内涵

一、成本的内涵

成本是商品经济的产物，是商品经济中的一个经济范畴，是商品价值的主要组成部分。长期以来，我们主要以马克思在《资本论》中的有关论述来阐述成本的含义。马克思指出，产品的价值（W）由三个部分组成，即生产中消耗的生产资料的价值（C）、劳动者为自己所创造的价值（V）以及劳动者为社会创造的价值（M），其中，产品成本由 C+V 构成。因此，从理论上说，产品成本是企业在生产过程中已经耗费的、用货币额表现的生产资料的价值与相当于工资的劳动者为自己所创造的价值总和。由于过分强调 C+V 的普遍意义，因此，人们将马克思所界定的产品成本当作一般的成本概念，即将 C+V 当作成本的全部，却忽略了成本的内涵是随着经济的发展而发展的事实。

事实上，产品成本属于成本，但成本并不等于产品成本。由于成本与管理相结合，因此，成本的内涵往往要服从管理的需要。此外，由于从事经济活动的内容不同，成本的含义也不同。美国会计学会（AAA）下属的成本概念与标准委员会将成本定义为：成本是指为达到特定目的而发生或应发生的价值牺牲，它可以用货币单位加以衡量。会计学对成本的一般定义是：特定的会计主体为了达到一定的目的而发生的可以用货币计量的代价。会计人员将成本定义为：为了取得某些财产（如材料）或接受劳务（如人力资源）而牺牲的经济资源。经济学家对成本的定义则较为宏观：凡是经济资源的牺牲都是成本。换言之，成本可以是有形或无形的，可以是主观认定或客观认定的，可以是货币性或非货币性的，也可以包括社会成本（如因噪声和污染）所引起的成本。

综上所述，根据不同的经济环境和不同的行业特点，对成本的内涵有不同的理解。但是，成本的经济内容归纳起来有两点是共同的：一是成本的形成是以某种目标为对象的。目标可以是有形的产品或无形的产品，如新技术新工艺；也可以是某种服务，如教育、卫生系统的服务。二是成本是为实现一定的目标而产生的耗费，没有目标的支出则是一种损失，不能叫作成本。

二、成本与费用的关系

成本与费用是一组容易混淆的概念，要准确理解成本的含义，必须结合成本与费用的关系，通过比较来理解。成本是指生产某种产品、完成某个项目或者说做成某件事情的代价，即产生的耗费总和，是对象化的费用。费用是指企业在获取当期收入的过程中，对企业所拥有或控制的资产的耗费，是会计期间与收入相配比的成本。

成本是费用中的一个特殊部分——被对象化的那一部分费用。企业的生产经营活动是多元化并重复进行的，从成本会计或成本核算的角度而言，进行成本核算，不仅必须确定特定的成本计算期间（成本计算期），还必须确定以企业某一具体的生产经营活动（如所生产的产品种类、材料采购、资产购置、商品销售等）作为成本计算对象。只有能够被对象化计入该特定期间、特定成本对象的费用，才能称之为成本，否则就不能称之为成本。就上述意义而言，费用这一概念较为宽泛与笼统，而成本则较为狭窄与具体。

成本与费用的损益计算对比的目标不同。成本一般是用于与企业经营内容中的某一具体的经营内容对象（如生产或经营某个具体产品或商品）相比较，通过计价对比，来确定该具体的内容对象是否能够盈利及其盈利水平与能力；费用一般是用于与企业某一特定会计期间（一般是以“年”为单位）的经营收入相比较，来确定该具体的经营期间是否实现盈利及其盈利水平与能力。

成本与费用的计算口径可能不同。一项具体的价值耗费，它应该计入费用，但不能计入成本；反之，它也可能应该计入成本，但不能计入当前费用。例如，根据现行成本核算制度，采用制造成本法计算产品生产成本，对于企业在生产经营活动中因进行生产经营的组织与管理、商品销售和资金筹措而发生的费用，出于节约会计核算成本或管理方面的考虑，一般是作为期间费用，在成本之外单独进行核算。从而，管理费用、销售费用与财务费用等期间费用，就构成了狭义的费用的概念。再如，能够作为当期费用处理的成本，必须是当期所销售的商品的成本，尚未销售的商品的成本，构成存货价值，不能计入当期费用计算损益。

三、理论成本与实际成本的内涵

随着社会经济的高速发展，成本概念被人们广泛地运用于经济管理的各个领域，从而延伸出了一系列特殊的成本概念，这些特殊成本概念的内涵和外延有很大不同。本节将介绍理论成本与实际成本的含义。

（一）理论成本

成本是商品经济的产物，它是企业为生产商品或提供劳务等所耗费物化劳动和活劳动中的必要劳动价值的货币表现。成本是商品价值的构成部分，通常将这种以马克思主义的价值学说和成本价格理论为基础所确立的成本概念，称之为理论成本。理论成本说明的是成本的本质内涵，是企业的商品在物化劳动和活劳动中的必要的耗费和补偿。理论成本是马克思及时理论的反映，所以理论成本是具有客观性和科学性的，具有全面和纯粹的特点，在企业的加强成本管理中发挥着巨大的作用。

从耗费角度看，成本的经济内容是C+V的等价物，但由于C+V的价值无法直接计量，人们所能计量和把握的成本，实际上是C+V的价格，即成本价格。从补偿角度看，成本是补偿商品生产中使资本自身耗费的东西，这说明了成本对于再生产的作用。

（二）实际成本

实际成本的概念是针对企业的产品和劳务来说的，包括了原材料采购的实际成本和销售成本以及员工的劳务成本，它是一个非常广泛的概念，是指企业发生的所有的实际耗费的代价，是已经发生了的，是可以明确和计算的成本。

实际成本在企业的成本控制中也发挥着重要的作用，将企业的实际成本与定额成本、计划成本或者与同行业的成本以及自身上期的成本进行比较就可以对企业的成本进行考核和分析，全面了解成本定额或者计划完成的情况，可以进一步掌握企业的生产成本变化的特征以及未来的发展趋势，便于及时发现成本管理中存在的问题，及时采取有针对性的措施和方法来控制企业的成本，从而提高企业的成本管理水平，为企业带来更大的经济效益。

第二节　成本会计的产生与发展

一、成本会计的含义

成本会计是以货币为主要计量单位，运用会计的基本原理和一般原则，采用一定的技术方法，对企业生产经营过程中发生的各项耗费进行系统、全面、综合的核算和监督的一种管理活动。由于成本有狭义和广义之分，成本会计也可以分为狭义成本会计和广义成本会计。狭义成本会计对生产经营过程中发生的费用进行归集、分配，计算出有关成本计算对象的总成本和单位成本，并加以分析和考核。狭义成本会计侧重于产品成本的核算。广义的成本会计即现代成本会计，是成本会计与管理的直接结合。它按照成本最优化的要求，采用现代数学和数理统计的原理和方法，建立起数量化的管理技术，对企业生产经营过程中发生的资源耗费进行预测、决策、计划、控制、核算、分析和考核等一系列价值管理，旨在提高经济效益。现代成本会计从经营着眼，从技术着手，着眼于规划未来、控制现在、核算与考核过去。它贯穿于成本管理的全过程，促使企业合理利用内部有限资源、降低成本，以实现企业生产经营的最优化运转，提高企业的市场竞争能力。

二、成本会计的发展阶段

（一）成本会计的萌芽阶段

成本会计是随着商品经济的形成而产生的。生产成本产生于资本主义的简单协作和工场手工业时期，完善于资本主义大机器工业生产阶段。随着资本主义简单协作的发展，推动了工场手工业的产生，这时各种劳动的结合表现为资本的生产力。随着生产力的发展和生产关系的完善，人们对生产管理提出了新的要求，资本家为了获取更多的剩余价值，对生产过程中的消耗和支出更加注意核算，因此生产成本核算被提上议事日程。16 世纪初，意大利银行家梅迪奇与其合伙人开办的毛纺织厂所采用的工业簿记中，开设了纺织品账户，用于计算纺织品成本，并将设备的原始成本分期转销为费用。16 世纪中期，法国人普拉廷在荷兰创办的印刷厂为其所印刷的每一本书设立一个账户，记录为印刷此书而耗费的纸张、支付的工资和其他费用，待此书印刷结束，账户中所归集的全部费用就是此书的全部印刷成本。当时在工业簿记中所进行的简单成本计算，是成本会计的原始形态，该时期也是成本会计的萌芽时期。

（二）原始成本会计阶段（1880—1920 年）

1880—1920 年是成本会计的迅速发展时期，并被西方会计史学家称为

“成本会计的繁荣发展时期”。这一时期是工业革命和科学管理运动的兴起时期，在这一时期，成本会计的发展解决了成本记录与会计账簿的一体化问题，以及间接费用的分摊和标准成本的应用问题。当时，对间接制造费用和销售费用、管理费用的划分，是经过激烈的争论才达成统一认识的。对于间接费用分摊如何确定分配率问题，早期的成本会计实务倾向于使用主要成本（材料成本、人工成本）作为间接费用的分配基准，但以后逐渐转向主张使用人工小时，再后来有人主张使用机器小时。在这期间，英国会计学家已经设计出了订单成本计算和分步成本计算的方法（当时应用的范围只限于工业企业），后来传往美国及其他国家。

（三）近代成本会计阶段（1921—1950 年）

近代的成本会计，以美国会计学家提出了标准成本会计制度为标志。在原有的成本积聚的基础上，成本会计增加了“管理上的成本控制与分析”的新职能。在这一阶段，成本会计不再仅仅是计算和确定产品的生产成本和销售成本，还要事先制定成本标准，并据以进行日常的成本控制与定期的成本分析。正因为成本会计扩大了管理职能，于是应用的范围也从原来的工业企业扩大到商业企业、公用事业以及其他服务性行业。特别值得指出的是，在这一阶段，作为管理科学之父的泰勒的科学管理思想，对成本会计的发展起到了重要的促进作用。

（四）现代成本会计阶段（1951 年至今）

1951 年以后是现代成本会计阶段。为了在激烈的竞争中立于不败之地，企业管理当局不再满足于仅通过节约和提高劳动生产率来降低成本，他们意识到必须把成本预测、决策和日常控制结合起来，实现成本计算为成本控制提供信息并服务于成本管理的目的。从现代成本会计的意义上看，成本会计与成本管理密切相连，成本管理是企业管理者（高层管理者）为满足顾客要求，同时又持续地降低和控制成本的行为。以美国为主的西方国家的许多会计学家，吸收管理会计的一些专门方法，使管理会计与成本会计密切结合，形成了新型的注重管理的成本会计，其主要内容包括建立预算管理体系，如制定目标成本及责任预算，对广告费用和产品的研究开发等大额、专项费用编制预算并严加控制；以责任预算为基础，对责任成本进行日常控制、考核与评价等。

上述成本会计的发展历程说明，成本会计的重点已从产品成本计算扩展到利用不同的成本信息进行企业内部经营管理，包括成本预测、决策、控制、分析考核等方面。

三、成本会计的对象

成本会计的对象即成本会计反映和监督、核算与管理的客体。成本是对象化的费用，成本的计算过程，也就是将企业在生产经营过程中所发生的费用，进行分析并分配，按照成本对象进行归集与计算的过程。因此，一般来说，成本会计对象，也就是企业在生产经营过程中所发生的费用。具体而言，成本会计的对象，主要是各行业企业的生产经营成本和期间费用。但要更为详细、具体地了解成本会计的对象，必须结合企业的具体生产经营过程和现行会计制度的有关规定来理解。下面主要以制造业企业为例加以具体说明。

制造业企业的基本生产经营活动是生产和销售产品。在产品的直接生产过程中，即从原材料投入生产到产成品制成的产品制造过程中，企业一方面制造出产品来，另一方面要产生各种各样的生产耗费。这一过程中的生产耗费，概括地讲包括劳动资料与劳动对象等物化劳动耗费和活劳动耗费两大部分。其中房屋、机器设备等作为固定资产的劳动资料，在生产过程中长期发挥作用，直至报废而不改变其实物形态，但其价值则随着固定资产的磨损，通过计提折旧的方式，逐渐地、部分地转移到所制造的产品中去，构成产品生产成本的一部分。原材料等劳动对象，在生产过程中或者被消耗掉，或者改变其实物形态，其价值也随之一次性全部地转移到新产品中去，也构成了产品生产成本的一部分。生产过程是劳动者借助于劳动工具对劳动对象进行加工、制造产品的过程，通过劳动者对劳动对象的加工，才能改变原有劳动对象的使用价值，并且创造出新的价值来。其中劳动者为自己劳动所创造的那部分价值，则以工资形式支付给劳动者，用于个人消费，因此，这部分工资也构成产品生产成本的一部分。具体来说，在产品的制造过程中发生的各种生产耗费，主要包括原料及主要材料、辅助材料、燃料等的支出，生产单位（如分厂、车间）固定资产的折旧，直接生产人员及生产单位管理人员的工资以及其他一些货币支出等。所有这些支出，就构成了企业在产品制造过程中的全部生产费用，而为生产一定种类、一定数量产品而产生的各种生产费用支出的总和就构成了产品的生产成本。上述产品制造过程中各种生产费用的支出和产品生产成本的形成，是成本会计应反映和监督的主要内容。

在产品的销售过程中，企业为销售产品也会产生各种各样的费用支出。例如，应由企业负担的运输费、装卸费、包装费、保险费、展览费、差旅费、广告费，以及为销售本企业商品而专设的销售机构的职工工资及福利费、类似工资性质的费用、业务费等。所有这些为销售本企业产品而产生的费用，构成了企业的销售费用。销售费用也是企业在生产经营过程中所产生的一项重要费用，它的支出及归集过程，也应该成为成本会计所反映和监督的内容。

企业的行政管理部门为组织和管理生产经营活动，也会发生各种各样的费用。例如，企业行政管理部门人员的工资、工会经费、业务招待费、坏账损失等。这些费用可统称为管理费用。企业的管理费用，也是企业在生产经营过程中所产生的一项重要费用，其支出及归集过程，也应该成为成本会计所反映和监督的内容。

此外，企业为筹集生产经营所需资金等也会产生一些费用。例如，利息净支出。上述的销售费用、管理费用和财务费用与产品生产没有直接联系，而是按产生的期间归集并且直接计入当期损益的，因此，它们构成了企业的期间费用。

综上所述，可以把制造业企业成本会计的对象概括为企业生产经营过程中产生的产品生产成本和期间费用。当然，以上仅仅是对成本会计的对象所进行的概括性的阐述，对于成本会计而言，还应该从企业内部经营管理的需要出发，提供多方面的成本信息，因此，确定成本会计对象的内容，也应该具有一定的灵活性。

第三节　成本会计的职能与任务

一、成本会计的职能

成本会计的职能是指成本会计所具有的功能，成本会计的职能在不同的历史时期表现为不同的内容。最初的成本会计职能仅是成本核算，而且核算的目的仅是确定商品的价格和经营盈亏。后来，随着经济的发展，生产复杂程度的增加，人们对企业的生产经营管理提出了更高要求。“泰勒制度”的产生与推行，使企业生产管理走上了科学管理的道路。这一方面促进了生产的发展，另一方面也促进了成本会计理论和方法的发展，使成本会计的职能在成本核算的基础上扩大到了成本控制和成本分析。第二次世界大战以后，由于生产和资本日益集中，企业规模越来越大，企业生产经营更加复杂，产品更新换代的周期大大缩短，市场竞争十分激烈。在这样的经济环境下，要求成本会计必须与管理科学紧密结合，从而使成本会计的职能又增加了预测、决策、计划和考核等方面内容。因此，现代成本会计的职能包括成本预测、成本决策、成本计划、成本控制、成本考核、成本核算、成本分析七项职能。

1. 成本预测职能

成本预测是确定目标成本和选择达到目标成本最佳途径的重要手段，是进行成本决策和编制成本计划的基础。通过成本预测可以寻求降低产品成本、提高经济效益的途径，这样可以减少生产经营管理的盲目性，提高成本管理的科学性与预见性。

2. 成本决策职能

成本决策是在成本预测的基础上，根据市场营销和产品功能分析、挖掘潜力，拟定降低成本、费用的各种方案，并采用一定的专门方法进行可行性研究和技术经济分析，选择最优方案以确定目标成本。做出最优化的成本决策是编制成本计划的前提，也是提高经济效益的途径。

3. 成本计划职能

成本计划是根据成本决策所确定的目标成本，具体规定在计划期内为完成规定的任务所应达到的水平，并提出为达到规定的成本水平所应采取的各项措施，以书面文件的形式下达各执行单位和部门。成本计划是进行成本控制、成本分析和成本考核的依据。

4. 成本控制职能

控制职能是根据成本计划，制定各项消耗定额、费用定额、标准成本等，对各项实际发生和将要发生的成本费用进行审核，及时揭示执行过程中的差异，采取措施将成本费用控制在计划、预算之内。通过成本控制可以保证成本目标的实现。成本控制包括事前控制和事中控制。

5. 成本核算职能

成本核算是根据一定的成本计算对象，采用适当的成本计算方法，按规定的成本项目，通过各费用要素的归集和分配，计算出各成本计算对象的总成本和单位成本。成本核算既是对生产经营过程中发生的生产耗费进行如实反映的过程，也是进行反馈和控制的过程。通过成本核算可以反映成本计划完成情况，并为进行成本预测、编制下期成本计划提供可靠的资料，同时也为成本分析和成本考核提供必要的依据。

6. 成本分析职能

成本分析是根据成本核算所提供的信息和其他有关资料，将本期实际成本与计划或目标成本、上期实际成本、国内和国外同类产品的成本等进行比较，分析成本水平与构成的变动情况，系统地研究影响成本费用升降的各种因素及其影响程度、成本超支节约的责任或原因，并提出积极建议，以采取有效措施，进一步改进管理、降低耗费，提高经济效益。

7. 成本考核职能

考核职能是指定期对成本计划及有关指标实际完成情况进行总结和评价。在成本分析的基础上，以各责任者为对象，以其可控制的成本为界限，并按责任的归属来核算和考核其成本指标完成情况，评价其工作业绩和决定其奖惩，以调动各责任人完成目标成本的积极性。

成本会计的各项职能是相互联系、相互依存的。成本预测是成本决策的前提，成本决策是成本预测的结果；成本计划是成本决策所确定目标的具体化；成本控制是对成本计划实施进行的监督；成本核算是对成本计划是否完成的检验；成本分析是查明计划完成与否的原因；成本考核则是实现成本计划的重要手段。这七项职能中，成本核算是基础，没有成本核算，其他各项职能都无法进行。

二、成本会计的任务

成本会计的任务是人们对成本会计的主观期望与具体要求。成本会计是企业经营管理的重要组成部分，其任务主要取决于企业经营管理的要求。但是，成本会计不可能完全满足企业经营管理各方面的要求，而只能基于成本会计的对象并在成本会计职能范围内，为企业经营管理提供所需要的数据和信息，并参与经营管理，从而达到降低成本和费用，提高经济效益的目的。

成本会计能否承担某一项任务，取决于它是否具有完成该项任务的职能，成本会计职能的发挥程度又受制于任务完成情况的好坏。但是成本会计的职能和任务又是各有特定含义的独立概念。职能是指成本会计本身所具有的功能，具有客观性、相对稳定性以及普遍适用性的特点；而任务是指发挥职能作用所要达到的目的和要求，它具有主观性、不稳定性以及与社会环境密切相关的特点。所以成本会计的任务不仅取决于其职能作用，还取决于一定时期社会环境的需要和企业的中心任务。

根据企业成本管理的要求，适应成本会计对象和职能的特点，成本会计的任务是：

1. 正确计算产品成本，及时提供成本信息

成本数据正确可靠，才能满足管理的需要。如果成本资料不能反映产品成本的实际水平，不仅难以考核成本计划的完成情况和进行成本决策，而且还会影响利润的正确计量和存货的正确计价，歪曲企业的财务状况。及时编制各种成本报表，可以使企业的有关人员及时了解成本的变化情况，并作为制订售价、作出成本决策的重要参考资料。

2. 优化成本决策，确立目标成本

优化成本决策，需要在科学的成本预测基础上收集整理各种成本信息，在现实和可能的条件下，采取各种降低成本的措施，从若干可行方案中选择生产每件合格产品所消耗活劳动和物化劳动最少的方案，使成本最低化作为制定目标成本的基础。为了优化成本决策，需增强企业员工的成本意识，使之在处理每一项业务活动时都能自觉地考虑和重视降低产品成本的要求，把所费与所得进行比较，以提高企业的经济效益。

3. 加强成本控制，防止挤占成本

加强成本控制，首先是进行目标成本控制。主要依靠执行者自主管理，进行自我控制，以促其提高技术，厉行节约，注重效益。其次是遵守各项法规的规定，控制各项费用支出、营业外支出等挤占成本。

4. 建立成本责任制度，加强成本责任考核

成本责任制是对企业各部门、各层次和执行人在成本方面的职责所作的规定，是提高职工降低成本的责任心，发挥其主动性、积极性和创造力的有效办法。建立成本责任制度，要把完成成本降低任务的责任落实到每个部门、层次和责任人，使职工的责、权、利相结合，职工的劳动所得同劳动成本相结合；各责任单位与个人要承担降低成本之责，执行成本计划之权，获得奖惩之利。

第四节　成本会计工作的组织

一、成本会计的机构

成本会计机构是处理成本会计工作的职能部门，是整个企业会计机构的一部分。成本会计机构设置是否适当，将会影响到成本会计工作的运行是否顺利有效，影响成本会计的工作质量。影响成本会计机构设置的主要因素是企业生产类型和业务规模。企业要根据其生产类型特点和业务规模大小来决定是否单独设置成本会计组织机构或组织机构的大小以及组织机构的内部分工。

成本会计机构内部的组织分工，既可以按成本会计的职能分工，如将企业成本会计部门分为成本核算和成本分析等小组，也可以按成本会计的对象分工，例如分为产品成本和经营管理费用核算小组或核算员等。

企业内部各级成本会计机构之间的组织分工（也称为成本会计工作的组织形式），有集中工作和分散工作两种方式。

集中工作方式，是指由企业的成本会计机构集中负责成本会计核算、成本计划编制、成本分析等各方面工作，车间等其他部门中的成本会计机构或人员（一般是只配备成本核算人员）只负责登记原始记录和填制原始凭证并对它们进行初步的审核、整理和汇总，为企业进一步工作提供资料。这种方式的特点是：有利于企业管理当局及时掌握企业有关成本的全面信息；便于集中使用电子计算机进行成本数据处理，还可以减少成本会计机构的层次和成本会计人员的数量。但这种方式不便于直接从事生产经营活动的基层单位及时掌握成本信息，不利于调动他们自我控制成本和费用的积极性。因此，它一般适用于成本会计工作较为简单的企业。

分散工作方式也称非集中工作方式，它是指成本会计的各项具体工作分散由车间等基层单位的成本会计机构或人员来进行，企业的成本会计机构只负责成本数据的最后汇总以及处理那些不便于分散到车间等部门去进行的成本工作。这种方式的特点与集中工作方式相反。

企业在确定组织工作形式时，要以企业自身规模的大小和内部有关单位管理的要求为依据，从有利于充分发挥成本会计工作的职能作用以及提高成本会计工作效率去考虑。一般来说，大型企业采用分散工作方式，中小企业采用集中工作方式为宜。也可以根据企业实际，将两种方式结合起来运用，即对某些部门采用分散工作方式，而对另一些部门采用集中工作方式。

二、成本会计法规

成本会计法规是企业组织和从事成本会计工作必须遵守的规范，是会计法规的重要组成部分。我国成本会计法规是由国家统一制定的，主要包括《中华人民共和国会计法》《企业财务通则》《企业会计准则》等。这些财会法规，是企业进行财务会计工作的基本要求，其中与成本会计工作有关的部分，也是规范成本会计工作的重要依据，企业在进行成本会计工作中必须严格执行。另外，财政部颁发的《企业产品成本核算制度（试行）》是企业成本会计工作的主要依据。

另外，企业作为会计个体，生产特点和管理要求各不相同。因此，各企业为了具体规范本企业的成本会计工作，完成成本会计工作任务，还应根据国家的各种成本会计法规，结合本企业的管理需要和生产经营特点，具体制定本企业会计制度、规程或办法，作为企业进行成本会计工作的直接依据。企业内部成本会计制度一般包括如下几个方面内容：

①成本会计工作的组织分工及职责权限。

②成本核算的具体规定，包括成本计算对象、成本计算方法的确定，成本项目的设置，生产费用归集和分配方法、产品计价方法的确定，以及成本核算的一些基础工作要求等。

③成本报表制度，包括成本报表的种类、格式、指标体系、编制方法、报送对象与日期等。

④成本定额、成本计划和费用预算的编制方法。

⑤成本预测、成本控制和成本分析制度。

思考与练习

一、单项选择题

1. 产品的理论成本包括的内容是（　　）。

A. C+M　　　　B. C+V+M

C. V+M　　　　D. C+V

2. 成本会计的对象是（　　）。

A. 各行业企业的生产经营成本和期间费用

B. 制造业的成本

C. 产品成本的形成过程

D. 各项生产费用的归集与分配

3. 狭义的成本会计主要是指（　　）。

A. 成本预测　　　　B. 成本分析

C. 成本核算　　D. 成本决策

4. 成本会计最基本的任务和中心环节是（　　）。

A. 进行成本预测，编制成本计划

B. 审核和控制各项费用的支出

C. 进行成本核算，提供实际成本的核算资料

D. 参与企业的生产经营决策

5. 实际成本和理论成本包括的内容是（　　）。

A. 是相互一致的

B. 是相互无关的是相互联系且有一定差别的

C. 是相互可替代的

D. 是相互无关的

二、多项选择题

1. 成本会计基础工作包括（　　）内容。

A. 建立健全原始记录制度　　B. 建立健全计量、盘存制度

C. 建立健全验收制度　　D. 建立健全定额管理制度

E. 建立健全内部结算制度

2. 成本的主要作用在于（　　）。

A. 是企业对外报告的主要内容　　B. 是补偿生产经营耗费的尺度

C. 是制定产品价格的基础　　D. 是生产经营决策的重要依据

E. 是企业生存和发展的根基

3. 下列会计法规、制度中，属于企业内部的成本会计制度、规程和办法的有（　　）。

A. 关于成本预测和决策的制度

B.《企业会计准则》

C. 关于成本定额、成本计划的编制制度

D.《企业会计制度》

4. 下列关于成本会计的职能，正确的有（　　）。

A. 成本预测是成本决策的前提

B. 成本计划是成本决策目标的具体化

C. 成本控制是对成本计划实施过程进行监督

D. 成本分析和考核是对成本计划是否完成的检验

E. 成本核算是其他各项职能的基础

三、判断题

1. 成本是为实现一定的目标而产生的耗费，是对象化的耗费。（　　）

2. 产品成本属于成本，成本等于产品成本。（　　）

3. 只有制造业才有成本会计。(　　)
4. 成本预测是进行成本决策和编制成本计划的基础。(　　)
5. 成本会计的基本任务之一是计算成本，提供成本信息。(　　)

四、简答题

1. 什么是成本？什么是成本会计？
2. 成本与费用的关系是怎样的？
3. 制造业企业的成本会计对象主要包括哪些内容？
4. 成本会计有哪些职能？其基本职能是什么？
5. 成本会计的任务主要有哪些？

第七章 》》》

成本的要素

本章提要

本章主要讨论成本的要素，包括成本费用的分类和成本的归集与分配方法。介绍了成本的不同分类方式，探讨了成本的归集与分配方法，以举例的形式展示了不同的分配方式。通过本章学习可以使学生了解成本的不同分类方法，掌握成本归集和分配的技巧，并能在实际情况中运用这些方法来进行成本核算和分析。通过学习本章内容，学生应该能够理解成本在企业管理决策中的重要性，为企业提供正确的成本信息支持。

重点难点

-材料费用的归集与分配
-人工成本的归集与分配
-辅助生产费用的分配

第一节　成本费用的分类

在工业企业的生产经营过程中，存在各种各样的耗费。为了有效地进行成本管理，准确计算产品成本和期间费用，我们需要对各种费用进行合理分类。费用可以按照不同的标准进行分类，其中比较基本的分类方式是按照费用的成本形态、经济内容和经济用途分类。

一、按成本性态分类

在成本管理和决策中，对成本进行合理分类是至关重要的。根据成本的性态不同，我们可以将成本分为固定成本、变动成本和混合成本。这种分类方式可以帮助我们更好地理解成本的特点和对企业经营的影响。

（一）固定成本

固定成本是在一定期间内不随业务量的变动而发生变化的成本。换句话说，无论企业的产量或销售额如何变化，固定成本总额保持不变。固定成本通常与企业的基础设施和运营能力相关，对于企业的正常运转来说是必需的。例如厂房和设备的折旧费用：无论企业生产多少产品，厂房和设备的折旧费用保持稳定；固定工资：某些职员的工资在短期内不受业务量变化的影响。

固定成本在短期内难以调整，因此对于企业的成本控制和预测至关重要。了解固定成本的性质和金额可以帮助企业做出明智的经营决策，例如定价策略和投资计划。

（二）变动成本

变动成本是随着业务量的增减而成比例地变动的成本。变动成本的总额会随着产量或销售额的增减而相应变化，但单位变动成本保持不变。换句话说，单位产量或销售额所产生的成本是固定的。例如直接材料成本：随着产品产量的增加，所需的原材料成本也相应增加；直接人工成本：计件工资制下，工人的工资与其生产的数量成正比。

变动成本直接与业务量相关，对于量本利分析和成本控制至关重要。通过准确计算变动成本，企业可以评估生产规模的经济效益、制定适当的销售策略，并控制成本的波动。

（三）混合成本

混合成本是一种同时具有固定成本和变动成本特征的成本形态。与变动成本不同，混合成本的变动幅度不严格按照业务量的比例变动。在企业经营中，有些成本在一定程度上受到业务量的影响，但其变动并不完全按照固定比例进行。这些成本被归类为混合成本，因为它们同时具有固定成本和变动成本的特征。举例来说，间接人工成本和能源费用通常被归类为混合成本，虽然它们的变动与业务量有关，但其变动幅度不完全按照严格的比例变化。在进行混合成本分析时，需要综合考虑这些成本元素的固定部分和变动部分，以获得更全面的成本洞察。

混合成本的准确分析对于经营决策和成本控制至关重要。它可以帮助企业确定成本结构中的固定部分和变动部分，为预测和规划提供准确的成本信息，以及采取适当的措施来管理和优化成本。

二、按经济内容分类

在工业企业的生产经营过程中，涉及各种各样的费用支出。为了有效地进行成本管理并正确计算产品成本和期间费用，我们需要对这些费用进行合理的分类。费用可以按照不同的标准进行分类，其中最基本的分类方法是根据费用的经济内容和经济用途进行分类。

在企业的生产经营过程中，涉及物化劳动（劳动对象和劳动手段）和活劳动的消耗。因此，根据费用的经济内容进行分类，可以将生产经营过程中产生的费用划分为劳动对象方面的费用、劳动手段方面的费用和活劳动方面的费用这三个大类。这三个大类可以称为费用的三大要素。为了更具体地展示各种费用的构成和水平，还需要在此基础上进一步细分为以下七个费用要素。费用要素是指按照费用的经济内容进行分类的概念。

①外购材料：指企业为生产经营而从外单位购买的原料、主要材料、半成品、辅助材料、包装物、修理备件和低值易耗品等。

②外购燃料：指企业为生产经营而从外单位购买的各种固体、液体和气体燃料。

③外购动力：指企业为生产经营而从外单位购买的各种动力。

④职工薪酬：指企业为生产经营而产生的各种职工薪酬。

⑤折旧费：指企业按规定的固定资产折旧方法，计算用于生产经营的固定资产的折旧费用。

⑥利息支出：指企业根据财务费用计算，扣除利息收入后的借入款项的利息支出净额。

⑦其他支出：指不属于以上要素但应计入产品成本或期间费用的支出，例如差旅费、租赁费、外部加工费和保险费等。

这些费用要素反映了企业生产经营过程中发生的费用。对这些费用要素进行分类核算的作用包括以下两点。

①可以反映企业在一定时期内发生了哪些费用及其金额，以便分析各个时期不同费用的构成和水平。

②反映了企业在生产经营中实际支出的外购材料、燃料费用以及劳动力工资等，可以为确定储备资金的定额、评估储备资金的周转速度，制定材料采购资金计划和劳动力工资计划提供资料。

三、按经济用途分类

在工业企业的生产经营中产生的费用可以分为两类：计入产品成本的生产费用和直接计入当期损益的期间费用。现在我们对这两类费用按照它们的经济用途进行分类讲解。

（一）生产费用按经济用途的分类

在产品的生产过程中，计入产品成本的生产费用具有不同的用途。有些费用直接用于产品的制造，而其他费用则用于企业内部的组织管理活动，例如生产车间的管理。为了准确反映这些生产费用的多种用途，并提供产品成本构成的详细信息，我们需要进一步将其划分为不同的项目，称为产品生产成本项目或简称成本项目。

通常情况下，工业企业会设置以下几个成本项目：

①直接材料：指用于产品生产、构成产品实体的原料、主要材料以及辅助材料费用，这些材料直接参与产品的制造过程，并对产品的形成起到辅助作用。

②直接燃料和动力：指直接用于产品生产的燃料和动力费用，包括自制和外购的各种燃料和动力。它们在生产过程中提供能源，支持产品的制造。

③直接人工：指直接参与产品生产的工人的薪酬费用。这些工人直接投入产品制造的各个环节中，直接影响产品的制作和质量。

④制造费用：包括间接用于产品生产的各项费用，以及虽然直接用于产品生产，但不便于直接计入产品成本的费用。它涵盖了企业内部生产单位（如分厂、车间）的管理人员薪酬费用、固定资产折旧费用、租赁费用（不包括融资租赁费）、机器设备的消耗、低值易耗品的摊销、取暖费、水电费、办公费、运输费、保险费、设计制图费、试验检验费、劳动保护费、季节性或修理期间的停工损失以及其他制造费用。

根据企业的生产特点和管理需求，可以适当调整上述成本项目。对于需要单独反映、控制和考核的费用，以及在产品成本中所占比重较大的费用，应设立专门的成本项目；否则，为了简化核算，可以不设立专门的成本项目。例如，如果废品损失在产品成本中所占比重较大，并需要对其进行重点控制和考核，则可以单独设置“废品损失”成本项目。另外，如果在工艺上消耗的直接燃料和动力不多，为了简化核算，可以将其包含在“直接材料”成本项目中，将工艺用动力费用并入“制造费用”成本项目。

（二）期间费用按经济用途的分类

工业企业的期间费用可根据经济用途分为销售费用、管理费用和财务费用。

（1）销售费用

指企业在产品销售过程中产生的费用，以及为销售本企业产品而设立的销售机构所需的各项费用。包括运输费、装卸费、包装费、保险费、展览费、广告费，以及为销售本企业商品而设立的销售机构（如销售网点、售后服务网点等）的员工薪酬、类似薪酬性质的费用、业务费等。

（2）管理费用

指企业为组织和管理生产经营活动所产生的各项费用。包括企业的董事会和行政管理部门在经营管理中产生的公司费用（如行政管理部门员工薪酬、修理费、设备材料消耗、低值易耗品摊销、办公费用、差旅费等）、工会费用、社会保险费、劳动保险费、董事会费用（如董事津贴、会议费用、差旅费等）、中介机构费用、咨询费用（包括顾问费）、诉讼费用、业务招待费用、技术转让费用、矿产资源补偿费用、无形资产摊销、员工教育经费、排污费用、存货盘亏或盘盈（不包括应计入营业外支出的存货损失）等。

（3）财务费用

指企业为筹集生产经营所需资金而产生的各项费用。包括利息支出（减去利息收入）、汇兑损失（减去汇兑收益）以及相关手续费用等。

四、成本核算的主要会计科目

为了进行成本核算，企业一般应设置“基本生产成本”“辅助生产成本”“制造费用”“销售费用”“管理费用”“财务费用”“长期待摊费用”等科目。如果需要单独核算废品损失，还应设置“废品损失”科目。

（一）“基本生产成本”科目

用于记录完成企业主要生产目的所需的产品生产过程中产生的各种费用。该科目的借方记录企业为进行基本生产而产生的费用，贷方记录转出的完工产品的成本。该科目的余额在借方时表示基本生产所占用的在产品成本，即基本生产的资金占用情况。

为了准确计算基本生产成本，应根据产品的种类、批次和生产步骤等成本计算对象，设置产品成本明细分类账（也可称为基本生产明细账或产品成本计算单）。在该账户内，根据产品成本项目将各种费用分设为专栏或专项进行记录。

（二）辅助生产成本

辅助生产成本是指为基本生产提供产品生产和劳务供应所发生的费用。辅助生产的主要目的是为基本生产提供服务，尽管有时也可能对外销售产品和劳务。为了跟踪辅助生产的各种费用，需要设置一个名为“辅助生产成本”的科目。在会计记录中，“辅助生产成本”科目的借方登记记录了进行辅助生产所产生的各种费用，而贷方登记记录了完工入库产品的成本或分配转出的劳务成本。如果“辅助生产成本”科目的余额为借方，表示辅助生产在产品的成本中占用了资金。

为了更好地管理辅助生产成本，可以按照辅助生产车间、生产的产品或劳务的不同，将“辅助生产成本”科目细分为明细分类账。在这些账户中，可以使用专栏或专行来明细记录辅助生产的成本项目或费用项目。这样可以更清楚地了解不同项目对辅助生产成本的影响。

（三）制造费用

制造费用是指企业为生产产品和提供劳务而产生的各项费用。为了准确核算这些制造费用，需要设置一个名为“制造费用”的科目。在会计记录中，“制造费用”科目的借方登记实际产生的制造费用，而贷方登记分配转出的制造费用。通常情况下，除了季节性生产企业外，“制造费用”科目在月末应该没有余额。

为了更好地管理制造费用，可以按照车间或部门的不同设置明细分类账。在这些账户中，可以使用专栏来明细记录不同费用项目的详细信息。通过这样的记录，可以更清楚地了解各项费用项目对制造费用的贡献。

（四）销售费用

销售费用是指企业在产品销售过程中所产生的各项费用，以及为销售本企业产品而专门设立的销售机构的各项经费。为了准确核算这些费用，需要设置一个名为“销售费用”的科目。在会计记录中，“销售费用”科目的借方登记实际产生的各项产品销售费用，而贷方登记将产品销售费用转入期末的“本年利润”科目。在期末结转后，“销售费用”科目应该没有余额。

销售费用可以按照费用项目设置明细分类账，并在账簿中使用专栏进行详细记录。

（五）管理费用

“管理费用”科目是用于记录企业行政管理部门为组织和管理生产经营活动而发生的各项费用的科目。该科目的目的是明确核算和监控这些管理费用的支出情况。“管理费用”科目会产生借方和贷方。借方登记用于记录产生的各项管理费用支出，例如办公用品、行政人员薪资、培训费用等。贷方登记用于将期末的管理费用转入“本年利润”科目，即将这些费用计入企业的损益表，以计算企业的净利润。

当期末结转完成后，“管理费用”科目应无余额，也就是说，所有费用已经被转入“本年利润”科目。这是因为管理费用是一种支出，需要被计入企业的成本和损益，而不是保留在资产或负债中。“管理费用”科目还可以使用明细分类账，并按费用项目设置专栏进行明细登记。这样可以更好地追踪和分析各个费用项目的发生和变动情况，便于管理者进行决策和控制成本。

（六）财务费用

“财务费用”科目用于记录企业为筹集生产经营所需资金而发生的各项费用。该科目是为了核算和监控与筹资相关的费用支出情况。“财务费用”科目会产生借方和贷方。借方登记用于记录发生的各项财务费用支出，例如利息费用、手续费、银行服务费等。贷方登记用于冲减财务费用的利息收入、汇兑收益，以及将期末的财务费用转入“本年利润”科目，即将这些费用计入企业的损益表，以计算企业的净利润。

当期末结转完成后，“财务费用”科目应无余额，也就是说，所有费用已经被冲减或转入“本年利润”科目。这是因为财务费用是一种支出，需要计入企业的成本和损益，而不是保留在资产或负债中。“财务费用”科目可以使用明细分类账，并按费用项目设置专栏进行明细登记。

（七）长期待摊费用

“长期待摊费用”科目用于核算企业已经支出但摊销期限在一年以上（不含一年）的费用。该科目的目的是记录这些费用的支付和摊销情况。“长期待摊费用”科目借方登记用于记录实际支付的各项长期待摊费用，即费用的支出金额。贷方登记用于记录分期摊销的长期待摊费用，即将费用逐年摊销，将其计入企业的损益表。贷方金额的累积表示已经摊销的费用金额。“长期待摊费用”科目的余额通常在借方，表示企业尚未摊销的各项长期待摊费用的摊余价值。这意味着企业还未将这些费用完全摊销，仍然持有这些费用的价值。

（八）废品核算

“废品损失”科目用于单独核算废品损失的企业。该科目的目的是记录不可修复废品的生产成本以及可修复废品的修复费用，并追踪废品的残值回收、赔款以及废品的净损失情况。“废品损失”科目借方登记不可修复废品的生产成本和可修复废品的修复费用，即费用的产生金额。贷方登记废品残值的回收价值、应收的赔款以及转出的废品净损失，将这些金额从废品损失科目中冲减或转移。最终，该科目在月末应无余额，表示当月废品损失已经完全核销或转出。

同时该科目可以按车间设置明细分类账，并按产品品种设立专户。在明细分类账中，可以按成本项目设置专栏或专行，用于详细记录废品损失的成本和相关的费用项目。

第二节　成本的归集和分配方法

各项要素费用应根据其用途和发生地点进行分配和归集。下面我们从企业成本核算一般应设置的会计科目和产品成本项目出发，对要素费用分配的内容进行概述如下：

第一，对于直接用于产品生产且专门设立成本项目的各项费用，例如构成产品实体的原材料费用、产品生产工人的薪酬费用等，应记入“基本生产成本”科目，并直接记入或分配至与产品成本明细账相关的成本项目。即，能够根据原始凭证直接确定是某种产品消耗的费用，应直接记入该种产品成本明细账的相关成本项目。对于多种产品共同耗用、无法直接确定各产品消耗额的费用，应采用适当的方法进行分配，并根据分配结果登记与相关产品的成本明细账相关的成本项目。

第二，对于直接用于产品生产但没有专设成本项目的各项费用（如机器设备的折旧费用），以及间接用于产品的费用（如车间管理人员的薪酬费用），首先应记入“制造费用”科目及所属明细账中的费用项目，然后通过一定的分配程序，转入或分配至“基本生产成本”科目及其所属明细账的相关成本项目。

第三，一般情况下，辅助生产车间也应设立“制造费用”明细账。然而，如果辅助生产车间规模较小，发生的制造费用很少，并且该车间不向外部提供产品或劳务，为简化核算，可以不设立“制造费用”明细账。因此，对于用于辅助生产的费用，根据不同情况采取不同的处理方式：①如果辅助生产车间设立了“制造费用”明细账，则其费用处理可参照上述基本生产车间费用处理方法进行；②如果辅助生产车间未设立“制造费用”明细账，则所有直接或间接用于辅助生产的费用应记入“辅助生产成本”科目及其所属明细账的相关费用项目。对于辅助生产费用，根据其用途，采用适当的方法进行分配。

第四，对于上述费用中的各项间接计入费用，应选择适当的分配方法。适当的分配方法是指所依据的标准与分配对象具有密切联系，因此分配结果较为合理，并且分配标准的数据相对容易获取，计算相对简便。分配间接计入费用的标准主要包括：①成果类，例如产品的重量、体积、产量、产值等；②消耗类，例如生产工时、生产资金、机器工时、原材料消耗量或原材料费用等；③定额类，例如定额消耗量、定额费用等。分配费用的计算公式可以总结为：

$$费用分配率=\frac{待分配费用总额}{分配标准总额}$$

$$某分配对象应分配的费用=该对象的分配标准额\times 费用分配率$$

第五，对于企业在经营管理过程中发生的用于产品销售的费用、行政管理部门的费用，以及为筹集生产经营所需资金而发生的筹资费用等各项期间费用，不计入产品成本，而应分别记入“销售费用”“管理费用”和“财务费用”的总账科目及其所属明细账的相关费用项目，然后转入“本年利润”科目，计入当期损益。

各项要素费用的分配是通过编制各种费用分配表进行的，根据分配表来登记各种成本、费用科目及所属明细账。

一、材料费用的归集与分配

企业在生产经营过程中领用各种材料，包括原料、主要材料、半成品、辅助材料、包装物、修理备件和低值易耗品等，无论是购买外部供应还是自行生产，都需要根据经过审批的领退料凭证，按照材料的具体用途进行分配和归集。

原材料费用的分配是根据直接用于产品生产和构成产品实体的原材料和主

要材料进行的。例如，纺织生产中使用的原棉、冶炼过程中的矿石、机械制造中的钢材等，通常是根据不同产品的需求进行领用的。这些费用属于直接计入费用，可以根据领退料凭证直接计入相应产品成本明细账的“直接材料”成本项目。对于多种产品共同使用的原材料费用，属于间接计入费用，应采用适当的标准（如产品重量、体积等）进行分配，并记入相关产品成本明细账的“直接材料”成本项目。例如，不同铸件所消耗的生铁与其重量密切相关，因此可以按照铸件重量的比例来分配生铁费用。在材料消耗定额相对准确的情况下，原料和主要材料费用也可以按照产品原材料定额消耗量或原材料定额费用的比例进行分配。

使用原材料定额消耗量比例进行原材料费用的分配。计算分配的步骤如下：首先，计算各种产品的原材料定额消耗量；其次，计算单位原材料定额消耗量所需分配的实际原材料消耗量（即原材料消耗分配比率）；然后，计算各种产品应分配的实际原材料消耗量；最后，计算各种产品应分配的实际原材料费用。计算公式如下：

某种产品原材料定额消耗量＝该产品实际产量×单位产品原材料定额消耗量

$$原材料消耗量分配率=\frac{原材料实际消耗总量}{各种产品原材料定额消耗量之和}$$

某种产品应分配的原材料实际消耗量＝该产品原材料定额消耗量×原材料消耗量分配率

某种产品应分配的实际原材料费用＝该产品应分配的原材料实际消耗量×材料单价

【例 7－1】某公司生产产品 X 和产品 Y，共同耗用甲材料（主要材料）60 000 千克，每千克价格为 10 元，总计为 600 000 元。本月投产产品 X 1 200 件，每件产品 X 的甲材料消耗定额为 30 千克；本月投产产品 Y 800 件，每件产品 Y 的甲材料消耗定额为 15 千克。

原材料费用的分配计算如下：

产品 X 的甲材料定额消耗量＝1 200×30＝36 000（千克）

产品 Y 的甲材料定额消耗量＝800×15＝12 000（千克）

甲材料消耗量分配率＝60 000/(36 000＋12 000)＝1.25

产品 X 应分配的甲材料数量＝36 000×1.25＝45 000（千克）

产品 Y 应分配的甲材料数量＝12 000×1.25＝15 000（千克）

产品 X 应分配的甲材料费用＝45 000×10＝450 000（元）

产品 Y 应分配的甲材料费用＝15 000×10＝150 000（元）

上述计算分配过程提供了评估原材料消耗定额执行情况的数据，有助于加强对原材料消耗的实物管理。然而，这种分配计算的工作量较大。为了简化计算分配工作，可以直接采用按原材料定额消耗量比例分配原材料费用的方法。

具体的计算分配程序如下：首先，计算各种产品的原材料定额消耗量；其次，计算单位原材料定额消耗量所分配的原材料费用（即原材料消耗量的费用分配率）；最后，计算各种产品应分配的原材料实际费用。以前述的例子为基础进行计算分配如下：

X 产品甲材料定额消耗量＝1 200×30＝36 000（千克）

Y 产品甲材料定额消耗量＝800×15＝12 000（千克）

$$甲材料费用分配率=\frac{原材料实际费用总额}{各种产品原材料定额消耗量之和}$$

$$=600\ 000\div(36\ 000+12\ 000)=12.5$$

产品 X 应分配甲材料费用＝36 000×12.5＝450 000（元）

产品 Y 应分配甲材料费用＝12 000×12.5＝150 000（元）

上述两种分配方法计算结果相同，但后一种分配方法不能提供各种产品原材料实际消耗量资料，不利于加强原材料消耗的实物管理。

按原材料定额费用比例分配原材料费用的计算步骤如下：

第一步，计算各种产品的原材料定额费用；

第二步，计算单位原材料定额费用应分配的原材料实际费用（即原材料费用分配率）；

第三步，计算各种产品应分配的原材料实际费用。

计算公式如下：

某种产品某种原材料定额费用＝该种产品实际产量×单位产品原材料费用定额

$$原材料费用分配率=\frac{各种产品原材料实际费用总额}{各种产品原材料定额费用之和}$$

某种产品应分配的实际原材料费用＝该种产品各种原材料定额费用之和×原材料费用分配率

【例 7－2】某企业生产 X、Y 两种产品，共同领用甲、乙两种主要材料，共计 37 620 元。本月投产 X 产品 150 件，Y 产品 120 件。X 产品材料消耗定额：甲材料 6 千克，乙材料 8 千克；Y 产品材料消耗定额：甲材料 9 千克，乙材料 5 千克。甲材料计划单价 10 元，乙材料计划单价 8 元。

X、Y 产品应分配的材料费用计算如下：

X、Y 产品材料定额费用：

X 产品：甲材料定额费用＝150×6×10＝9 000（元）

乙材料定额费用＝150×8×8＝9 600（元）

X产品材料定额费用合计：18 600（元）

Y产品：甲材料定额费用＝120×9×10＝10 800（元）

乙材料定额费用＝120×5×8＝4 800（元）

Y产品材料定额费用合计：15 600（元）

材料费用分配率＝37 620/(18 600＋15 600)＝1.1

甲、乙产品应分配材料实际费用：

X产品应分配材料费用＝18 600×1.1＝20 460（元）

Y产品应分配材料费用＝15 600×1.1＝17 160（元）

直接用于产品生产以及对产品形成起辅助作用的材料费用应记录在“基本生产成本”科目中。由于这些费用通常属于间接计入费用，因此需要采用适当的分配方法进行分配，然后将其记入各种产品成本明细账的“直接材料”成本项目中。对于耗用在原料和主要材料上的辅助材料费用（如油漆、染料、电镀材料等），应根据原料和主要材料的消耗量比例进行分配。对于与产品产量直接相关的辅助材料费用（如某些包装材料费用），可以按照产品产量进行分配。对于消耗定额比较准确的辅助材料，其费用也可以按照产品定额消耗量或定额费用的比例进行分配。

直接用于辅助生产的原材料费用应记入“辅助生产成本”科目以及相关明细账的“直接材料”成本项目中。基本生产车间和辅助生产车间中间接用于产品生产（或劳务供应）的原材料费用、用于组织和管理企业生产经营活动的材料费用，以及用于产品销售的材料费用，分别应记入“制造费用”“管理费用”和“销售费用”科目以及相关明细账的费用项目中。已领用的各种原材料费用的总额应记录在“原材料”科目中。

对于各种材料费用的分配工作，可以通过编制原材料费用分配表进行。原材料费用分配表根据车间、部门和原材料的类别，根据归类后的领退料凭证和其他相关资料进行编制。有关原材料费用分配表的格式和示例可参考长江公司20XX年6月的原材料费用分配表（表7－1）。

表7－1　原材料费用分配表

应借科目		直接计入金额（元）	分配计入		材料费用合计（元）
			定额消耗量（千克）	分配金额（元）（分配率12.5）	
基本生产成本	X产品	15 200	36 000	450 000	465 200
	Y产品	117 400	12 000	150 000	267 400
	小计	132 600	48 000	600 000	732 600

（续）

应借科目		直接计入金额（元）	分配计入		材料费用合计（元）
			定额消耗量（千克）	分配金额（元）（分配率 12.5）	
辅助生产成本	供水	42 000			42 000
	运输	22 000			22 000
	小计	64 000			64 000
制造费用	基本生产车间	5 000			5 000
	供水车间	2 000			2 000
	运输车间	1 500			1 500
	小计	8 500			8 500
管理费用		2 000			2 000
销售费用		1 800			1 800
合计		208 900		600 000	808 900

根据原材料费用分配表编制会计分录，据此登记有关总账和明细账。编制会计分录如下：

借：基本生产成本——X 产品　465 200（元）
　　　　　　　　——Y 产品　267 400（元）
　　辅助生产成本——供水　42 000（元）
　　　　　　　　——运输　22 000（元）
　　制造费用——基本生产车间　5 000（元）
　　　　　　——供水车间　2 000（元）
　　　　　　——运输车间　1 500（元）
　　管理费用　2 000（元）
　　销售费用　1 800（元）
　　贷：原材料　808 900（元）

上述原材料费用是按实际成本进行核算分配的。在原材料费用按计划成本进行核算分配的情况下，对于计入产品成本和期间费用等的原材料费用计划成本，还应该分配材料成本差异额。

二、人工成本的归集与分配

职工薪酬是企业为职工提供服务或解除劳动关系而给予的各种形式的报酬或补偿。薪酬范围包括短期薪酬、离职后福利、辞退福利和其他长期职工福利等。在本书中，我们重点关注短期薪酬的分配，即企业需要在职工提供相关服务的年度报告期结束后的12个月内支付的职工薪酬。

工资费用的计算与分配涉及短期薪酬中构成工资总额的部分。这部分包括职工工资、奖金、津贴和补贴、加班加点工资以及特殊情况下支付的工资等，其他短期薪酬不包括在工资费用中。

（1）计时工资和计件工资的计算是短期薪酬中构成工资总额的主要内容

这需要采用特定的方法进行计算，并依据计算结果提取各种社会保险费、住房公积金、工会经费和职工教育经费等。

①工资计算的原始记录是确保正确计算工资的关键。这些原始记录包括：

工资卡：记录职工的工资级别、工资标准、工龄以及享受的津贴等信息，每位职工都有一张工资卡。

考勤记录：登记和反映每位职工的出勤情况，是计算计时工资的基础，也是企业进行劳动管理的重要依据。

产量记录：登记和反映每个工人或班组在出勤期间完成的产品数量、质量和所用工时数量的记录。产量记录用于计算计件工资。

②计算计时工资是根据职工的考勤记录，根据规定的工资标准，按照每个职工的出勤或缺勤日数进行计算。工资的计算方式根据时间的不同可以是按月计算的月薪，按日计算的日薪，或按小时计算的小时工资。通常情况下，企业固定职工的计时工资采用月薪计算，而临时职工的计时工资多数是按日薪计算，也有一部分按小时工资计算。下面只介绍了在月薪制下职工计时工资的计算方法。在月薪制下，无论每个月的日历天数多少，以及双休日和法定节假日的多少，每月的标准工资都是相同的。只要职工当月全勤，就可以领取固定的月标准工资。如果发生缺勤情况，在月薪制下可以按照以下公式计算应付的标准工资：

应付标准工资＝月标准工资－应扣缺勤工资

应扣缺勤工资＝缺勤日数×日工资率×缺勤扣款比例

或

应付标准工资＝出勤日数×日工资率＋应发缺勤工资

应发缺勤工资＝缺勤日数×日工资率×(1－缺勤扣款比例)

对于月薪制，还需要根据月标准工资计算月工资率，也就是每日平均工资。由于每个月的标准工资是固定的，但每个月的日历天数是不同的，为了简化工资计算，可以按照固定的21.75天来计算日工资率。日工资率可以通过将月标准工资除以21.75来得出。这里的21.75天是根据法定月平均计薪日数计算出来的，它是从365天中减去104个双休日，然后再除以12个月得出的。

在按照21.75天计算日工资率的情况下，由于双休日不包括在计算日工资率的天数中，因此在计算应付工资时，法定节假日会计算在内，而双休日则不计入工资计算范围。

【例 7-3】 假设某企业的工人月标准工资为 6 525 元。在 5 月份，该工人病假 1 天，事假 1 天，周末休假 10 天，法定节假日 1 天，实际出勤 18 天。根据该工人的工龄，他的病假工资按照工资标准的 90%计算。

下面根据日工资率按照 21.75 天计算，并采用上述计算公式，对该工人该月的标准工资进行计算如下：

日工资率＝6 525÷21.75＝300（元）

应扣缺勤病假工资＝300×1×(100%－90%)＝30（元）

应扣缺勤事假工资＝300×1＝300（元）

应付工资＝6 525－30－300＝6 195（元）

按 21.75 天计算日工资率，按出勤日数计算月工资。

应付出勤工资＝300×(18＋1)＝5 700（元）

应付病假工资＝300×1×90%＝270（元）

应付工资＝5 700＋270＝5 970（元）

③计件工资的计算。计件工资可以分为个人计件工资和集体计件工资两种。

个人计件工资的计算是根据产量记录中登记的每位工人的产品产量，乘以规定的计件单价来计算。这里的产量包括不是由于工人本人过失造成的不合格品的数量（例如废料产品数量）。对于由于工人本人过失造成的不合格品（例如次品产品），不支付工资，有时还需要由工人赔偿损失。同一工人在一个月内可能从事不同产品的生产，而每种产品的计件工资单价可能不同，因此计件工资的计算公式如下：

应付工资＝月内每种产品的产量×该种产品的计件单价

产品的计件单价是根据工人生产单位产品所需要的工时定额和该级工人每小时的工资率计算得出的。

【例 7-4】 假定 A、B 两种产品都由三级工加工。A 产品的工时定额为 30 分钟；B 产品的工时定额为 18 分钟。三级工的小时工资率为 15 元。

A、B 两种产品的计件工资单价应计算如下：

A 产品计件单价＝15×30/60＝7.5（元）

B 产品计件单价＝15×18/60＝4.5（元）

根据计件单价的计算公式可以得知，如果同一个工人生产具有不同计件单价的多种产品，为了简化计算工作，也可以根据每个工人完成的产品定额工时总数和对应的小时工资率来计算计件工资。这种计算方法得出的结果应该与按照上述公式计算的结果相同。

【例 7-5】 沿用例 7-4 的资料。假定某三级工共加工 A 产品 300 件，B 产品 700 件。按上述公式计算的计件工资为：

应付工资＝300×7.5＋700×4.5＝5 400（元）

该工人完成的产品定额工时为：

A 产品定额工时＝300×30/60＝150（小时）

B 产品定额工时＝700×18/60＝210（小时）

该工人完成产品定额工时总数＝150＋210＝360（小时）

根据该工人完成的产品定额工时总数和小时工资率计算的计件工资为：

应付工资＝360×15＝5 400（元）

以上两种方法计算结果相同，但由于产量记录中记有每种产品的定额工时数，而且每一个工人完成的各种产品的定额工时数可以加总，因此后一种方法比较简便。

【例 7-6】 假定某工业企业某生产小组集体完成若干项生产任务，按照一般计件工资的计算方法算出集体工资 13 680 元。该小组由 3 个不同等级的工人组成，每人的姓名、等级、日工资率、出勤日数，以及按日工资率和出勤日数计算的工资额（即集体计件工资内部的分配标准）如表 7-2 所示。

表 7-2　集体计件工资分配标准

集体单位：×生产组　　　　20××年×月　　　　金额单位：元

工人姓名	等级	工资标准（日工资率）	出勤日数	按日工资率和出勤日数计算的工资额
王青	六	160	22	3 520
李明	五	140	22	3 080
赵亮	四	120	21	2 520
合计	—	—	65	9 120

该生产小组内部工资分配计算如下：

生产小组内部工资分配率＝13 680/9 120＝1.5

王青应分工资＝3 520×1.5＝5 280（元）

李明应分工资＝3 080×1.5＝4 620（元）

赵亮应分工资＝2 520×1.5＝3 780（元）

3 人所分工资＝5 280＋4 620＋3 780＝13 680（元）

计时工资和计件工资以外的属于组成工资总额的各种奖金、津贴、补贴、加班加点工资，以及特殊情况下支付的工资，应按照国家和企业有关规定计算，此处不再详述。

（2）工资费用的分配

工资费用的分配是指将企业职工的工资作为一种费用，按照其用途和发生部门进行的归集和分配。企业生产经营所发生的工资费用，应计入产品成本或期间费用。

直接进行产品生产的工人的工资，应记入“基本生产成本”科目及所属明细账的“直接人工”成本项目。其中生产工人的计件工资，属于直接计入费用，可以根据工资结算凭证（如产量记录等）直接计入某种产品成本明细账的“直接人工”成本项目。对于生产工人的计时工资，如果属于直接计入费用，应根据工资结算凭证，直接计入相关产品成本明细账的“直接人工”成本项目；如果属于间接计入费用，应按照产品的实际生产工时比例或定额生产工时比例等分配标准，分配后再记入各相关产品成本明细账的“直接人工”成本项目。在这里需要说明的是，某种产品实际耗用的生产工时，是实际生产效率下生产一定量产品实际耗用的工时；而某种产品的定额工时，则是按工时消耗定额计算（生产效率达到定额的要求）的、生产一定量产品应该消耗的工时。因此，按照各种产品的实际工时分配生产工人的计时工资费用，能够更好地体现劳动效率高低对费用分配的影响，从而更为合理。但是，如果各种产品实际生产工时数据的获取比较困难，而各种产品的工时消耗定额比较准确，也可以按产品的定额工时比例分配生产工人的计时工资费用。按生产工时（实际或定额）比例分配生产工人工资费用的计算公式如下：

$$工资费用分配率=\frac{某车间生产工人计时工资总额}{该车间各种产品生产工时（实际或定额）总额}$$

产品应分配计时工资＝该产品生产工时（实际或定额）×工资费用分配率

【例 7-7】长江公司生产甲、乙两种产品。两种产品的生产均采用计时工资制度。甲、乙产品计时工资共计 320 000 元。甲、乙产品生产工时分别为 12 500 小时和 7 500 小时。

按生产工时比例分配计算如下：

工资费用分配率＝320 000/(125 00＋7 500)＝16

甲产品分配工资费用＝12 500×16＝200 000（元）

乙产品分配工资费用＝7 500×16＝120 000（元）

直接用于辅助生产的工资费用，应借记“辅助生产成本”科目及其所属明细账的“直接人工”成本项目；间接用于产品生产和辅助生产的工资费用（如车间管理人员和辅助人员等的工资费用）、企业行政管理部门人员的工资费用、企业专设的销售机构人员的工资费用，应分别借记“制造费用”“管理费用”“销售费用”等科目及其所属明细账的有关费用项目。已分配的工资费用的总额应贷记“应付职工薪酬”科目。工资费用分配是通过编制工资费用分配表进行的，根据工资费用分配表编制会计分录，登记有关总账和明细账。

三、辅助生产费用的归集与分配

辅助生产是指为基本生产车间、企业行政管理部门等单位提供产品生产和劳务供应的活动。这些活动包括供电、供水、供气、供风、运输等辅助生产，有些只提供一种产品或劳务，有些则提供多种产品或劳务，例如制造工具、模具和修理备件，以及机器设备的修理等。辅助生产的产品和劳务有时也会对外销售，但主要是为本企业提供服务。辅助生产的成本水平对企业的产品成本和期间费用有影响。因此，正确且及时地核算辅助生产费用，加强对其进行监督，对于正确计算产品成本和各项期间费用，并实现支出节约和成本降低具有重要意义。

（一）辅助生产费用的归集

辅助生产费用的归集和分配是通过“辅助生产成本”科目进行的。“辅助生产成本”科目一般应按车间及产品或劳务的种类设置明细账，账内按成本项目设置专栏，进行明细核算。进行辅助生产产生的各项费用应记入该科目的借方。辅助生产车间的制造费用，一般应先通过“制造费用”科目进行归集，然后从该科目直接转入或分配转入“辅助生产成本”科目及所属相关明细账的“制造费用”成本项目。辅助生产完工产品或劳务的成本，经过分配后从“辅助生产成本”科目的贷方转出，期末如有借方余额则为辅助生产的在产品成本。

【例 7－8】甲公司 20××年 6 月辅助生产成本和辅助生产车间制造费用明细账格式，详见表 7－3 至表 7－6。

表 7－3　辅助生产成本明细账

辅助车间：供水　　20××年 6 月　　单位：元

摘要	直接材料	直接燃料和动力	直接人工	制造费用	合计	转出
原材料费用分配表	42 000				42 000	
外购动力费用分配表		3 000			3 000	
工资费用分配表			48 000		48 000	
其他短期薪酬费用分配表			19 200		19 200	
待分配费用小计	42 000	3 000	67 200		112 200	
制造费用分配表				28 900	28 900	
辅助生产成本分配表（交互分配法）						141 100
合计	42 000	3 000	67 200	28 900	141 100	141 100

表 7-4　辅助生产成本明细账

辅助车间：运输　　　　20××年 6 月　　　　单位：元

摘要	直接材料	直接燃料和动力	直接人工	制造费用	合计	转出
原材料费用分配表	22 000				22 000	
外购动力费用分配表		2 000			2 000	
工资费用分配表			32 000		32 000	
其他短期薪酬费用分配表			12 800		12 800	
待分配费用小计	22 000	2 000	44 800		68 800	
制造费用分配表				46 200	46 200	
辅助生产成本分配表（交互分配法）						115 000
合计	22 000	2 000	44 800	46 200	115 000	115 000

表 7-5　制造费用明细账

辅助车间：供水　　　　20××年 6 月　　　　单位：元

摘要	机物料消耗	燃料和动力	职工薪酬	折旧费	劳保费	低值易耗品	运费	合计	转出
原材料费用分配表	2 000							2 000	
外购动力费用分配表		1 500						1 500	
工资费用分配表			10 000					10 000	
其他短期薪酬费用分配表			4 000					4 000	
折旧费用分配表				4 500				4 500	
劳保费（付款凭证×号）					4 000			4 000	
低值易耗品摊销分配表						1 000		1 000	
待分配费用小计	2 000	1 500	14 000	4 500	4 000	1 000		27 000	
辅助生产成本分配表							1 900	1 900	
制造费用分配表									28 900
合计	2 000	1 500	14 000	4 500	4 000	1 000	1 900	28 900	28 900

表 7-6 制造费用明细账

辅助车间：运输　　20××年6月　　单位：元

摘要	机物料消耗	燃料和动力	职工薪酬	折旧费	劳保费	低值易耗品	水费	合计	转出
原材料费用分配表	1 500							1 500	
外购动力费用分配表		1 000						1 000	
工资费用分配表			10 000					10 000	
其他短期薪酬费用分配表			4 000					4 000	
折旧费用分配表				3 700				3 700	
劳保费（付款凭证×号）					4 000			4 000	
低值易耗品摊销分配表						2 000		2 000	
待分配费用小计	1 500	1 000	14 000	3 700	4 000	2 000		26 200	
辅助生产成本分配表							20 000	20 000	
制造费用分配表									46 200
合计	1 500	1 000	14 000	3 700	4 000	2 000	20 000	46 200	46 200

如前所述，如果有的企业辅助生产车间规模较小，发生的辅助生产费用很少，辅助生产也不对外销售产品或提供劳务，因此，不需要按照规定的成本项目计算辅助生产的成本。在这种情况下，为了简化核算工作，辅助生产车间的制造费用可以不单独设置“制造费用”明细账，即不通过“制造费用”科目进行核算，而直接借记“辅助生产成本”科目及其明细账。这时，“辅助生产成本”明细账就是按照成本项目与费用项目相结合设置专栏，而不是按成本项目设置专栏。

【例 7-9】某企业有供电、供水两个辅助生产车间，因其规模很小，不设制造费用明细账，其辅助生产成本明细账详见表 7-7 和表 7-8。

表 7-7 辅助生产成本明细账

辅助车间：供电　　20××年×月　　单位：元

摘要	原材料	低值易耗品摊销	职工薪酬	折旧费	保险费	办公费	其他	合计	转出
原材料费用分配表	5 000							5 000	
低值易耗品摊销		4 000						4 000	

（续）

摘要	原材料	低值易耗品摊销	职工薪酬	折旧费	保险费	办公费	其他	合计	转出
职工薪酬分配表			22 000					22 000	
折旧费用分配表				1 500				1 500	
保险费用分配表					300			300	
办公费用支出（付款凭证×号）						2 800	1 360	4 160	
辅助生产成本分配表（直接分配法）									36 960
合计	5 000	4 000	22 000	1 500	300	2 800	1 360	36 960	36 960

表 7-8　辅助生产成本明细账

辅助车间：供水　　　　20××年×月　　　　单位：元

摘要	原材料	低值易耗品摊销	职工薪酬	折旧费	保险费	办公费	其他	合计	转出
原材料费用分配表	4 000							4 000	
低值易耗品摊销		1 000						1 000	
职工薪酬分配表			18 000					18 000	
折旧费用分配表				1 200				1 200	
保险费用分配表					400			400	
办公费用支出（付款凭证×号）						2 000	400	2 400	
辅助生产成本分配表（直接分配法）									27 000
合计	4 000	1 000	18 000	1 200	400	2 000	400	27 000	27 000

在上述辅助生产费用的第一种归集程序中，“辅助生产成本”科目与“基本生产成本”科目一样，一般按车间以及产品和劳务设置明细账，账内按成本项目设立专栏或专行进行明细核算，辅助生产车间的制造费用，通过单独设置的“制造费用”明细账核算，然后转入“辅助生产成本”科目的借方，计入辅助生产产品或劳务的成本。在上述第二种归集程序中，也就是辅助生产车间的制造费用不通过“制造费用”科目核算，而是直接记入“辅助生产成本”科

目。辅助生产费用的两种归集程序的主要区别在于辅助生产制造费用归集程序的不同。

（二）辅助生产费用的分配

在辅助生产费用的分配中，由于辅助生产车间所生产的产品和劳务的种类不同，费用转出、分配的程序也有所不同。所提供的产品，如工具、模具和修理用备件等产品成本，应在产品完工时，从“辅助生产成本”科目的贷方分别转入“低值易耗品”和“原材料”科目的借方；而提供的劳务作业，如供水、供电、供气、修理和运输等所发生的费用，则要在各受益单位之间按照所耗数量或其他比例进行分配后，从“辅助生产成本”科目的贷方转入“基本生产成本”“制造费用”“管理费用”“销售费用”等科目的借方。辅助生产费用的分配是通过编制辅助生产费用分配表进行的。由于辅助生产提供的产品和劳务，主要是为基本生产车间等服务的，但在某些辅助生产车间之间，也有相互提供产品或劳务的情况。这样就存在一个如何处理辅助生产车间之间费用负担的问题。如供电车间为供水车间提供电力，供水车间为供电车间提供水，这样，为了计算电力成本，就要确定水的成本，而要计算水的成本又要确定电力成本。因此，采用哪些方法来处理辅助车间之间的费用分配问题是辅助生产费用分配的特点。

辅助生产费用的分配，通常采用直接分配法、顺序分配法、交互分配法、代数分配法和计划成本分配法等。

1. 直接分配法

直接分配法，是各辅助生产车间产生的费用直接分配给除辅助生产车间以外的各受益产品、单位，而不考虑各辅助生产车间之间相互提供产品或劳务情况的一种辅助费用分配方法。

【例 7－10】某企业（例 7－9 中的企业）有供水和供电两个辅助生产车间，主要为本企业基本生产车间和行政管理部门等服务，根据“辅助生产成本”明细账汇总的资料（表 7－7、表 7－8），供电车间本月产生费用 36 960 元，供水车间本月产生费用 27 000 元。各辅助生产车间供应产品或劳务数量详见表 7－9。

表 7－9　各辅助生产车间供应产品或劳务数量

受益单位		耗水（立方米）	耗电（千瓦时）
基本生产——A 产品			48 000
基本生产车间		24 000	8 000
辅助生产车间	供电	3 000	
	供水		12 000

（续）

受益单位	耗水（立方米）	耗电（千瓦时）
行政管理部门	2 000	4 000
专设销售机构	1 000	1 600
合计	30 000	73 600

采用直接分配法的辅助生产费用分配详见表 7－10。

表 7－10　辅助生产费用分配

（直接分配法）　　金额单位：元

项目		供水车间	供电车间	合计
待分配辅助生产费用		27 000	36 960	63 960
供应辅助生产以外的劳务（产品）数量		27 000 立方米	61 600 千瓦时	
单位成本（分配率）		1.00 元/立方米	0.60 元/千瓦时	
基本生产——A 产品	耗用数量		48 000 千瓦时	
	分配金额		28 800	28 800
基本生产车间	耗用数量	24 000 立方米	8 000 千瓦时	
	分配金额	24 000	4 800	28 800
行政管理部门	耗用数量	2 000 立方米	4 000 千瓦时	
	分配金额	2 000	2 400	4 400
专设销售机构	耗用数量	1 000 立方米	1 600 千瓦时	
	分配金额	1 000	960	1 960
合计		27 000	36 960	63 960

表 7－10 中有关数据的计算过程如下：

$$\text{单位成本（分配率）}=\frac{\text{待分配辅助生产费用}}{\text{辅助生产劳务（产品）总量}-\text{其他辅助生产劳务（产品）耗用量}}$$

$$\text{供水单位成本（分配率）}=\frac{27\ 000}{30\ 000-3\ 000}=1.00\ \text{（元/立方米）}$$

$$\text{供电单位成本（分配率）}=\frac{36\ 960}{73\ 600-12\ 000}=0.60\ \text{（元/千瓦时）}$$

根据辅助生产费用分配表编制的会计分录如下：

借：基本生产成本——A 产品　　28 800（元）

　　制造费用　　28 800（元）

　　管理费用　　4 400（元）

销售费用　　1 960（元）

贷：辅助生产成本——供水　　27 000（元）

供电　　36 960（元）

采用直接分配法，各辅助生产费用只是进行对外分配，且只分配一次，计算简便。当辅助生产车间相互提供产品或劳务量差异较大时，分配结果往往与实际不符，因此，这种方法只适用于在辅助生产车间内部相互提供产品或劳务不多、不进行费用的交互分配，对辅助生产成本和产品生产成本影响不大的情况下采用。

2. 顺序分配法

顺序分配法，是按照受益多少的顺序将辅助生产车间依次排列，受益少的排在前面，先将费用分配出去，受益多的排在后面，后将费用分配出去的一种辅助费用分配方法。例如，在上述企业的供电和供水两个辅助生产车间中，供电车间耗用水的费用较少，而供水车间耗用电的费用较多，就可以按照供电、供水的顺序排列，先分配电费，然后分配水费。

例 7－10 沿用例 7－9 的资料。按顺序分配法编制辅助生产费用分配表，详见表 7－11。

$$电费分配率=\frac{36\ 960}{48\ 000+8\ 000+12\ 000+4\ 000+1\ 600}=0.502\ 17$$

$$水费分配率=\frac{27\ 000+6\ 026.04}{24\ 000+2\ 000+1\ 000}=1.223\ 2$$

根据辅助生产费用分配表编制的会计分录如下：

（1）分配电费

借：辅助生产成本——供水　　6 026.04（元）

基本生产成本——A 产品　　24 104.16（元）

制造费用　　4 017.36（元）

管理费用　　2 008.68（元）

销售费用　　803.76（元）

贷：辅助生产成本——供电　　36 960.00（元）

（2）分配水费

借：制造费用　　29 356.80（元）

管理费用　　2 446.40（元）

销售费用　　1 222.84（元）

贷：辅助生产成本——供水　　33 026.04（元）

在顺序分配法下，由于排在前面的辅助生产车间不负担排在后面的辅助生产车间的费用，所以分配结果的准确性会受到一定的影响。这种方法适用于各

表 7-11　辅助生产费用分配表

（顺序分配法）

金额单位：元

项目	辅助生产车间						基本生产				行政管理部门		专设销售机构	
	供电车间			供水车间			A 车间		基本生产车间					
车间部门	劳务（产品）量	待分配费用	分配率	劳务（产品）量	待分配费用	分配率	耗用数量	分配金额	耗用数量	分配金额	耗用数量	分配金额	耗用数量	分配金额
	73 600 千瓦·时	36 960		30 000 立方米	27 000									
分配电费	−73 600 千瓦·时	−36 960	0.502 17	12 000 千瓦·时	6 026.04		48 000 千瓦·时	24 104.16	8 000 千瓦·时	4 017.36	4 000 千瓦·时	2 008.68	1 600 千瓦·时	803.76
分配水费				−27 000 立方米	−33 026.04	1.223 2			24 000 立方米	29 356.8	2 000 立方米	2 446.4	1 000 立方米	1 222.84
分配金额合计								24 104.16			333 74.16		4 455.08	2 026.6

辅助生产车间之间相互受益程度具有明显顺序性的情况。

3. 交互分配法

交互分配法，是对各辅助生产车间的成本费用进行交互和对外两次分配的一种辅助生产费用的分配方法。在这种方法下，首先，根据各辅助生产车间、部门相互提供的产品或劳务的数量和交互分配前的单位成本（费用分配率），在各辅助生产车间之间进行一次交互分配；其次，将各辅助生产车间、部门交互分配后的实际费用（交互分配前的费用加上交互分配转入的费用，减去交互分配转出的费用），再按提供产品或劳务的数量和交互分配后的单位成本（费用分配率），在辅助生产车间、部门以外的各受益单位之间进行分配。

【例 7-11】长江公司设有供水和运输两个辅助生产车间，20××年 6 月有关资料见表 7-12。

表 7-12　长江公司辅助生产车间资料表

金额单位：元

项目		供水车间	运输车间
待分配辅助生产费用	“辅助生产成本”科目	112 200	68 800
	“制造费用”科目	27 000	26 200
	小计	139 200	95 000
劳务供应数量		139 200 立方米	100 000 千米
耗用劳务数量	供水车间		2 000 千米
	运输车间	20 000 立方米	
	基本车间	100 000 立方米	40 000 千米
	企业管理部门	10 000 立方米	10 000 千米
	专设销售机构	9 200 立方米	48 000 千米

根据表 7-12 所列资料，采用交互分配法分配辅助生产费用，其分配结果见表 7-13。

表 7-13　辅助生产费用分配表

（交互分配法）　　　　金额单位：元

项目	交互分配			对外分配		
辅助车间名称	供水	运输	合计	供水	运输	合计

（续）

项目			交互分配			对外分配		
待分配辅助生产费用	“辅助生产成本”科目		112 200	68 800	181 00			
	“制造费用”科目		27 000	26 200	53 200			
	小计		139 200	95 000	234 200	121 100	113 100	
劳务供应数量			139 200 立方米	100 000 千米		119 200 立方米	98 000 千米	
费用分配率（单位成本）				0.95		1.015 94	1.154 1	
辅助生产车间耗用	供水车间	耗用数量		2 000 千米				
		分配金额		1 900				
	运输车间	耗用数量	20 000 立方米					
		分配金额	20 000 立方米					
基本生产车间耗用		耗用数量				100 000 立方米	40 000 千米	
		分配金额				101 594	46 164	147 758
企业管理部门耗用		耗用数量				10 000 立方米	10 000 千米	
		分配金额				10 159.4	11 541	21 700.4
专设销售机构耗用		耗用数量				9 200 立方米	48 000 千米	
		分配金额				9 346.6	55 395	64 741.6
分配金额合计						121 100	113 100	234 200

表中的有关数据计算过程如下：

（1）交互分配

水费的分配率$=\frac{139\ 200}{139\ 200}=1$

运输劳务的分配率$=\frac{95\ 000}{100\ 000}=0.95$

供水车间应分配的运费＝0.95×2 000＝1 900（元）

运输车间应分配的水费＝1×20 000＝20 000（元）

（2）交互分配后的实际费用

供水车间实际费用＝139 200＋1 900－20 000＝121 100（元）

运输车间实际费用＝95 000＋20 000－1 900＝113 100（元）

（3）对外分配

水费的分配率$=\frac{121\ 100}{119\ 200}=1.015\ 94$

运输劳务的分配率$=\frac{113\ 100}{98\ 000}=1.154\ 1$

基本生产车间应分配的水费＝1.015 94×100 000＝101 594（元）

基本生产车间应分配的运输费＝1.154 1×40 000＝46 164（元）

合计 147 758 元。

企业管理部门应分配的水费＝1.015 94×10 000＝10 159.4（元）

企业管理部门应分配的运输费＝1.154 1×10 000＝11 541（元）

合计 21 700.4 元。

专设销售机构应分配的水费＝1.015 94×9 200＝9 346.6（元）

专设销售机构应分配的运输费＝1.154 1×48 000＝55 395（元）

合计 64 741.6 元。

根据辅助生产费用分配表（交互分配法）编制的会计分录如下：

（1）交互分配

借：制造费用——供水车间　　1 900（元）

　　　　　　——运输车间　　20 000（元）

　　贷：辅助生产成本——供水　　20 000（元）

　　　　　　　　　　——运输　　1 900（元）

（2）结转辅助生产车间的制造费用

借：辅助生产成本——供水　　28 900（元）

　　　　　　　　——运输　　46 200（元）

　　贷：制造费用——供水车间　　28 900（元）

　　　　　　　　——运输车间　　46 200（元）

（3）对外分配

借：制造费用——基本生产车间　　147 758.00（元）

　　管理费用　　21 700.4（元）

　　销售费用　　64 741.6（元）

　　贷：辅助生产成本——供水　　121 100（元）

　　　　　　　　　　——运输　　113 100（元）

在交互分配法下，各辅助生产车间之间就相互消耗的产品（或劳务）进行费用的交互分配，因此，与直接分配法和顺序分配法相比，费用分配的准确性更高。但是，由于在交互分配法中所采用的分配并非准确的分配率，所以整个费用分配的准确性受到一定的影响。采用交互分配法分配辅助生产费用，需要进行两次费用分配，增加了工作量。在各月辅助生产费用水平相差不多的情况下，为了简化计算工作，也可以用上月辅助生产单位成本作为本月交互分配的单位成本。

4. 代数分配法

代数分配法，是通过建立多元一次联立方程并求解的方法，取得各种辅助生产产品或劳务的单位成本，进而进行辅助生产费用分配的一种辅助生产费用分配方法。采用这种分配方法，首先，应根据各辅助生产车间相互提供产品和劳务的数量，建立联立方程，并计算辅助生产产品或劳务的单位成本；其次，根据各受益单位（包括辅助生产内部和外部各单位）耗用产品或劳务的数量和单位成本，计算分配辅助生产费用。

【例 7－12】沿用例 7－11 交互分配法下供水和运输车间的有关资料，设供水车间的供水单位成本为 X 元，运输车间的运输单位成本为 Y 元。根据以上资料可以建立以下联立方程：

$(112\ 200+27\ 000)+2\ 000Y=139\ 200X$

$(68\ 800+26\ 200)+20\ 000X=100\ 000Y$

解得：$X=1.016\ 57$　$Y=1.153\ 3$

根据 X，Y 的值以及各受益单位所耗用的水和运输劳务的数量，即可求得各受益单位应负担的费用金额（计算过程从略）。据以编制辅助生产费用分配，如表 7－14 所示。

根据表 7－14 编制会计分录如下：

（1）向各受益单位分配辅助生产费用

借：制造费用——供水车间　　2 306.60（元）

　　　　　　——运输车间　　20 331.40（元）

　　　　　　——基本生产车间　　147 789.00（元）

　　　　　　管理费用　　21 698.70（元）

表 7－14 辅助生产费用分配表

（代数分配法）

金额单位：元

项目		单位成本（分配率）	费用合计	辅助生产				基本生产车间		行政管理部门		专设销售机构	
				供水车间		运输车间							
				数量	金额	数量	金额	数量	金额	数量	金额	数量	金额
待分配辅助生产费用				139 200 立方米	139 200	100 000 千米	95 000						
费用分配	供水车间	1.016 57	141 506.6			20 000 立方米	20 331.4	100 000 立方米	101 657	10 000 立方米	10 165.7	9 200 立方米	9 352.5
	运输车间	1.153 3	115 331.4	2 000 千米	2 306.6			40 000 千米	46 132	10 000 千米	11 533	48 000 千米	55 359.8
合计			256 838		141 506.6		115 331.4		147 789		21 698.70		64 712.3

销售费用　　64 712.30（元）

贷：辅助生产成本——供水　　141 506.60（元）

——运输　　115 331.40（元）

（2）结转辅助生产车间的制造费用

借：辅助生产成本——供水　　29 306.60（元）

——运输　　46 531.40（元）

贷：制造费用——供水车间　　29 306.60（元）

——运输车间　　46 531.40（元）

采用代数分配法分配辅助生产费用，分配结果最正确。但在辅助生产车间较多的情况下，未知数较多，计算工作比较复杂，因而这种分配方法适宜在已经实现会计电算化的企业中采用。

5. 计划成本分配法

计划成本分配法是按照计划单位成本计算、分配辅助生产费用的一种方法。在这种方法下，辅助生产为各受益单位（包括其他辅助生产车间）提供的产品或劳务，一律按产品或劳务的实际耗用量和计划单位成本进行分配；辅助生产车间实际产生的费用，包括辅助生产交互分配转入的费用在内，与按计划单位成本分配转出的费用之间的差额，也就是辅助生产产品或劳务的成本差异，可以追加分配给辅助生产以外的各受益单位，为了简化计算工作，也可以全部计入“管理费用”科目。

【例 7－13】沿用例 7－11 的资料，采用计划成本分配法编制辅助生产费用分配，详见表 7－15。

表 7－15　辅助生产费用分配

（计划成本分配法）　　　金额单位：千元

项目			供水车间	运输车间	合计
待分配辅助生产费用	“辅助生产成本”科目		112 200	68	181 000
	“制造费用”科目		27	26	53
	小计		139 200	95	234 200
供应劳务数量（水：立方米，运输：千米）			139 200	100 000	
计划单位成本			1.05	1.1	
制造费用	供水车间	耗用数量		2	
		分配金额		2	2
	运输车间	耗用数量	20		
		分配金额	21		21
	基本生产车间	耗用数量	100 000	40	
		分配金额	105 000	44	149 000

（续）

项目			供水车间	运输车间	合计
管理费用	企业行政管理部门	耗用数量	10	10	
		分配金额	10	11	21
销售费用	专设销售机构	耗用数量	9	48	
		分配金额	9	52	62
按计划成本分配合计			146 160	110 000	256 160
辅助生产实际成本			141 400	116 000	257 400
辅助生产成本差异			−4.76	+6	+1.24

辅助生产实际成本：

供水车间实际成本=139 200+2 200=141 400（元）

运输车间实际成本=95 000+21 000=116 000（元）

根据辅助生产费用分配表编制会计分录如下：

（1）按计划成本分配

借：制造费用——供水车间　　2 200（元）

——运输车间　　21 000（元）

——基本生产车间　　149 000（元）

管理费用　　21 500（元）

销售费用　　62 460（元）

贷：辅助生产成本——供水　　146 160（元）

——运输　　110 000（元）

（2）结转辅助生产车间的制造费用

借：辅助生产成本——供水　　29 200（元）

——运输　　47 200（元）

贷：制造费用——供水车间　　29 200（元）

——运输车间　　47 200（元）

（3）结转辅助生产成本差异

为了简化核算，辅助生产成本差异记入“管理费用”科目。

借：管理费用　　1 240（元）

贷：辅助生产成本——供水　　4 760（元）

——运输　　6 000（元）

现将上例中“辅助生产成本”“制造费用”科目的明细科目记录（简化格式）进行列示，如图 7-1 所示。

辅助生产成本
——供水车间

待分配费用（元）	112 200	分配转出	146 160
转入制造费用（元）	29 200	成本差异	4 760
合计（元）	141 400	合计	141 400

辅助生产成本
——运输车间

待分配费用（元）	68 800	分配转出	110 000
转入制造费用（元）	47 200	成本差异	6 000
合计（元）	116 000	合计	116 000

制造费用
——供水车间

待分配费用（元）	27 000	分配转出	29 200
交互分配转入（元）	2 200		
合计（元）	29 200	合计	29 200

制造费用
——运输车间

待分配费用（元）	26 200	分配转出	47 200
交互分配转入（元）	21 000		
合计（元）	47 200	合计	47 200

图 7－1　科目记录示意

采用计划成本分配法，由于辅助生产车间的产品或劳务的计划单位成本有现成资料，只要有各受益单位耗用辅助生产车间的产品或劳务量，便可进行分配，从而简化和加速了分配的计算工作；按照计划单位成本分配，排除了辅助生产实际费用的高低对各受益单位成本的影响，便于考核和分析各受益单位的经济责任；还能够反映辅助生产车间产品或劳务的实际成本脱离计划成本的差异。采用该种分配方法，要求辅助生产产品或劳务的计划单位成本比较准确。

第三节　成本的作用

一、成本是补偿生产经营耗费的尺度

企业生产经营的成本是衡量其耗费的尺度，为确保企业能持续运营，必须对生产经营的费用进行补偿。企业作为商品生产者和经营者，其生产经营费用通过销售收入来补偿，这是企业自负盈亏的特点。成本就是衡量补偿费用大小的标准。一旦企业取得销售收入，必须将相应的成本部分划分出来，用以弥补生产经营中的资金消耗，以确保资金周转能够继续按原有规模进行。如果企业不能按照成本来补偿生产经营费用，资金短缺将导致生产经营规模的缩减。成本也是划分生产经营费用和企业利润的依据。在一定的销售收入范围内，成本越低，企业利润就越高。可以看出，成本在衡量生产经营费用尺度方面发挥着重要的作用，并对经济发展产生着重要影响

二、成本是体现企业工作质量的重要指标

作为一项综合性经济指标，成本能够直接或间接地反映出企业经营管理中各方面工作的业绩。例如，产品设计的优劣、生产工艺的合理程度、固定资产的有效利用、原材料的节约与浪费、劳动生产率的高低、产品质

量、产量的增减以及供产销各环节的协调等，都可以通过成本直接或间接地体现出来。由于成本综合反映企业工作质量的指标，所以可以通过对成本的计划、控制、监督、考核和分析等手段来推动企业及其内部各单位加强经济核算，努力改进管理，降低成本，提高经济效益。举例来说，通过正确确定和认真执行企业及内部各单位的成本计划指标，可以事先控制成本水平，监督各项费用的日常开支，促使企业和内部各单位努力降低各种开支。同样，通过成本的对比和分析，可以及时发现物化劳动和活劳动消耗上的节约或浪费情况，总结经验，找出工作中的薄弱环节，并采取措施挖掘潜力，合理地使用人力、物力和财力，从而降低成本，提高经济效益。

三、成本是制定产品价格的重要因素

在商品经济中，产品价格代表着产品的货币价值。产品的价格应该大致反映其价值水平。无论是国家还是企业，在制定产品价格时都应遵循价值规律的基本要求。然而，目前我们还不能直接准确计算产品的价值，只能通过计算成本来间接、相对地了解产品的价值。因此，成本成为制定产品价格的一个重要因素。当然，确定产品价格是一项复杂的工作，需要考虑众多因素，例如国家的价格政策和其他经济政策、不同产品之间的比价关系、产品在市场上的供求关系以及市场竞争态势等。因此，成本只是在制定产品价格时的一个重要因素，还需要结合其他因素来进行综合考量。

四、成本是企业决策的重要依据

在社会主义市场经济条件下，企业为了提高市场竞争能力和经济效益，必须做出正确的生产经营决策。在进行这些决策时，有许多因素需要考虑，而成本是其中主要的因素之一。成本的高低在价格等其他因素一定的前提下，直接影响企业的盈利水平，较低的成本能够使企业在市场竞争中处于有利的地位。在企业决策过程中，很多方面都需要使用不同的成本数据。例如，决定是否生产某种新产品需要考虑成本，决定是否停产亏损产品也需要考虑成本。企业还需要在自制和外购之间做出选择，这也需要考虑成本。特殊订单、产品组合、最优生产批量、生产工艺、赶工，以及供应商选择等都需要借助成本数据来做出决策。

因此，成本在企业的决策过程中扮演着至关重要的角色，对于企业的经营决策和整体运营产生着深远的影响。只有通过综合考虑成本因素，企业才能在竞争激烈的市场环境中取得优势，提高经济效益，实现持续发展。

思考与练习

一、简答题

1. 简述费用按经济内容的分类。

2. 简述费用按经济用途的分类。

3. 何为成本项目？为什么要设置成本项目？设置成本项目应遵循什么原则？

4. 各种辅助生产费用分配方法的特点、适用范围和优缺点是什么？如何进行分配？

5. 甲公司是一个能源消耗较多的企业，能源方面的费用在产品成本中所占的比重很大。该公司设有3个基本生产车间以及锅炉车间和汽车运输队两个辅助生产部门。其中3个基本生产车间的规模都比较大，生产的产品品种都比较多；在两个辅助生产部门中，锅炉车间的规模较大，而汽车运输队的规模较小。

讨论：从简化核算的角度出发，该公司辅助生产部门的成本核算应如何设账？

二、计算题

甲公司拥有机修和运输两个辅助生产车间，2008年5月各车间发生的费用见表7-16（分配率保留2位小数）：

表7-16　2008年5月各车间产生的费用

辅助生产车间名称		运输车间	机修车间
待分配费用		24 000元	47 000元
供应劳务数量		80 000千米	94 000小时
耗用劳务数量	运输车间		4 000小时
	机修车间	5 000千米	
	基本一车间	30 000千米	46 000小时
	基本二车间	25 000千米	34 000小时
	企业管理部门	20 000千米	10 000小时

要求：分配辅助生产费用，并编制与其有关的会计分录。

第八章 >>>

成本核算概述及方法

本章提要

本章在介绍成本核算概述及核算程序的基础上，促使学生了解产品成本核算的基本方法和辅助方法，帮助他们更好地掌握成本核算的步骤。并且理解成本核算需要注意的原则和成本核算的意义有哪些，更进一步掌握成本核算。

重点难点

-理解成本核算的一般程序
-掌握品种法、分步法和分批法计算原理、步骤
-掌握分类法、定额法和标准成本法的计算原理

第一节 成本核算概述

一、成本核算概述及要求

（一）成本核算概述

成本核算是指将企业在生产经营过程中发生的各种耗费按照一定的对象进行分配和归集，以计算总成本和单位成本。成本核算通常以会计核算为基础，以货币为计算单位。成本核算是成本管理的重要组成部分，对于企业的成本预测和企业的经营决策等存在直接影响。进行成本核算，首先审核生产经营管理费用，看其是否已发生，是否应当发生，已发生的是否应当计入产品成本，实现对生产经营管理费用和产品成本直接的管理和控制。其次对已发生的费用按照用途进行分配和归集，计算各种产品的总成本和单位成本，为成本管理提供真实的成本资料。

（二）成本核算要求

1. 做好各项基础工作

2. 正确划分各种费用支出的界限

根据生产特点和管理要求选择适当的成本计算方法。产品成本的计算，关

键是选择适当的产品成本计算方法。

3. 遵守一致性原则

在成本核算中，各种处理方法要前后一致，使前后各项的成本资料相互可比。

4. 编制产品成本报表

企业一般应当按月编制产品成本报表，全面反映企业生产成本、成本计划执行情况、产品成本及其变动情况等。

二、成本核算的原则

（一）合法性原则

合法性原则指计入成本的费用都必须符合法律、法令、制度等的规定，不合规定的费用不能计入成本。

（二）可靠性原则

可靠性原则包括真实性和可核实性。真实性就是所提供的成本信息与客观的经济事项相一致，不应掺假，或人为地提高、降低成本。可核实性指成本核算资料按一定的原则由不同的会计人员加以核算，都能得到相同的结果。真实性和可核实性是为了保证成本核算信息的正确可靠。

（三）相关性原则

相关性原则包括成本信息的有用性和及时性。有用性是指成本核算要为管理当局提供有用的信息，为成本管理、预测、决策服务。及时性是强调信息取得的时间性。及时的信息反馈，便于及时地采取措施，改进工作。

（四）分期核算原则

企业为了取得一定期间所生产产品的成本，必须将川流不息的生产活动按一定阶段（如月、季、年）划分为各个时期，分别计算各期产品的成本。成本核算的分期，必须与会计年度的分月、分季、分年相一致，这样便于利润的计算。

（五）权责发生制原则

权责发生制原则，凡是本期已经实现收入和已经产生或应当负担的费用，不论其款项是否已经收付，都应作为当期的收入和费用处理；凡是不属于当期的收入和费用，即使款项已经在当期收付，都不应作为当期的收入和费用。权责发生制属于会计要素确认计量方面的要求，它解决收入和费用何时予以确认及确认多少的问题。

（六）实际成本计价原则

生产所耗用的原材料、燃料、动力要按实际耗用数量的实际单位成本计算、完工产品成本的计算要按实际发生的成本计算。原材料、燃料、产成品的账户可按计划成本（或定额成本、标准成本）加、减成本差异，以调整到实际成本。

（七）一致性原则

成本核算所采用的方法，前后各期必须一致，以使各期的成本资料有统一的口径，前后连贯，相互可比。

（八）重要性原则

对于成本有重大影响的项目应作为重点，力求精确。而对于那些不太重要的琐碎项目，则可以从简处理。

三、成本核算的一般程序步骤

成本核算的一般程序步骤指从生产费用产生开始，到算出完工产品总成本和单位成本为止的整个成本计算的步骤。成本核算程序一般分为以下几个步骤：

（一）生产费用支出的审核

对产生的各项生产费用支出，应根据国家、上级主管部门和该企业的有关制度、规定进行严格审核，以便对不符合制度和规定的费用，以及各种浪费、损失等加以制止或追究经济责任。

（二）确定成本计算对象和成本项目，开设产品成本明细账

企业的生产类型不同，对成本管理的要求不同，成本计算对象和成本项目也就有所不同，应根据企业生产类型的特点和对成本管理的要求，确定成本计算对象和成本项目，并根据确定的成本计算对象开设产品成本明细账。

（三）进行要素费用的分配

对发生的各项要素费用进行汇总，编制各种要素费用分配表，按其用途分配计入有关的生产成本明细账。对能确认某一成本计算对象耗用的直接计入费用，如直接材料、直接工资，应直接记入“生产成本－基本生产成本”账户及其有关的产品成本明细账；对于不能确认某一费用，则应按其产生的用途进行归集分配，分别记入“制造费用”“生产成本－辅助生产成本”和“废品损失”等综合费用账户。

（四）进行综合费用的分配

对记入“制造费用”“生产成本－辅助生产成本”和“废品损失”等账户的综合费用，月终采用一定的分配方法进行分配，并记入“生产成本－基本生产成本”以及有关的产品成本明细账。

（五）进行完工产品成本与在产品成本的划分

通过要素费用和综合费用的分配，所产生的各项生产费用均已归集在“生产成本－基本生产成本”账户及有关的产品明细账中。不存在在产品的情况下，产品成本明细账所归集的生产费用即为完工产品总成本；存在在产品的情

况下，就需将产品成本明细账所归集的生产费用按一定的划分方法在完工产品和月末在产品之间进行划分，从而计算出完工产品成本和月末在产品成本。

（六）计算产品的总成本和单位成本

在品种法、分批法下，产品成本明细账中计算出的完工产品成本即为产品的总成本；分步法下，则需根据各生产步骤成本明细账进行顺序逐步结转或平行汇总，才能计算出产品的总成本。以产品的总成本除以产品的数量，就可以计算出产品的单位成本。

四、成本核算的意义

成本核算主要以会计核算为基础，以货币为计算单位。

成本核算是成本管理工作的重要组成部分，它是将企业在生产经营过程中发生的各种耗费按照一定的对象进行分配和归集，以计算总成本和单位成本。成本核算的正确与否，直接影响企业的成本预测、计划、分析、考核和改进等控制工作，同时也对企业的成本决策和经营决策的正确与否产生重大影响。成本核算过程，是对企业生产经营过程中各种耗费如实反映的过程，也是为更好地实施成本管理进行成本信息反馈的过程，因此，成本核算对企业成本计划的实施、成本水平的控制和目标成本的实现起着至关重要的作用。

做好计算成本工作，首先要建立健全原始记录；建立并严格执行材料的计量、检验、领发料、盘点、退库等制度；建立健全原材料、燃料、动力、工时等消耗定额；严格遵守各项制度规定，并根据具体情况确定成本核算的组织方式。

通过成本核算，可以检查、监督和考核预算和成本计划的执行情况，反映成本水平，对成本控制的绩效以及成本管理水平进行检查和测量，评价成本管理体系的有效性，研究在何处可以降低成本，进行持续改进。

第二节　产品成本核算的基本方法

为了适应不同类型生产特点和成本管理的要求，在产品成本计算工作中有3种不同的成本计算对象：产品品种、产品批别和产品的生产步骤。因而以成本计算对象为主要标志的产品成本计算的基本方法也有3种。

一、品种法

品种法是以产品品种作为成本计算对象来归集生产费用、计算产品成本的一种方法。由于品种法不需要按批计算成本，也不需要按步骤来计算半成品成本，因而这种成本计算方法比较简单。品种法主要适用于大批量单步骤生产的企业，或者虽属于多步骤生产，但不要求计算半成品成本的小型企业。品种法一般按月定期计算产品成本，也不需要在产成品和半成品之间分配生产费用。

（一）品种法的主要特点

1. 成本计算对象

品种法以产品品种作为成本计算对象，并据以设置产品成本明细账归集生产费用和计算产品成本。如果企业生产的产品不止一种，就需要以每一种产品作为成本计算对象，分别设置产品成本明细账。

2. 成本计算期

由于大量大批的生产是不间断的连续生产，无法按照产品的生产周期来归集生产费用、计算产品成本，因而只能定期按月计算产品成本，从而将本月的销售收入与产品生产成本配比，计算本月损益。因此，产品成本是定期按月计算的，与报告期一致，与产品生产周期不一致。

3. 费用在完工产品与在产品之间的分配

如果是大量大批的简单生产采用品种法计算产品成本，由于简单生产是一个生产步骤就完成了整个生产过程，所以月末（或者任何时点）一般没有在产品，因此，计算产品成本时不需要将生产费用在完工产品和在产品之间进行分配；如果是管理上不要求分步骤计算产品成本的大量大批的复杂生产采用品种法计算产品成本，由于复杂生产是需要经过多个生产步骤的生产，所以月末（或者任何时点）一般生产线上都会有在产品，因此，计算产品成本时就需要将生产费用在完工产品和在产品之间进行分配。

【例 8-1】某公司设有一个基本生产车间，单步骤大量生产 A、B 两种产品。此外还设有供水和机修两个辅助生产车间。该公司 2021 年 6 月的有关资料为：甲产品月末在产品 40 件，加工程度为 50%，本月完工产品 200 件；乙产品月末无在产品本月完工产品 300 件。A、B 产品均为开工时一次性领料，工、料费用的产生随加工程度增加。该公司产品成本核算如下。

1. 各要素费用的发生与分配

根据原始凭证及有关资料，可以按用途和部门编制各种费用分配表（具体见表 8-1 至表 8-7），进行要素费用的归集和初次分配。

表 8-1 材料费用分配表（一）

单位：元

项目	原材料及主要材料	辅助材料	燃料	合计
基本生产成本—A 产品	26 000	400		26 400
—B产品	22 000	800		22 800

（续）

项目	原材料及主要材料	辅助材料	燃料	合计
小计	48 000	1 200		49 200
辅助生产成本—供水车间	400	120	60	580
—机修车间	300	80	40	420
小计	700	200	100	1 000
制造费用		600	304	904
管理费用		220	110	330
合计	48 700	2 220	514	51 434

表 8-2　外购电力费用分配表（二）

单位：元

项目	耗用量（千瓦时）			单价	金额
	动力用	照明用	合计		
基本生产成本—A 产品	5 600		5 600	0.3	1 680
—B 产品	4 000		4 000	0.3	1 200
小计	9 600		9 600		2 880
辅助生产成本—供水车间	2 800	360	3 160	0.3	948
—机修车间	2 200	360	2 560	0.3	768
小计	5 000	720	5 720		1 716
制造费用		960	960	0.3	288
管理费用		520	520	0.3	156
合计	14 600	2 200	16 800		5 040

表 8-3　工资和提取的职工福利分配表（三）

单位：元

项目	基本工资及补助	职工福利费	合计
基本生产成本—A 产品	24 360	2 880	27 240
—B 产品	21 204	2 440	23 644
小计	45 564	5 320	50 884
辅助生产成本—供水车间	3 780	456	4 236
—机修车间	4 620	532	5 152
小计	8 400	988	9 388
制造费用	2 000	250	2 250
管理费用	1 616	212	1 828
合计	57 580	6 770	64 350

表 8-4　折旧和提取的大修理费分配表（四）

单位：元

项目	基本生产成本	辅助生产成本		管理费用	合计
		供水车间	机修车间		
折旧	920	330	420	456	2 126
大修理费用	460	184	240	246	1 130

表 8-5　其他费用分配表（五）

单位：元

项目	差旅费	办公费	运输费	合计
基本生产成本	232			232
辅助生产成本—供水车间		36		36
—机修车间			44	44
管理费用		112		112
合计	232	148	44	424

表 8-6　预提费用分配表（六）

单位：元

项目	金额
财务费用（利息支出）	380

表 8-7　待摊费用分配表（七）

单位：元

项目	金额
制造费用-基本生产车间（低值易耗品）	624

表 8-1 至表 8-7 清楚地展示了各要素费用的产生情况（如按用途和部门进行的费用归集），从而为下一步的费用分配奠定基础。

2. 归集和分配辅助生产费用

将上述费用分配表中归集的、应记入“辅助生产成本”账户的各项辅助生产费用汇总反映在辅助生产成本明细账中（表 8-8 和表 8-9）。

表 8-8　辅助生产成本明细账

部门：供水车间　　　　单位：元

2021 年	凭证号	摘要	直接材料	工资及福利费用	制造费用	结转	金额
6.30		根据分配表（一）	520		60		

（续）

2021年	凭证号	摘要	直接材料	工资及福利费用	制造费用	结转	金额
6.30		根据分配表（二）	840		108		
6.30		根据分配表（三）		4 236			
6.30		根据分配表（四）			330		
6.30		根据分配表（四）			184		
6.30		根据分配表（五）			36		
6.30		待分摊费用小计	1 360	4 236	718		6 314
6.30		根据分配表（八）				6 314	
6.30		合计	1 360	4 236	718	6 314	

表8-9　辅助生产成本明细账

部门：机修车间　　单位：元

2021年	凭证号	摘要	直接材料	工资及福利费用	制造费用	结转	金额
6.30		根据分配表（一）	380		40		
6.30		根据分配表（二）	660		108		
6.30		根据分配表（三）		5 152			
6.30		根据分配表（四）			420		
6.30		根据分配表（四）			240		
6.30		根据分配表（五）			44		
6.30		待分摊费用小计	1 040	5 152	852		7 044
6.30		根据分配表（八）				7 044	
6.30		合计	1 040	5 152	852	7 044	

对汇总反映在辅助生产成本明细账中的辅助生产费用，再按一定的方法（本例采用直接分配法）在各受益对象之间进行分配（表8-10），从而形成产品成本计算的依据。

表8-10　辅助生产费用分配表（八）

（直接分配法）

单位：元

项目		基本生产成本			制造费用（基本生产车间）	管理费用	合计
		A产品	B产品	小计			
供水车间	耗水量（立方米）	17 000	12 000	29 000	1 900	670	31 570
	分配率（元/立方米）						（6 314/31 570）0.2
	金额（元）	3 400	2 400	5 800	380	134	6 314

（续）

项目		基本生产成本			制造费用（基本生产车间）	管理费用	合计
		A产品	B产品	小计			
机修车间	耗电量（千瓦时）	1 100	1 100	2 200	685	285	3 170
	分配率（元/千瓦时）						（7 044/3 170）2.22
	金额（元）	2 444	2 444	4 888	1 520.7	635.3	7 044
合计		5 844	4 844	10 688	1 900.7	769.3	13 358

3. 归集和分配基本生产车间的制造费用

根据上述分配表归属属于基本生产车间的制造费用（表 8－11）。

表 8－11 制造费用明细账

部门：基本生产车间　　　　单位：元

摘要	工资及福利费用	折旧费	大修理费	机物消耗费	劳保费	水电费	其他	结转
根据分配表（一）				904				
根据分配表（二）						288		
根据分配表（三）	2 250							
根据分配表（四）		920	460					
根据分配表（五）							232	
根据分配表（七）					624			
根据分配表（八）							1 900.7	
费用小计	2 250	920	460	904	624	288	2 132.7	
根据分配表（九）								7 578.7
合计	2 250	920	460	904	624	288	2 132.7	7 578.7

对汇总反映在制造费用明细账中的制造费用，再按一定的标准（本例以基本生产车间机器工时为分配标准）在甲、乙两种产品之间进行分配(表 8－12）从而形成产品成本计算的依据。

表 8-12　基本生产车间制造费用分配表（九）

单位：元

项目	生产工时（小时）	分配金额（分配率 2.097）
基本生产成本—A 产品	1 950	4 089.15
—B 产品	1 664	3 489.55
合计	3 614	7 578.70

4. 汇总、计算产品成本

公司在产品生产过程中所产生的各项费用经过以上归集和分配，最终汇总到各产品的名下（表 8-13 和表 8-14），这些费用还要在完工产品和月末在产品之间进行分配（采用约当产量法）才能最终计算完工产品的总成本和单位成本。

表 8-13　产品成本计算单

产品名称：A 产品　　单位：元

2021 年	凭证号	摘要	成本项目			合计
			直接材料	直接人工	制造费用	
6.01		月初在产品成本	7 850	3 670	1 124	12 644
6.30		根据分配表（一）	26 400			26 400
6.30		根据分配表（二）	1 680			1 680
6.30		根据分配表（三）		27 240		27 240
6.30		根据分配表（八）			5 844	5 844
6.30		根据分配表（九）			4 089.15	4 089.15
6.30		本月生产费用小计	28 080	27 240	9 933.15	65 253.15
6.30		生产费用合计	35 930	30 910	11 057.15	77 897.15
6.30		结转完工产品成本	29 940	28 100	10 052	68 092
6.30		单位成本	149.7	140.5	50.26	340.46
6.30		月末在产品成本	5 990	2 810	1 005.15	9 805.15

表 8-14　产品成本计算单

产品名称：B 产品　　单位：元

2021 年	凭证号	摘要	成本项目			合计
			直接材料	直接人工	制造费用	
6.01		月初在产品成本	2 922	780	228	3 930
6.30		根据分配表（一）	22 800			22 800

（续）

2021年	凭证号	摘要	成本项目			合计
			直接材料	直接人工	制造费用	
6.30		根据分配表（二）	1 200			1 200
6.30		根据分配表（三）		23 644		23 644
6.30		根据分配表（八）			4 842	4 842
6.30		根据分配表（九）			3 489.55	3 489.55
6.30		本月生产费用小计	24 000	23 644	8 331.55	55 975.55
6.30		生产费用合计	26 922	24 424	8 559.55	59 905.55
6.30		结转完工产品成本	26 922	24 424	8 559.55	59 905.55
6.30		单位成本	89.74	81.41	28.53	199.68

根据上述成本计算单（亦称基本生产成本明细账）的结果可知：A 产品的单位成本是 340.46 元，B 产品的单位成本是 199.68 元。

二、分批法

分批法是以产品的批次或订单作为成本计算对象来归集生产费用、计算产品成本的一种方法。分批法主要适用于单件和小批的多步骤生产。分批法的成本计算期是不固定的，一般把一个生产周期（即从投产到完工的整个时期）作为成本计算期，定期计算产品成本。由于在未完工时没有产成品，完工后又没有在产品，产成品和在产品不会同时并存，因而也不需要把生产费用在产成品和在产品之间进行分配。

（一）分批法的主要特点

1. 成本计算对象

在分批法下，成本计算对象是产品的批别（单件生产为件别），因此，采用分批法计算产品成本，要以产品的批别（或件别）为对象来设置产品成本明细账。在小批和单件生产中，产品的种类和每批产品的数量，大多是根据购买单位的订单规定的，因而按批、按件计算产品成本，往往也就是按照订单计算产品成本，因此，分批法也称订单法。但是在有些情况下，企业需要考虑产品订单的具体情况、生产组织的合理性以及成本考核、分析的要求，并据此来决定生产组织和成本计算的批别，比如说：

如果一张订单中要求生产好几种产品，为了便于考核分析各种产品的成本计划执行情况，加强生产管理，就要将该订单按照产品的品种划分成几个批别组织生产来进行成本计算。

如果一张订单中只要求生产一种产品，但数量极大，超过企业的生产负荷能力，或者购货单位要求分批交货的，也可将该订单分为几个批别组织生产来进行成本计算。

如果一张订单中只要求生产一种产品，但该产品属于价值高、生产周期长的大型复杂产品（如大型船舶），也可将该订单按产品的零部件分为几个批别组织生产来进行成本计算。

如果在同一时期接到的几张订单要求生产的都是同一种产品，而且数量都不多，为了更经济合理地组织生产，也可将这几张订单合为一批组织生产来进行成本计算。

在上述情况下，成本计算的对象不是购货单位的订单，而是企业生产计划部门签发下达的生产任务通知单。在生产任务通知单中应对该批生产任务进行编号，称为产品批号或生产令号。会计部门应根据产品批号设立产品成本明细账，进行成本计算。

2. 成本计算期

采用分批法计算产品成本的企业，虽然各批产品的成本计算单仍按月归集生产费用，但是只有在该批产品全部完工时才能计算其实际成本。由于各批产品的生产复杂程度不同、质量数量要求也不同，生产周期也就各不相同。有的批次当月投产，当月完工；有的批次要经过数月甚至数年才能完工。可见完工产品的成本计算因各批次的生产周期而异，是不定期的。所以，分批法的成本计算期与产品的生产周期一致，与会计报告期不一致。

3. 费用在完工产品与在产品之间的分配

在单件或小批量生产中，购货单位要求一次交货的情况下，每批产品要求同时完工。这样该批产品完工前的成本明细账上所归集的生产费用，即为在产品成本；完工后的成本明细账上所归集的生产费用，即为完工产品成本。因此在通常情况下，生产费用不需要在完工产品和在产品之间分配。

如果批内产品存在跨月陆续完工的情况，在产品月末计算产品成本时，就有必要在完工产品与在产品之间分配费用。如果批内产品跨月陆续完工的情况不多，完工产品数量占批量比重较小时，可以按计划单位成本、定额单位成本或近期相同产品的实际单位成本计算本月完工产品的成本，并据此将其从成本账中转出。如果批内产品跨月陆续完工的情况较多，完工产品数量占批量比重较大时，为了提高成本计算的准确性，应采用适当的方法（如约当产量比例法等），进行完工产品月末在产品之间的费用分配。

【例 8－2】某公司按照购货单位的要求，小批生产某些产品，采用分批法计算产品成本。该厂 7 月投产甲产品 10 件，批号为 701，8 月全部完工；8 月投产乙产品 60 件，批号为 801。产品成本计算单如表 8－15 和表 8－16 所示，各种费用的归集和分配过程省略。

表 8-15　产品成本计算单

批号：701；甲产品 10 件　　　　单位：元

项目	直接材料	直接人工	制造费用	合计
7 月末余额	12 000	900	3 400	16 300
8 月发生费用				
根据材料费用分配表	4 600			4 600
根据工资费用分配表		1 700		1 700
根据制造费用分配表			8 000	8 000
合计	16 600	2 600	11 400	30 600
结转产成品（10 件）成本	16 600	2 600	11 400	30 600
单位产品成本	1 660	260	1 140	3 060

表 8-16　产品成本计算单

批号：801；乙产品 60 件　　　　单位：元

项目	直接材料	直接人工	制造费用	合计
8 月发生费用				
根据材料费用分配表	18 000			18 000
根据工资费用分配表		1 650		1 650
根据制造费用分配表			4 800	4 800
合计	18 000	1 650	4 800	24 450
结转产成品（40 件）成本	12 000	1 320	3 840	17 160
单位产品成本	300	33	96	429
月末在产品成本	6 000	330	960	7 290

由于 701 批产品 8 月全部完工，因此发生的产品生产费用合计即为完工产品总成本。801 批产品月末部分完工，而且完工产品数量占总指标的比重较大，应采用适当的方法，将产品生产费用在完工产品与在产品之间进行分配。本例由于材料费用在生产开始时一次性投入，因此材料费用按完工产品和在产品的实际数量比例分配，其他费用则按约当产量法分配。

1. 材料费用按完工产品数量和在产品数量比例分配

材料费用分配率＝18 000/(40＋20)＝300（元/件）

产成品应分担的产品费用＝40×300＝12 000（元）

在成品应分担的产品费用＝20×300＝6 000（元）

2. 其他费用则按约当产量法分配

（1）计算 801 批乙产品的约当产量，如表 8-17 所示

表 8 - 17　乙产品约当产量计算单

工序	完工程度	在产品（件）		完工产品（件）	产量合计（件）
	(1)	(2)	(3)=(1)×(2)	(4)	(5)=(3)+(4)
1	15%	4	0.6		
2	25%	4	1		
3	70%	12	8.4		
合计	—	20	10	40	50

(2) 直接人工费用按约当产量法分配

直接人工费用分配率=1 650/(40+10)=33（元/件）

产成品应负担的直接人工费用=40×33=1 320（元）

在产品应负担的直接人工费用=10×33=330（元）

(3) 制造费用按约当产量法分配

制造费用分配率=4 800/(40+10)=96（元/件）

产成品应负担的制造费用=40×96=3 840（元）

在产品应负担的制造费用 10×96=960（元）

将各项费用分配结果记入 801 批乙产品成本计算单（表 8 - 16），即可计算出乙产品的产成品成本和月末在产品成本。

三、分步法

分步法是按产品的生产步骤来归集生产费用、计算产品成本的一种方法。分步法适用于大量或大批的多步骤生产。分步法由于生产的数量大，在某一时间上往往既有已完工的产成品，又有未完工的在产品和半成品，不可能等全部产品完工后再计算成本。因而分步法一般是按月定期计算成本，并且要把生产费用在产成品和半成品之间进行分配。

（一）分步法的主要特点

1. 成本计算对象

在分步法下，应以某种产品的某一生产步骤单独耗用，还是产品的多个生产步骤共同耗用为标准来区分是直接计入费用还是间接计入费用。对于直接计入费用，应直接计入有关产品成本明细账的相关成本项目，对于间接计入费用，应选择适当的分配标准在有关生产步骤之间进行分配，将分配结果分别计入有关产品成本明细账的相关成本项目。

在实际工作中，生产步骤的划分与实际的生产步骤不一定一致。企业可根据管理的要求和简化核算的原则，只对管理上要求分步计算成本的生产步骤，设置产品生产成本明细账，单独计算成本；对管理上不要求分步计算成本的生产步骤，则可以与其他生产步骤合并计算成本。如果企业的生产规模较大，车间内又有几个生产步骤且管理上要求分步骤计算时，可在车间内再分几个步骤计算成本；否则，可将几个车间合并为一个生产步骤计算成本。

2. 成本计算期

在大量、大批、多步骤生产的企业里，生产具有连续性。原材料在各个月份内源源不断地投入，完工产品在各个报告期内源源不断地产出，企业无法明确分辨出产品的间断期。为保证成本核算的及时性，成本计算一般在每月末进行，即成本计算期与生产周期不一致，但与会计报告期一致。

3. 费用在完工产品与在产品之间的分配

由于大量、大批、多步骤生产的产品往往跨月陆续完工，月末各步骤一般都存在未完工的在产品。因此，在计算成本时，还需要采用适当的分配方法，将汇集在各种产品、各生产步骤产品成本明细账中的生产费用，在完工产品与在产品之间进行分配，计算各产品、各生产步骤的完工产品成本和在产品成本。

4. 各步骤之间成本的结转

在分步法下，由于产品的生产是分步骤进行的，上一步骤的半成品往往构成下一步骤的加工对象，因此在计算最终完工产品及各步骤半成品成本时，还需要将各步骤半成品成本按照产品的品种进行结转，这样在各生产步骤之间进行半成品成本结转的方法就构成了分步法的重要特点之一。

在实际工作中，根据成本管理对各生产步骤成本资料的不同要求（是否要计算半成品成本）和简化核算工作的要求，各生产步骤成本的计算和结转，一般可采用逐步结转分步法和平行结转分步法两种。

（二）逐步结转分步法和平行结转分步法

1. 逐步结转分步法

逐步结转分步法是按照产品加工的顺序，逐步计算并结转半成品成本，直到最后加工步骤才计算出产成品成本的一种方法。按照产品加工顺序，先计算第一个加工步骤的半成品成本，然后结转给第二个加工步骤，把第一个加工步骤转来的半成品成本加上第二个加工步骤耗用的材料和加工费用，即可求得第二个加工步骤的半成品成本。按如此顺序逐步转移累计，直到最后一个加工步骤才能计算出产成品成本。逐步结转分步法是为了分步计算半成品成本而采用的一种分步法，也称计算半成品成本分步法。

（1）逐步结转分步法的特点

逐步结转分步法在完工产品与在产品之间分配费用，是指各步骤完工产品与在产品之间的分配。其优点是：能提供各个生产步骤的半成品成本资料；为各生产步骤的在产品实物管理及资金管理提供资料，能够全面地反映各生产步骤的生产耗费水平，更好地满足各生产步骤成本管理的要求。其缺点是：成本结转工作量较大，各生产步骤的半成品成本如果采用逐步综合结转方法，还要进行成本还原，增加核算的工作量。

这种方法适用于大量、大批、连续复杂生产的企业。这种企业不仅产成品作为商品对外销售，生产步骤所产半成品也经常作为商品对外销售。例如，钢铁厂的生铁、钢锭，纺织厂的棉纱等都需要计算半成品成本。

逐步结转分步法按照成本在下一步骤成本计算单中的反映方式，还可以分为综合结转和分项结转两种方法。这里仅就综合结转加以介绍。

（2）逐步综合结转分步法

综合结转法是指上一步骤转入下一步骤的半成品成本，以“直接材料”或专设的“半成品”账户综合列入下一步骤的成本计算单。如果半成品通过半成品库收发，由于各月所生产半成品的单位成本不同，因此所耗半成品的单位成本可以如同材料核算一样，采用先进先出或加权平均等方法计算。综合结转可以按照半成品的实际成本结转，也可以按照半成品的计划成本结转。这里仅就按实际成本综合结转举例说明。

【例 8－3】假定丙产品的生产分两步在两个车间进行，第一车间为第二车间提供半成品，半成品收发通过半成品库进行。两个车间的月末在产品均按定额成本计价。成本计算程序如下：

第一，根据各种费用分配表、半成品产量月报和第一车间在产品定额成本资料（这些费用的归集和分配与品种法相同，故过程省略，下同），登记丙产品（半成品）第一车间成本计算单，如表 8－18 所示。

表 8－18　丙产品（半成品）**成本计算单**

部门：第一车间　　　　2021 年 3 月　　　　单位：元

项目	产量（件）	直接材料	直接人工	制造费用	合计
月初在产品定额成本		12 040	3 500	4 200	19 740
本月生产费用		41 400	14 720	20 400	76 520
合计		53 440	18 220	24 600	96 260
完工半成品转出	400	36 240	13 220	18 600	68 060
月末在产品定额成本		17 200	5 000	6 000	28 200

第二，根据第一车间丙产品（半成品）成本计算单、半成品入库单和第二车间领用半成品的领用单登记半成品明细账，如表 8－19 所示。

第三，根据各种费用分配表、产成品产量月报和第二车间在产品定额成本资料（这些费用的归集和分配与品种法相同）登记丙产品（半成品）第二车间成本计算单，如表 8－20 所示。

表 8-19 半成品明细账

单位：元

月份	月初余额		本月增加		合计			本月减少	
	数量（件）	实际成本	数量（件）	实际成本	数量（件）	实际成本	单位成本	数量（件）	实际成本
7	180	28 800	400	68 060	580	96 860	167	400	66 800
8	180	30 060							

表 8-20 丙产品（产成品）成本计算单

单位：元

项目	产量（件）	直接材料	直接人工	制造费用	合计
月初在产品定额成本		32 000	7 000	8 000	47 000
本月生产费用		66 800	16 800	17 600	101 200
合计		98 800	23 800	25 600	148 200
产成品转出	500	82 800	20 300	21 600	124 700
单位成本		165.6	40.6	43.2	249.4
月末在产品定额成本		16 000	3 500	4 000	23 500

采用逐步结转分步法结转半成品成本，各步骤所耗半成品的成本是以“直接材料”账户综合反映的，这样计算出的产品成本不能提供按原始成本项目反映的成本资料。通过上面第二车间产品成本明细账的资料可以看出，逐步结转半成品成本以后，表现在产品成本中的绝大部分费用是最后一个步骤所耗半成品的费用。直接人工和制造费用只是最后一个步骤产生的费用，在产品成本中所占比重很小，这显然不符合产品成本构成的实际情况，不能据此从整个企业角度分析和考核产品成本的构成和水平。因此，在管理上要求从整个企业的角度分析和考核产品成本的构成和水平时，还应将逐步结转计算出的产成品成本进行还原。

（3）成本还原

成本还原就是把各步骤所耗半成品成本逐步进行分解，还原为“直接材料”“直接人工”“制造费用”等账户，以便提供按原始成本项目反映的产品成本资料。成本还原一般采用逆序法，即从最后一个步骤开始，将各加工步骤产成品成本中所耗上一步骤所产半成品的成本按成本还原率逐步分解，还原为“直接材料”“直接人工”“制造费用”等账户，以得到按原始成本项目反映的产品成本资料。成本还原率的计算公式如下：

成本还原率＝本月产成品所耗上一步骤半成品费用/上一步骤本月所产该种半成品成本总计

以成本还原率分别乘以上一步骤本月所产各种半成品各个成本项目的费用，即可将本月产成品所耗该种半成品的成本进行分解、还原；然后将还原前的产成品成本与产成品成本中半成品费用的还原值按照成本项目相加即可，还原后产成品单位成本等于还原后产成品总成本除以产成品产量。

【例 8－4】 接 8－3 的数据，对产品成本进行还原。

首先，计算成本还原率。

成本还原率＝82 800/68 060＝1.216 6

产成品所耗半成品费用中的直接材料＝36 240×1.216 6＝44 089.58（元）

产成品所耗半成品费用中的直接人工＝13 220×1.216 6＝16 083.45（元）

产成品所耗半成品费用中的制造费用＝82 800－44 089.58－16 083.45
＝22 626.97（元）

其次，编制成本还原计算单，如表 8－21 所示。

表 8－21　成本还原计算单

产品名称：丙产品　　　　产量：500 件　　　　单位：元

项目	还原前产成品总成本	上步骤本月完工半成品成本	成本还原率	产成品成本中的半成品成本	还原后产成品总成本	还原后产成品单位成本
	（1）	（2）	（3）	（4）	（5）＝（1）＋（4）	（6）＝（5）/总产量
半成品	82 800		1.216 6	－82 800		
直接材料		36 240		44 089.58	44 089.58	88.18
直接人工	20 300	13 220		16 083.45	36 383.45	72.77
制造费用	21 600	18 600		22 626.97*	44 226.97	88.45
合计	124 700	68 060			124 700	249.40

* 产成品所耗半成品费用中的“制造费用”账户金额按本月产成品所耗上一步骤半成品费用减去还原出的直接材料和直接人工计算求得，是为了避免由于分配率保留小数位不同可能造成的还原项目之和与还原前费用总和之间形成差额。

由表 8－21 可知，将成本还原后，产成品的成本构成与表 8－20 中有很大不同，通过成本还原将产成品的成本构成恢复到实际状况。

2. 平行结转分步法

平行结转分步法是指在计算各步骤成本时，不计算各步骤所产半成品成本，也不计算各步骤所耗上一步骤的半成品成本，而只计算本步骤发生的各项其他费用以及这些费用中应计入当期完工产品成本的“份额”。期末，将相同产品的各步骤成本明细账中的这些份额平行结转、汇总，即可计算出该种产品的产成品成本。应当注意的是，平行结转分步法下的在产品是广义在产品，即没有最终完工的产品都称为在产品。它不仅包括本步骤没有完工的产品，还包括本步骤已完工但没有最终完工的产品。

与逐步结转分步法相比，平行结转分步法大大减少了核算工作量，能加速成本计算工作，但因其与半成品实物流转不一致，因此，不能提供各个步骤的半成品资料，不利于半成品。

【例 8-5】某企业生产丁产品，生产工程分两步在两个车间进行，第一车间为第二车间提供半成品，第二车间加工为产成品。各种生产费用归集与分配过程省略，数字在各成本计算单中列示。产成品和月末在产品之间分配费用的方法采用定额比例法：材料费用按定额材料费用比例分配，其他费用按定额工时比例分配。

第一，有关丁产品的定额资料详见表 8-22。

第二，根据丁产品的定额资料、各种生产费用分配表和产成品交库单，登记第一、第二车间的产品成本计算单，详见表 8-23 和表 8-24。

表 8-22　丁产品的定额资料

单位：元

项目	月初在产品		本月投入		本月产成品				
	定额材料费用	定额工时（小时）	定额材料费用	定额工时（小时）	单件定额		产量（件）	定额材料费用	定额工时（小时）
					材料费用	工时（小时）			
第一车间份额	10 560	4 880	6 400	2 800	50	30	200	10 000	6 000
第二车间份额		2 600		6 910		40	200		8 000
合计	10 560	7 480	6 400	9 710	50	70	200	10 000	14 000

表 8-23　产品成本计算单

部门：第一车间　　　　产品：丁产品　　　　单位：元

项目	产成品产量（件）	原材料		定额工时（小时）	工资及福利费用	制造费用	成本合计
		定额	实际				
月初在产品		10 560	11 210	4 880	5 020	9 810	26 040
本月生产费用		6 400	7 446	2 800	4 196	6 318	17 960
合计		16 960	18 656	7 680	9 216	16 128	44 000
费用分配率			1.1		1.2	2.1	
产成品成本中本步骤份额	200	10 000	11 000	6 000	7 200	12 600	30 800
月末在产品		6 960	7 656	1 680	2 016	3 528	13 200

表 8－24　产品成本计算单

部门：第二车间　　　　　　　　产品：丁产品　　　　　　　　单位：元

项目	产成品产量（件）	原材料		定额工时（小时）	工资及福利费用	制造费用	成本合计
		定额	实际				
月初在产品				2 600	2 910	4 870	7 780
本月生产费用				6 910	7 551	7 493	15 044
合计				9 510	10 461	12 363	22 824
费用分配率					1.1	1.3	
产成品成本中本步骤份额	200			8 000	8 800	10 400	19 200
月末在产品				1 510	1 661	1 963	3 624

①定额材料费用和定额工时，根据丁产品定额资料计算登记。月末没有盘点在产品，月末在产品定额资料是根据月初在产品定额资料、本月投入定额资料和产成品定额资料，采用倒挤的方法计算求得的。

②本月生产费用即本步骤为生产丁产品产生的各项生产费用，应根据各种生产费用分配表登记。由于原材料是在生产开始时一次性投入，采用平行结转分步法在各生产步骤间不结转半成品成本，因此只有第一车间有材料费用（定额和实际），第二车间没有本月耗用的半成品费用。

③费用分配率计算。采用定额比例法在完工产品与在产品之间分配费用，应首先计算费用分配率，其中，材料费用按定额材料费用比例分配，其他各项费用均按定额工时比例分配。

第三，将第一、第二车间产品成本计算单中应计入产成品成本的份额，平行汇总丁产品成本汇总表，详见表 8－25。

表 8－25　丁产品成本汇总表

单位：元

项目	产量（件）	原材料	工资及福利费用	制造费用	成本合计
第一车间份额	200	11 000	7 200	12 600	30 800
第二车间份额	200		8 800	10 400	19 200
合计	200	11 000	16 000	23 000	50 000
单位成本	200	55	80	115	250

这种方法的优点是：各步骤可以同时计算产品成本，平行汇总计入产成

品成本，不必逐步结转半成品成本；能够直接提供按原始成本项目反映的产品成本资料，不必进行成本还原，因此能够简化和加速成本计算工作。缺点是：不能提供各个步骤的半成品成本资料；在产品的费用在产品最后完工以前，不随实物转出而转出，即不按其所在的地点登记，而按其发生的地点登记，因而不能为各个生产步骤在产品的实物管理和资金管理提供资料；各生产步骤的产品成本不包括所耗半成品费用，因而不能全面地反映各该步骤产品的生产耗费水平（第一步除外），不能更好地满足这些步骤成本管理的要求。

第三节　产品成本核算的辅助方法

除上述三种基本方法外，企业还可以根据自己的实际情况和不同需要，应用一些产品成本计算的辅助方法。例如，在产品品种、规格繁多的企业，如针织厂、灯泡厂等，为了简化成本计算工作，可以采用分类法。在定额管理工作基础好，产品已经定型的企业，为了配合定额管理工作，更好地发挥成本核算在成本管理中的作用，可以采用定额法。为了加强成本控制正确评价企业生产经营业绩，实现产品成本的标准化管理，可以采用标准成本法等。

一、分类法

分类法是按照产品类别归集生产费用，计算产品成本的一种方法。分类法不是单独的方法，一般结合品种法使用。分类法的特点是按产品类别归集生产费用，计算各类产品成本；以及将该类产品成本按一定分配方法在类内不同品种（或规格）之间分配。

分类法作为产品成本计算的一种辅助方法，与产品生产的类型无直接关系，即凡是产品品种、规格繁多，又可以按照一定标准（产品结构、耗用原材料和工艺过程等）将产品划分为若干类的企业或车间，为了简化成本计算工作，均可以采用分类法计算产品成本。此外，对于一些所用原材料和工艺过程不一定完全相同，但其规格多、数量和费用比重小的零星产品，如为协作单位生产的少量零部件等，为了简化核算，也可以将它们归为一类，采用分类法计算成本。

分类法的计算程序：第一步将企业产品划分为不同类别（划分标准：产品的结构所用原材料和工艺过程）；第二步是以产品类别为成本计算对象归集费用，按月计算该类完工产品成本；第三步是按一定分配方法计算各产品成本。

【例 8-6】某企业生产的 A、B、C 三种产品的结构、所用原材料和工艺过程基本相同，合并为一类（甲类），采用分类法计算成本。各种产品之间分配费用的标准为：直接材料费用按各种产品的直接材料费用系数分配，直接材料费用系数按直接材料费用定额确定；其他费用按定额工时比例分配。

与 A、B、C 三种产品成本计算有关的数据以及成本计算过程如下：

1. 根据直接材料费用定额计算直接材料费用系数，详见表 8－26

表 8－26　计算直接材料费用系数

单位：元

产品名称	单位产品直接材料费用				直接材料费用系数
	原材料名称或编号	消耗定额（千克）	计划单价	费用定额	
A（标准产品）	1 011	200	0.5	100	1
	2 021	100	0.8	80	
	3 112	170	1	170	
	合计			350	
B	1 011	180	0.5	90	280/350＝0.8
	2 021	50	0.8	40	
	3 112	150	1	150	
	合计			280	
C	1 011	250	0.5	125	385/350＝1.1
	2 021	100	0.8	80	
	3 112	180	1	180	
	合计			385	

2. 按产品类别（甲类）开设产品成本明细账

根据各项生产费用分配表登记产品成本明细账，计算该类产品成本（完工产品与在产品之间的费用分配采用在产品按定额成本计价法），详见表 8－27。

表 8－27　产品成本明细账

产品名称：甲类　　　　2021 年 6 月　　　　单位：元

摘要	直接材料	直接人工	制造费用	成本合计
月初在产品成本	19 950	8 000	12 000	39 950
本月费用	896 300	52 930	72 645	1 021 875
生产费用合计	916 250	60 930	84 645	1 061 825
产成品成本	892 800	49 500	67 500	1 009 800
月末在产品成本	23 450	11 430	17 145	52 025

3. 分配计算甲、乙、丙三种产品的产成品成本

根据各种产品的产量、原材料费用系数和工时消耗定额，分配计算甲类

A、B、C 三种产品的产成品成本，详见表 8－28。

表 8－28　各种产成品成本计算表

单位：元

项目	产量（件）	直接材料费用系数	直接材料费用总系数	工时消耗定额	定额工时	直接材料	直接人工	制造费用	成本合计
(1)	(2)	(3)	(4)＝(2)×(3)	(5)	(6)＝(2)×(5)	(7)＝(4)×分配率	(8)＝(6)×分配率	(9)＝(6)×分配率	(10)
分配率						360	11	15	
A产品	1 000	1	1 000	1.8	1 800	360 000	19 800	27 000	406 800
B产品	750	0.8	600	2	1 500	216 000	16 500	22 500	255 000
C产品	800	1.1	880	1.5	1 200	316 800	13 200	18 000	348 000
合计			2 480		4 500	892 800	49 500	67 500	1 009 800

表 8－28 中各种费用分配率的计算如下：

直接材料费用分配率＝892 800/2 480＝360

直接人工费用分配率＝49 500/4 500＝11

制造费用分配率＝67 500/4 500＝15

表 8－28 所示的产品成本计算表中，各项费用的合计数是分配对象，它应该根据该类产品成本明细账中产成品成本一行中的数字填列。表中直接材料费用分配率，应根据直接材料费用合计数除以直接材料费用总系数的合计数计算填列；直接材料费用分配率分别乘以各种产成品的直接材料费用总系数，即可求得各种产成品的直接材料费用。

表 8－28 中的直接人工费用、制造费用的分配率，则应根据各该项费用的合计数，分别除以定额工时的合计数计算填列；以各该项费用分配率，分别乘以各种产成品的定额工时，即可求得各种产成品的各该项费用。

二、定额法

定额法是通过核算产品的定额成本以及各种差异，并在此基础上计算产品实际成本的一种成本计算方法。定额法的特点将成本的计划、控制、核算和分析结合在一起。第一，将事前制定产品的消耗定额、费用定额和定额成本作为降低成本的目标；第二，在生产费用发生的当时，就将符合定额的费用和发生的差异分别核算，以加强对成本差异的日常核算、分析和控制；第三，月末，在定额成本的基础上，加减各种成本差异，计算产品的实际成本，为成本的定期考核和分析提供数据。

由上述定额法的特点可以看出，定额法不仅是一种成本计算方法，同时也是一种成本控制制度。

（一）定额法的计算程序

定额法是为了加强成本管理而采用的一种成本计算的辅助方法。定额法的应用与产品的生产类型并无直接关系，只要企业定额管理工作的基础较好，定额管理制度比较健全，而且产品的生产已经定型，各项消耗定额比较准确、稳定，就可以采用定额法计算产品成本。

定额法的计算程序：第一步按产品品种（或批别、步骤）设置成本计算单；第二步计算各种成本及差异（定额成本、脱离定额差异、定额变动差异、材料成本差异），其中脱离定额差异＝产品实际成本－产品定额成本；定额变动差异＝按旧定额计算的月初在产品费用×(1－按新定额计算的单位产品费用/按旧定额计算的单位产品费用)；材料成本差异＝(材料定额成本±材料脱离定额差异)×材料成本差异率；第三步是划分完工产品和在产品费用。

【例 8－7】某厂生产甲产品，采用定额法计算产品成本，产品定额成本根据部件定额卡计算产品消耗定额。

9 月份月初在产品 60 件，成本构成见表 8－29：

表 8－29　产品定额明细表

单位：元

项目	直接材料	直接人工	制造费用	合计
定额成本	1 980	1 200	5 400	8 580
脱离定额差异	－176	18	60	－98

本月 1 日起调整材料消耗定额，每单位产品直接材料费用定额由 33 元调整为 30 元。月初在产品定额成本调整的数额与计入产品实际成本的定额变动差异之和等于零。

当月投产量 500 件，月末在产品 100 件；8 月份材料实际耗用量 2 800 千克，计划耗用量 3 000 千克，材料计划单价 5 元/千克，材料成本差异率为节约 1.3%，实际工时 1 050，实际人工费用 10 290 元，实际制造费用 46 200 元。

1. 月初在产品定额调整

定额变动系数＝新定额/旧定额＝30÷33＝0.909

月初在产品定额变动＝1 980×(1－0.909)＝180（元）

按新定额月初在产品定额调整减少 180 元，但这项费用已开支，必须计入本月产品成本中，即成本计算中，月初在产品定额变动差异应计入 180 元（月初在产品定额成本调整的数额与计入产品实际成本的定额变动差异之和等于零）。

2. 产品定额成本计算汇总见表 8－30

表 8－30　产品定额成本汇总表

单位：元

产品名称	直接材料定额成本	工时消耗定额	直接人工		制造费用		定额成本合计
			计划工资率	定额成本	计划费用率	定额成本	
甲产品	15 000	1 000	10	10 000	45	45 000	70 000

3. 脱离定额差异

（1）直接材料：(2 800－3 000)×5＝－1 000（元）

（2）直接人工：10 290－10 000＝290（元）

（3）制造费用：46 200－45 000＝1 200（元）

4. 材料成本差异

(材料定额成本±材料脱离定额差异)×材料成本差异率＝(15 000－1 000)×(－1.3%)＝－182（元）

5. 产品实际成本计算

产品实际成本计算如表 8－31 所示。

表 8－31　产品成本计算表

产品名称：甲产品　　月初 60 件、本月投产 500 件、月末在产 100 件　　单位：元

成本项目		直接材料	直接人工	制造费用	合计
月初在产品成本	定额成本（1）	1 980	1 200	5 400	8 580
	脱离定额差异（2）	－176	18	60	－98
月初在产品定额变动	定额成本调整（3）	－180			－180
	定额变动差异（4）	180			180
本月生产费用	定额成本（5）	15 000	10 000	45 000	70 000
	脱离定额差异（6）	－1 000	290	1 200	490
	材料成本差异（7）	－182			－182
生产费用合计	定额成本(8)＝(1)＋(3)＋(5)	16 800	11 200	50 400	78 400
	脱离定额差异(9)＝(2)＋(6)	－1 176	308	1 260	392
	材料成本差异(10)＝(7)	－182			－182
	定额变动差异(11)＝(4)	180			180

（续）

成本项目		直接材料	直接人工	制造费用	合计
差异分配率	脱离定额差异分配率 (12)=(9)/(8)	−7%	2.75%	2.5%	
产成品成本	定额成本（13）	13 800	9 200	41 400	64 400
	脱离定额差异 (14)=(13)×(12)	−966	253	1 035	322
	材料成本差异 (15)=(10)	−182			−182
	定额变动差异 (16)=(11)	180			180
	实际成本(17)=(13)+(14)+(15)+(16)	12 832	9 453	42 435	64 720
月末在产品成本	定额成本(18)=(8)−(13)	3 000	2 000	9 000	14 000
	脱离定额差异(19)=(9)−(14)	−210	55	225	70

（二）定额法的优缺点

1. 定额法的主要优点

①在日常核算中，能够在生产耗费发生的当时反映和监督脱离定额（或计划）的差异，从而提高了成本控制的及时性和有效性。

②由于产品实际成本是按照定额成本和各种差异分别核算的，它所提供的核算资料更为丰富和有用，更有利于产品成本的定期分析。

③核算所提供的各种脱离定额差异和定额变动差异的资料，对于分析评价进而提高成本的定额管理和计划管理水平有重要的作用。

④由于有现成的定额成本资料，因而能够较为合理、简便地解决完工产品和月末在产品之间分配费用的问题。

2. 定额法的主要缺点

采用定额法计算产品成本，必须制定定额成本，及时、详细地核算脱离定额的差异，在定额变动时还必须修订定额成本，计算定额变动差异。因此，定额法的主要缺点是核算工作量较大。

三、标准成本法

标准成本法也称标准成本制度或标准成本会计，是以预先制定的标准成本为基础，将实际发生的成本与标准成本进行比较，核算和分析成本差异的一种成本计算方法，也是加强成本控制、评价经营业绩的一种成本控制制度。标准成本法的核心是按标准成本与脱离标准成本的差异记录和反映产品成本的形成过程和结果，并借以实现对成本的控制。其主要特点包括：第一，预先制定产品各成本项目的标准成本；第二，按标准成本进行产品成本核算，“基本生产成本”“产成品”“自制半成品”科目的借贷方，均按标准成本入账；第三，计算各成本项目实际成本与标准成本的各种成本差异，设立各种成本差异科目进行归集，并借以对产品成本进行控制和考核。

由上述特点可以看出，标准成本法并不单纯是一种成本计算方法，而是一种将成本计算和成本控制相结合，包括制定标准成本、计算和分析成本差异、处理成本差异三个环节的完整系统。

（一）标准成本的种类

1. 理想标准成本和正常标准成本

标准成本按其制定所依据的生产技术和经营管理水平，分为理想标准成本和正常标准成本。理想标准成本是指在最优的生产条件下，利用现有的规模和设备能够达到的最低成本。制定理想标准成本的依据，是理论上的业绩标准、生产要素的理想价格和可能实现的最高生产经营能力利用水平。因其提出的要求太高，不宜作为考核的依据。正常标准成本是指在效率良好的条件下，根据下期一般应该发生的生产要素消耗量、预计价格和预计生产经营能力利用程度制定出来的标准成本。这里所谓的“正常”，一般是指过去较长时期的实际数据的平均。这种标准成本只是根据过去经验估计的，往往不能反映目前的实际水平，用它来控制成本也不够积极。

2. 现行标准成本和基本标准成本

标准成本按其适用期，分为现行标准成本和基本标准成本。现行标准成本，是指根据其适用期间应该发生的价格、效率和生产经营能力利用程度等预计的标准成本。在这些决定因素变化时，需要按照改变了的情况加以修订。这种标准成本可以作为评价实际成本的依据，也可以用来对存货和销货成本计价。基本标准成本是指一经制定，只要生产的基本条件无重大变化，就不予变动的一种标准成本。基本标准成本与各期实际成本对比，可反映成本变动的趋势。如果基本标准成本不按各期实际进行动态修订，就不宜用来直接评价工作效率和成本控制的有效性。

（二）标准成本的制定

标准成本一般是由会计部门会同采购部门、生产技术部门和其他有关经营管理部门，在对企业生产经营的具体条件进行分析、研究和技术测定的基础上共同制定的。产品成本一般由直接材料、直接人工和制造费用三个成本项目组成，因此，企业也应根据这些成本项目的特点，分别制定标准成本。

1. 直接材料标准成本的制定

直接材料标准成本的制定，包括直接材料用量标准的制定和直接材料价格标准的制定两个方面。

直接材料用量标准是指单位产品应该消耗的材料数量，即产品的材料消耗定额。直接材料用量标准通常应根据产品的设计、生产工艺状况，并结合企业的经营管理水平、降低材料消耗的可能性等条件制定。

直接材料的价格标准，是预计下一年度实际需要支付的进料单位成本，包括发票价格、运费、检验和正常损耗等成本，是取得材料的完全成本。

2. 直接人工标准成本的制定

直接人工标准成本的制定，包括工时标准的制定和标准工资率的制定两个方面。

直接人工的用量标准是单位产品的标准工时。确定单位产品所需的直接生产工时，需要按产品的加工工序分别进行，然后汇总。标准工时是指在现有生产技术条件下，生产单位产品所需要的时间，包括直接加工操作必不可少的时间、必要的间歇和停工（如工间休息、设备调整准备时间）、不可避免的废品耗用工时等。标准工时应以作业研究和时间研究为基础，参考有关统计资料来确定。

直接人工的价格标准是指标准工资率。它可能是预定的工资率，也可能是正常的工资率。如果采用计件工资制，标准工资率是预定的每件产品支付的工资除以标准工时，或者是预定的小时工资；如果采用月工资制，需要根据月工资总额和可用工时总量来计算标准工资率。

3. 制造费用标准成本的制定

制造费用的标准成本是按部门分别编制，然后将同一产品涉及的各部门单位制造费用标准加以汇总，得出整个产品制造费用标准成本。按照变动成本法的原理，制造费用有变动制造费用和固定制造费用之分，因此，各部门的制造费用标准成本分为变动制造费用标准成本和固定制造费用标准成本两部分。

（1）变动制造费用标准成本的制定

变动制造费用标准成本的制定，包括工时标准的制定和变动制造费用标准分配率的制定两个方面。变动制造费用的价格标准是单位工时变动制造费用的标准分配率，它根据变动制造费用预算和直接人工总工时计算求得。

变动制造费用标准分配率＝变动制造费用预算总数/直接人工标准总工时

变动制造费用标准成本＝单位产品直接人工标准工时×变动制造费用标准分配率

（2）固定制造费用标准成本的制定

在变动成本法下，固定制造费用作为期间成本全部计入当期损益，因而不包括在产品成本中。在完全成本法下，固定制造费用要在产品之间进行分配，因而需要制定单位产品的固定制造费用标准成本。

固定制造费用的用量标准与变动制造费用的用量标准相同，包括直接人工工时、机器工时、其他用量标准等，并且两者要保持一致，以便进行差异分析。这个标准的数量在制定直接人工用量标准时已经确定。

固定制造费用标准分配率＝固定制造费用预算总额/直接人工标准总工时

在确定了用量标准和价格标准之后，两者相乘，即可得出固定制造费用的标准成本：

固定制造费用标准成本＝单位产品直接人工标准工时×固定制造费用标准分配率

（三）成本差异的计算和分析

成本差异是实际成本与标准成本之间的差额。实际成本超过标准成本所形成的差异，叫不利差异、逆差或超支；实际成本低于标准成本所形成的差异，叫有利差异、顺差或节约。计算分析成本差异的主要目的，在于查明差异形成的原因，以便及时采取措施消除不利差异，并为成本控制、考核和奖惩提供依据。

成本差异包括直接材料成本差异、直接人工成本差异和制造费用差异三部分。其中，制造费用差异又可分为变动制造费用差异和固定制造费用差异。下面分别讲述这些差异的计算和分析。

1. 直接材料成本差异的计算与分析

直接材料成本差异，是指一定产量产品的直接材料实际成本与直接材料标准成本之间的差额。直接材料成本差异，由直接材料价格差异和直接材料用量差异两部分构成。

直接材料价格差异，是指由于材料实际价格脱离标准价格而形成的材料成本差异。其计算公式为：

直接材料价格差异＝(实际价格×实际用量)－(标准价格×实际用量)
＝(实际价格－标准价格)×实际用量

直接材料用量差异，是指由于材料的实际用量脱离标准用量而形成的直接材料成本差异。其计算公式为：

直接材料用量差异＝(标准价格×实际用量)－(标准价格×标准用量)

＝(实际用量－标准用量)×标准价格

【例 8－8】 甲公司制造 M 产品需用 A、B 两种直接材料，标准价格分别为 6 元/千克、12 元/千克，单位产品的标准用量分别为 16 千克/件、12 千克/件；本期共生产甲产品 1 800 件，实际耗用 A 材料 28 000 千克、B 材料 23 000 千克，A、B 两种材料的实际价格分别为 5.5 元/千克、13 元/千克。

直接材料成本差异计算分析如下：

A 材料价格差异＝(5.5－6)×28 000＝－14 000（元）（有利差异）

B 材料价格差异＝(13－12)×23 000＝23 000（元）（不利差异）

M 产品直接材料价格差异＝9 000（不利差异）

A 材料标准用量＝1 800×16＝28 800（千克）

B 材料标准用量＝1 800×12＝21 600（千克）

A 材料用量差异＝(28 000－28 800)×6＝－4 800（元）（有利差异）

B 材料用量差异＝(23 000－21 600)×12＝16 800（元）（不利差异）

M 产品直接材料用量差异＝12 000（元）（不利差异）

产品直接材料成本差异＝9 000＋12 000＝21 000（元）（不利差异）

在计算得出差异的基础上，可据此进一步分析原因，落实责任。一般来说，直接材料价格差异应由采购部门负责，因为材料购买价格的高低、采购费用的高低，采购部门大体上是可以控制的。但是，决定材料价格的因素是多方面的，有些引起材料价格变动的因素会超出采购部门的控制范围。例如，因市场供求关系变化所引起的价格变动，就是采购部门所不能控制的。直接材料的用量差异一般应由控制用料的生产部门负责。因为在正常情况下，产品耗用某种材料数量的多少、加工过程中必不可少的材料损耗的大小，生产部门大体上是可以控制的。但是，影响材料耗用量的因素也是多方面的。

总之，由影响直接材料价格差异和用量差异因素的多样性所决定，在进行直接材料成本差异分析时，应从实际出发，认真分析产生差异的具体原因，以便有针对性地采取改进措施。

2. 直接人工成本差异的计算与分析

直接人工成本差异，是指一定产量产品的直接人工实际成本与直接人工标准成本之间的差额。直接人工成本差异，由直接人工工资率差异和直接人工效率差异两部分构成。

直接人工工资率差异，是指由于直接人工的实际工资率脱离标准工资率而形成的人工成本差异。其计算公式为：

直接人工工资率差异＝(实际工资率×实际工时)－(标准工资率×实际工时)
＝(实际工资率－标准工资率)×实际工时

直接人工效率差异，是指由于直接人工实际工时脱离标准工时而形成的人工成本差异。其计算公式为：

直接人工效率差异＝(标准工资率×实际工时)－(标准工资率×标准工时)
＝(实际工时－标准工时)×标准工资率

【例 8－9】甲公司本期生产 M 产品 1 800 件，只需一个工种加工，实际耗用 11 600 小时，实际工资总额 92 800 元；标准工资率为每小时 8.5 元，单位产品的工时耗用标准为 6.3 小时。

直接人工成本差异计算分析如下：

标准工时＝1 800×6.3＝11 340（小时）

实际工资率＝92 800/11 600＝8（元/小时）

直接人工工资率差异（8－8.5)×11 600＝－5 800（元）（有利差异）

直接人工效率差异＝(11 600－11 340)×8.5＝2 210（元）（不利差异）

直接人工成本差异＝－3 590 元（有利差异）

如果生产一种产品需经几个工种加工，则应先对每个工种进行上述的计算分析，然后加总。工资率差异的形成原因主要有工资的调整，直接生产工人升级或降级，出勤率的变化等。其成因较为复杂，一般应由劳动人事部门或生产部门负责。人工效率差异形成的原因主要有工人技术的熟练程度和责任感、加工设备的完好程度、作业计划安排是否周密、工作环境是否良好、动力供应情况等。

3. 变动制造费用差异的计算与分析

变动制造费用差异，是指一定产量产品的实际变动制造费用与标准变动制造费用之间的差额。变动制造费用差异，由变动制造费用耗费差异和变动制造费用效率差异两部分组成。

在成本差异分析中，变动制造费用耗费差异类似于材料价格差异和直接人工工资率差异；变动制造费用效率差异类似于材料用量差异和直接人工效率差异。

计算公式如下：

变动制造费用耗费差异＝(实际分配率×实际工时)－(标准分配率×实际工时)
＝(实际分配率－标准分配率)×实际工时

变动制造费用效率差异=(标准分配率×实际工时)-

(标准分配率×标准工时)

=(实际工时-标准工时)×标准分配率

【例 8-10】甲公司本期生产 M 产品 1 800 件，实际耗用人工工时 11 600 小时，实际发生变动制造费用 46 400 元，单位产品的工时耗用标准为 6.3 小时，变动制造费用标准分配率为每一个直接人工工时 4.5 元。

对变动制造费用差异分析如下：

标准工时=1 800×6.3=11 340（小时）

变动制造费用实际分配率=46 400/11 600=4（元/小时）

变动制造费用耗费差异=(4-4.5)×11 600

=-5 800（元）（有利差异）

变动制造费用效率差异=(11 600-11 340)×4.5

=1 170（元）（不利差异）

变动制造费用差异=-4 630 元（有利差异）

变动制造费用是一个综合性费用项目，对其差异应结合构成变动制造费用的具体明细项目作进一步的分析。在实际工作中，通常根据变动制造费用弹性预算的明细项目，结合同类项目的实际发生数进行对比分析，从而找出差异的原因及责任归属。

应当指出的是，变动制造费用效率差异实际上反映的是产品制造过程中的工时利用效率问题，在分析时应结合直接人工效率差异进行分析。

4. 固定制造费用差异的计算与分析

固定制造费用差异，是指一定期间的实际固定制造费用与标准固定制造费用之间的差额，其计算公式为：

固定制造费用成本差异=实际固定制造费用-实际产量标准固定制造费用

=实际固定制造费用-实际产量×工时标准×标准费用分配率

=实际固定制造费用-实际产量标准工时×标准费用分配率

由于固定制造费用总额一般不受产量变动的影响，因此，产量变动会对单位产品所负担的固定制造费用产生影响。这就是说，实际产量与设计生产能力规定的产量或预算规定的产量的差异会对产品应负担的固定制造费用产生影响。所以，固定制造费用差异的分析方法与其他费用成本差异的分析方法有所不同。固定制造费用的成本差异分析方法主要有两差异分析法和三差异分析法两种。

（1）两差异分析法。两差异分析法将固定制造费用成本差异区分为耗费差

异和能量差异两种成本差异

固定制造费用耗费差异是指实际固定制造费用与固定制造费用预算总额之间的差异。固定制造费用预算总额是按预算产量和工时标准、标准费用分配率事前确定的固定制造费用。该成本差异的计算公式为：

固定制造费用耗费差异＝实际固定制造费用－固定制造费用预算总额
＝实际固定制造费用－预算产量×工时标准×标准费用分配率
＝实际固定制造费用－预算产量标准工时×标准费用分配率

固定制造费用能量差异是指由于设计或预算的生产能力利用程度的差异而导致的成本差异，即实际产量标准工时脱离设计或预算产量标准工时而产生的成本差异。其计算公式为：

固定制造费用能量差异＝(预算产量标准工时－实际产量标准工时)×标准费用分配率

【例 8-11】 甲公司本月 M 产品预算产量为 2 000 件，实际产量为 1 800 件；固定制造费用预算总额为 91 000 元，实际产生固定制造费用为 92 000 元；预算总工时为 13 000 小时，实际耗用工时为 11 600 小时；工时标准为 6.3 小时，固定制造费用标准分配率为每小时 7 元。

根据以上资料，固定制造费用成本差异计算如下：

固定制造费用耗费差异＝92 000－91 000＝1 000（元）（不利差异）

固定制造费用能量差异＝(13 000－1 800×6.3)×7＝11 620（元）（不利差异）

（2）三差异分析法

三差异分析法是将固定制造费用的成本差异区分为耗费差异、能力差异和效率差异三种成本差异。其中，耗费差异与两差异分析法中的相同，其计算公式仍为：

固定制造费用耗费差异＝实际固定制造费用－固定制造费用预算总额

能力差异是指实际产量实际工时脱离预算产量标准工时而引起的生产能力利用程度差异而导致的成本差异。其计算公式为：

固定制造费用能力差异＝(预算产量标准工时－实际产量实际工时)×标准费用分配率

效率差异是指因生产效率差异导致的实际工时脱离标准工时而产生的成本差异。其计算公式为：

固定制造费用效率差异＝(实际产量实际工时－实际产量标准工时)×标准费用分配率

【例 8-12】 沿用例 8-11 的资料。采用三差异分析法，计算固定制造费用成本差异。

固定制造费用成本差异计算如下：

固定制造费用耗费差异＝92 000－91 000＝1 000（元）（不利差异）

固定制造费用能力差异＝(13 000－11 600)×7

＝9 800（元）（不利差异）

固定制造费用效率差异＝(11 600－1 800×6.3)×7

＝1 820（元）（不利差异）

由以上可以看出，三差异分析法的能力差异与效率差异之和，等于两差异分析法的能量差异。因此，采用三差异分析法，能够较清楚地说明生产能力利用程度和生产效率高低所导致的成本差异情况，便于分清责任。固定制造费用也是一个综合性的费用项目，因此，为了较准确地查明差异产生的原因，必须将固定制造费用各项目的预算数与其实际发生数进行对比，以便逐项分析原因和责任。

固定制造费用耗费差异的出现有外部原因，但大多数是内部原因，如临时购置固定资产，超计划雇用管理人员及辅助生产人员，研究开发费、培训费的增加等。

固定制造费用能力差异的出现主要是由于产销数量引起的，如经济萧条、产品定价过高造成销路不好和开工不足，或原材料、能源供应不足造成生产能力利用不充分。

固定制造费用效率差异出现的原因与直接人工效率差异的形成原因相同，主要应由人事部门和管理部门负责。

思考与练习

一、简答题

1. 什么是品种法、分批法和分步法？它们在适用范围上有何不同？
2. 什么是成本还原？如何进行成本还原？
3. 什么是逐步结转分步法和平行结转分步法？各有什么优缺点？
4. 简述分类法、定额法的特点及计算程序。
5. 简述标准成本的分类。

二、计算题

1. 某企业生产甲、乙两种产品，原材料在生产开始时一次性投入，采用品种法计算产品成本。假定两种产品未单独领用原材料，也未单独耗用直接人工。两种产品共同耗用的材料按定额耗用量比例分配，直接人工和制造费用按实际工时比例分配。其他资料如下：

(1) 甲产品初期无在产品；乙产品初期在产品成本为：直接材料 13 200 元，直接人工 4 600 元，制造费用 1 200 元。

(2) 甲产品原材料的定额耗用量为 2 500 千克，乙产品为 4 000 千克，两种产品耗用原材料的实际成本为 66 300 元；甲产品实际工时为 16 000 小时，乙产品实际工时为 26 000 小时；两种产品耗用的直接人工合计为 16 800 元，制造费用合计为 6 300 元。

(3) 甲产品完工 1 000 件，无期末在产品；乙产品直接材料之外的其他费用按约当产量法在完工产品与在产品之间进行分配，本月完工 2 100 件，期末在产品 1 500 件（完工程度为 60%）。

要求：

①编制各种费用的分配表。

②编制甲、乙两种产品的成本计算单，计算完工产品总成本和单位成本。

2. 某企业生产丙产品经过两个生产步骤，第一步骤的半成品直接交由第二步骤使用，一件丙产品耗用 2 件半成品。假定第一步骤本月转出半成品 200 件总成本为 70 000 元，其中，直接材料 50 000 元，直接人工 8 000 元，制造费用 12 000 元；第二步骤本期完工丙产品 80 件，总成本为 72 000 元，其中，半成品 56 000 元，直接人工 6 000 元，制造费用 10 000 元。要求：进行还原并计算完工产品成本。

3. 某企业按照购货单位的要求，小批生产某些产品，采用分批法计算产品成本。该企业 5 月投产 A 产品 10 件，批号为 501，6 月全部完工；6 月投产 B 产品 60 件，批号为 601。产品成本计算单如表 8－32 和表8－33 所示。

表 8－32　产品成本计算单

批号：501　　　　A产品 10 件　　　　单位：元

项目	直接材料	直接人工	制造费用	合计
5月末余额	12 000	900	3 400	16 300
6月发生费用				
据材料费用分配表	4 600			4 600
据工资费用分配表		1 700		1 700
据制造费用分配表			8 000	8 000
合计				
结转产成品 10 件成本				
单位产品成本				

表 8-33　产品成本计算单

批号：601　　　　B产品 60 件　　　　单位：元

项目	直接材料	直接人工	制造费用	合计
6 月发生费用				
据材料费用分配表	18 000			18 000
据工资费用分配表		1 650		1 650
据制造费用分配表			4 800	4 800
合计				
结转产成品 40 件成本				
单位产品成本				
月末在产品成本				

由于B产品原材料在生产开始时一次投入，因此原材料费用按完工产品和在产品的实际数量比例分配，而其他费用则按约当产量法进行分配。

要求：根据上述资料分配费用并编制 501 批 A 产品成本计算单、601 批 B 产品成本计算单。

4. 丁产品采用定额法计算产品成本，其原材料费用如下：

(1) 月初在产品：定额原材料费用为 1 800 元，原材料脱离定额差异为节约 30 元（即−30 元，下同），月初在产品原材料定额费用调整后降低 200 元。定额变动差异全部由完工产品负担。

(2) 本月发生：原材料定额费用为 5 400 元，脱离定额差异为 100 元。本月完工产品的定额原材料费用为 4 800 元。

(3) 本月原材料成本差异率为 1%，原材料成本差异全部由完工产品成本负担。

要求：

(1) 计算月末在产品的原材料定额费用。

(2) 计算原材料脱离定额差异分配率（脱离定额差异按定额费用比例在完工产品和月末在产品之间分配）。

(3) 计算本月原材料费用的材料成本差异。

(4) 计算本月完工产品的原材料实际费用。

(5) 计算月末在产品的原材料实际费用。

第九章 》》》

本量利分析与应用

本章提要

本章在介绍本量利分析基本知识的基础上，讲解盈亏平衡分析以及实现目标利润的相关知识，最后讲解本量利分析的敏感性分析。

重点难点

-盈亏平衡点的计算
-实现目标利润的计算

第一节　本量利分析概述

企业在日常生产和销售决策中常常会碰到这样的难题：本月至少必须生产或销售到多少件产品，企业才能保本或达到预期盈利目标；企业如果想扩大销售是否可以通过降价的方式，至少需要降至多少才可以达成目标。利用本量利分析可以帮助企业解决这些问题。

一、本量利分析的含义

本量利分析是成本-业务量-利润分析的简称，又称 CVP 分析，它是以成本性态分析为基础，研究企业在一定期间内的成本、业务量、利润等变量之间相互关系的一种专门的技术方法。本量利分析的目的在于通过分析短期内产品销售量、销售价格、固定成本、单位变动成本以及产品成本结构等因素的变化对利润的影响，为企业管理人员提供预测、决策等方面的信息。

本量利分析着重研究销售数量、价格、成本和利润之间的数量关系，它所提供的原理、方法在管理会计中有着广泛的用途，同时它又是企业进行决策、计划和控制的重要工具。它与经营是盈利还是亏损相联系，通过对本量利的分析，可为企业或商家规划、控制，乃至决策提供必要的经济信息和相应的分析手段。

作为一种现代管理方法，本量利分析在国内外企业管理中得到了广泛的应用，尤其是在规划企业经济活动和确定经营决策等方面具有重要作用。具体来说，本量利分析可应用于保本点预测分析、目标销售量或目标销售额预测分析、利润预测分析及利润敏感性分析、生产决策和定价决策、不确定性分析、经营风险分析、全面预算编制、责任会计与业绩评价等。

二、本量利分析的基本假设

本量利分析理论建立在一定的假设基础上，这些假设限定了本量利分析的应用范围，且由于各种因素的影响往往与实际情况不相符。如果忽视了这一点，特别是当假设不能成立时，就会造成本量利分析不当，导致做出错误的预测和决策。一般来说，本量利分析有以下几个基本假设：

（一）变动成本假设

这是指假设产品成本是按照变动成本法计算的，即产品成本只是包括变动成本（直接材料、直接人工、变动性的制造费用），而所有的固定成本（管理费用、销售费用、财务费用和固定性的制造费用）全部作为期间成本处理。

（二）相关范围假设

成本按照性态进行划分的基本假设前提是“在一定期间和一定业务量范围内”，这也是固定成本和变动成本划分的前提条件。

1. 期间假设

无论固定成本还是变动成本，其表现出来的固定性和变动性都表现为在特定的期间内，其金额和大小也是在特定的期间内加以计算得到的。一旦固定成本的综合及内容发生了变化，单位变动成本和固定成本总额就会发生变化。

2. 业务量假设

按照成本性态把成本划分为固定成本和变动成本，是在一定业务量范围以内的，一旦业务量的范围被打破，则需要重新计算固定成本总额和单位变动成本。

（三）模型线性假设

在相关范围假设下，固定成本总额和单位变动成本具有不变性，因此成本和业务量之间才能用 $y=a+bx$ 表示，在单价保持不变的前提下，销售收入用 $y=px$ 表示。这一假设排除了在时间和业务量变动的情况下，各生产要素的价格（原料、工资率等）、技术条件、工作效率和生产率以及市场条件变化的可能性。

（四）产销平衡假设

本量利分析法中的“量”指的是销售量而非产量，在销售价格不变的条件下，“量”指的是收入。也就是说，本量利分析法的研究核心是收入和成本之间的对比关系。在变动成本法中，产量这一业务量的变动对固定成本和销售成本都可能产生影响，也就是影响了收入与成本的对比关系。因此，本量利分析法运用的前提必须是产销平衡。

（五）品种结构不变假设

当企业生产一种产品时并不存在品种结构假设的影响，但是在现实生产中，大部分企业是多品种的生产模式。对于生产多种产品的企业，在总销量发生变化时，各种产品的销售额在全部产品总销售额中所占比重不变。基于此，本量利分析法必须建立在品种结构假设的基础上。

上述基本假设是在实际工作中运用本量利分析时必须充分考虑的，要认识到本量利分析自身的局限性。在具体运用本量利分析原理时，应根据变化了的条件，比如经营条件、市场价格等，放宽其基本假设，并及时修正分析结论。

三、本量利分析的基本公式及相关指标

（一）本量利分析的基本公式

成本按性态分析明确了成本与业务量之间的数量关系，以此为基础进一步扩展和延伸，引入利润因素，则可确立成本、业务量和利润三者之间的数量依存关系，这种数量关系用数学方程式来描述就可得到本量利分析的基本公式，即：

税前利润＝销售收入－总成本

＝销售价格×销售量－(变动成本＋固定成本)

＝(销售单价－单位变动成本)×销售量－固定成本

即：

$$P = px - bx - a = (p - b)x - a$$

式中：P ——税前利润

p ——销售单价

b ——单位变动成本

a ——固定成本

x ——销售量

该公式是本量利分析的基本出发点，以后的所有本量利分析可以说都是在

该公式基础上进行的。

（二）本量利分析相关指标的计算

本量利分析中涉及的指标主要有边际贡献、边际贡献率和变动成本率。

1. 边际贡献

边际贡献也称贡献毛益、创利额，是指销售收入减去变动成本后的余额。边际贡献的绝对数有以下两种表现形式：

（1）单位边际贡献

单位边际贡献是指产品的单位售价减去单位产品变动成本后的差额，用公式表示如下：

单位边际贡献＝单位产品售价－单位产品变动成本＝CM＝ $p-b$

单位边际贡献反映了单位产品的创利能力，即每增加一个单位产品的销售可提供的边际贡献。

（2）边际贡献总额

边际贡献总额是指产品的销售收入总额减去变动成本总额后的差额，用公式表示如下：

边际贡献总额＝销售收入总额－变动成本总额

$= TCM = px - bx = (p-b)x$

＝单位边际贡献×销售量＝TCM＝CM×x

基于本量利分析基本公式和边际贡献总额的表现形式，企业的营业利润可表现为：

营业利润＝边际贡献总额－固定成本总额＝P＝$TCM-a$

从上述公式可以看出，边际贡献是企业获得利润的源泉，如果企业销售的产品不能提供边际贡献，就不可能获得利润。但是，销售产品所提供的边际贡献并非营业利润，它首先要用来弥补固定成本，弥补固定成本之后剩余的部分才是企业的营业利润。如果边际贡献不能补偿固定成本，企业则会出现亏损。

2. 边际贡献率和变动成本率

边际贡献率（*CMR*）和变动成本率（*BR*）在管理会计中应用非常广泛，是本量利分析不可或缺的两个指标。其中，边际贡献率是指边际贡献总额占销售收入总额的百分比或单位边际贡献占单位产品售价的百分比，它主要反映了每单位销售额所能提供的边际贡献，用公式表示如下：

$$边际贡献率=\frac{边际贡献总额}{销售收入总额}\times100\%=\frac{单位边际贡献}{单位产品售价}\times100\%$$

与边际贡献率密切相关的另一个指标是变动成本率，它是指变动成本总额占销售收入总额的百分比或单位产品变动成本占单位产品售价的百分比，用公式表示如下：

$$变动成本率=\frac{变动成本总额}{销售收入总额}\times100\%=\frac{单位产品变动成本}{单位产品售价}\times100\%$$

根据边际贡献率和变动成本率的计算公式可得出两者的关系，即：

$$边际贡献率+变动成本率=1$$

上述公式说明了边际贡献率与变动成本率具有互补性质。产品的变动成本率越低，边际贡献率就越高，创利能力就越大；产品的变动成本率越高，边际贡献率就越低，创利能力就越小。

【例 9-1】假定某公司只生产和销售甲产品，已知甲产品的单位产品变动成本为 35 元，单位产品售价为 55 元，每月固定成本为 15 000 元，本月出售甲产品 2 000 件。要求：计算甲产品的单位边际贡献、边际贡献总额、边际贡献率、变动成本率和本月营业利润。

解：根据题中资料计算如下：

单位边际贡献＝55－35＝20（元）

边际贡献总额＝55×2 000－35×2 000＝20×2 000＝40 000（元）

边际贡献率＝20÷55≈36％

变动成本率＝35÷55≈64％

本月营业利润＝40 000－15 000＝25 000（元）

四、本量利关系图

将成本、业务量、销售单价之间的关系反映在平面直角坐标系中就形成了本量利关系图。这种图形，可以非常清楚而直观地反映出固定成本、变动成本、销售量、销售额、盈亏临界点、利润区、亏损区、贡献毛益和安全边际等。根据数据的特征和目的，本量利关系图可以分为传统式、贡献毛益式和利量式三种。

（一）传统式本量利关系图

传统式本量利关系图是最基本、最常见的本量利关系图形。其绘制程序如下：

①在直角坐标系中，以横轴表示销售量，以纵轴表示成本和销售收入。

②绘制固定成本线。在纵轴上找出固定成本数值 a，以此为起点，绘制一条与横轴平行的固定成本线。

③绘制总成本线。以 a 为起点，以单位变动成本为斜率，绘制总成本线。

④绘制销售收入线。以坐标原点（0，0）为起点，以销售单价为斜率，绘制销售收入线。

这样，绘制出的总成本线和销售收入线的交点就是盈亏临界点（BEP）。图 9-1 直观、形象而又动态地反映了销售量、成本和利润之间的关系。

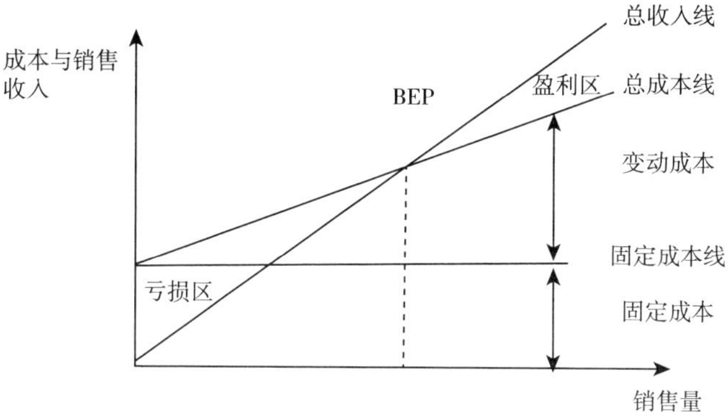

图 9－1　传统式本量利关系图

在传统式本量利关系图的基础上，根据企业管理的不同目的，又派生出贡献毛益式和利量式本量利关系图。

（二）贡献毛益式本量利关系图

贡献毛益式本量利关系图是一种将固定成本置于变动成本之上，能够反映贡献毛益形成过程的图形，这是传统式本量利关系图不具备的。该图的绘制程序是，先从原点出发分别绘制销售收入线和变动成本线；然后从纵轴上的 a 点为起点绘制一条与变动成本线平行的总成本线。这样，总成本线和销售收入线的交点就是盈亏临界点（BEP），详见图 9－2。

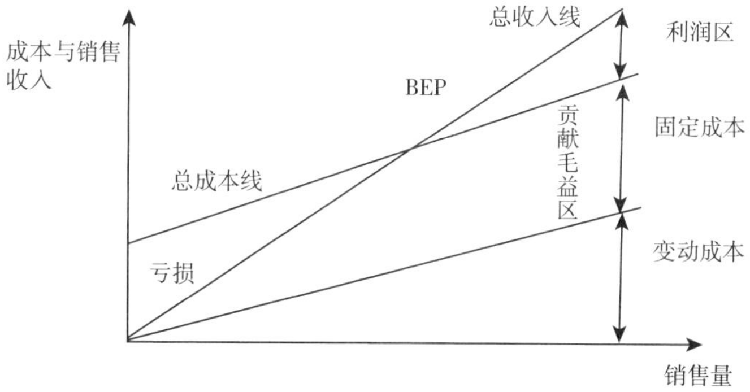

图 9－2　贡献毛益式关系图

图 9－2 能够清楚地反映出贡献毛益的形成过程。销售收入线与变动成本线之间所夹区域为贡献毛益区域。当贡献毛益正好等于固定成本时，企业达到不盈不亏状态；当贡献毛益超过盈亏临界点并大于固定成本时，企业获得了利润；当贡献毛益没有达到盈亏临界点时，企业发生了亏损。图 9－2 更能反映“利润＝贡献毛益－固定成本”的含义，而且也更符合变动成本法的思路。

（三）利量式关系图

利量式关系图是反映利润与销售量之间依存关系的图形。该图绘制的程序是，在平面直角坐标系中，以横轴代表销售量，以纵轴代表利润（或亏损）；然后在纵轴原点以下部分找到与固定成本总额相等的点 a，该点表示业务量等于零时，亏损额等于固定成本；最后，从点 a 出发画出利润线，该线的斜率是单位贡献毛益。利润线与横轴的交点即为盈亏临界点（BEP），详见图 9－3。

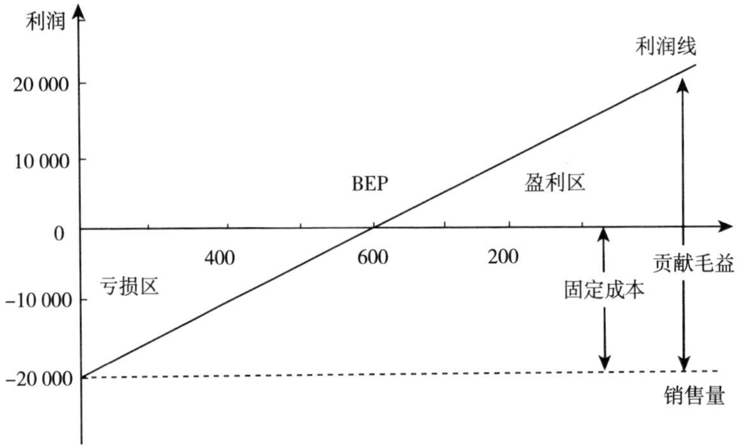

图 9－3　利量式关系图

利量式关系图能直观反映业务量与利润、贡献毛益和固定成本之间的关系。当销售量为零时，企业的亏损就等于固定成本，随着销售量的增长，亏损越来越少，当销售量超过盈亏临界点时，企业开始出现利润，而且销售量越大，利润越多。可见，这种简单明了的图形更容易为企业管理人员理解。

第二节　盈亏平衡分析

盈亏平衡分析也称保本分析，就是根据销售收入、成本和利润等因素之间的函数关系，分析企业如何达到不盈不亏状态，其主要内容是确定保本点，当企业销售量或者销售额超过这一点，企业就有盈利；反之，企业就会发生亏损。通过盈亏临界点分析，企业可以预测售价、成本、销售量以及利润情况并分析这些因素之间的相互影响，从而加强经营管理。

一、何为盈亏平衡点

所谓盈亏平衡，是指企业在一定的销售量或销售额下，销售收入刚好等于企业发生的全部成本，企业的利润为零。当企业经营达到不盈不亏状态的销售量或销售额就叫保本点（Break Even Point，BEP），也称为盈亏临界点、盈亏平衡点。

二、盈亏平衡分析-保本点分析

保本点通常有两种表现形式：一是用实物量表示，即保本点销售量（简称保本量），二是用金额表示，即保本点销售额（简称保本额）。

（一）单一品种保本点分析

企业只销售单一产品，则该产品的盈亏临界点计算比较简单。通常使用的方法有本量利公式法、贡献毛益法等。

1. 本量利公式法

根据本量利分析的基本公式，设当保本销量为 x_0 时，企业的利润 p 为零，即：

税前利润(p)= 销售收入 − 总成本 = $(p-b)x_0-a$

所以：

保本点销售量（ x_0 ）=固定成本/(销售单价−单位变动成本)

即：

$$x_0=\frac{a}{p-b}$$

计算出保本量后，可以相应地计算保本销售额：

保本销售额= $p\times x_0$

【例 9-2】假设某企业生产和销售某种产品，该产品的市场售价预计为 100 元，该产品单位变动成本为 60 元，固定成本为 10 000 元，则该产品保本点的销售量为：

$$x_0=\frac{a}{p-b}=\frac{10\ 000}{100-60}=250\text{（件）}$$

保本点的销售额为：

$p\times x_0=100\times 250=25\ 000$ (元)

当企业销售量为 250 件产品、销售额为 25 000 元时，企业处于盈余临界点，利润为零。

2. 贡献毛益法

通过本量利公式法，我们得到保本点的公式：

$$x_0=\frac{a}{p-b}$$

由于单位贡献毛益 $UCM=p-b$ ，所以：

$$保本点销售量x_0 = \frac{a}{p-b} = \frac{a}{UCM}$$

相应地：

保本点销售额＝保本点销售量×销售单价＝固定成本/贡献毛益率

即：

$$保本点销售额 = p \times x_0 = x_0 \times \frac{a}{p-b} = \frac{a}{CMR}$$

【例 9－3】 承前例（例 9－1），假设某企业只生产和销售一种产品，该产品的市场售价预计为 100 元，该产品单位变动成本为 60 元，固定成本为 10 000元，用贡献毛益法分析保本点的销售量。

$UCM = p - b = 100 - 60 = 40$（元）

$$CMR = \frac{p-b}{p} \times 100\% = \frac{100-60}{100} = 40\%$$

$$保本点销售量x_0 = \frac{a}{UCM} = \frac{10\ 000}{40} = 250（件）$$

$$保本点的销售额\ p \times x_0 = \frac{a}{CMR} = \frac{10\ 000}{40\%} = 25\ 000（元）$$

当企业销售量为 250 件产品、销售额为 25 000 元时，企业处于盈亏临界点，利润为零。

（二）多品种的保本点分析

在现实经济生活中，大部分企业生产经营的产品可能不止一种。在这种情况下，就涉及多品种的保本点分析。在进行多品种的保本点分析时，保本点不能用实物单位表示，因为不同产品的实物计量单位是不同的，把这些计量单位不同的产品销量加在一起是没有意义的。所以，企业在产销多种产品的情况下，只能用金额来表示企业的保本点。即只能计算企业盈亏点的销售额。通常，计算多品种企业盈亏临界点的方法有综合贡献毛益率法、联合单位法和分算法等几种方法。

1. 综合贡献毛益率法

综合贡献毛益率法也称加权平均法，是指将各种产品的贡献毛益率按照其各自的销售额比重进行加权平均，得出综合贡献毛益率，然后再据此计算企业的盈亏临界点销售额和每种产品的盈亏临界点的方法。即：

$$多品种保本点 = \frac{固定成本总额}{综合贡献毛益率}$$

企业盈亏临界点的具体计算步骤是：

（1）计算各种产品的边际贡献率

$$边际贡献率 = \frac{单位边际贡献}{单价}$$

（2）计算各种产品的销售比重

$$某种产品的销售比重=\frac{该种产品的销售额}{全部产品的销售总额}\times 100\%$$

（3）计算综合贡献毛益率

$$综合贡献毛益率=\sum(各种产品贡献毛益率\times 该种产品的销售比重)$$

（4）计算企业盈亏临界点销售额

$$多品种保本点=\frac{固定成本总额}{综合贡献毛益率}$$

（5）计算各种产品盈亏临界点销售额

某种产品盈亏临界点销售额=企业盈亏临界点销售额×该种产品的销售比重

【例 9-4】某企业销售甲、乙、丙三种产品，全年预计固定成本总额为 425 000 元，预计销售量分别为 40 000 件、40 000 件和 50 000 件，预计销售单价分别为 50 元、25 元、20 元，单位变动成本分别为 30 元、15 元、10 元，则该企业的保本点是多少？

（1）计算各种产品的边际贡献率

甲产品的贡献毛益率=(50－30)÷50=40%

乙产品的贡献毛益率=(25－15)÷25=40%

丙产品的贡献毛益率=(20－10)÷20=50%

（2）计算各种产品的销售比重

全部产品销售总额=40 000×50+40 000×25+50 000×20

=4 000 000（元）

甲产品的销售比重=40 000×50÷4 000 000=50%

乙产品的销售比重=40 000×25÷4 000 000=25%

丙产品的销售比重=50 000×20÷4 000 000=25%

（3）计算综合贡献毛益率

综合贡献毛益率=40%×50%+40%×25%+50%×25%=42.5%

（4）计算企业保本点销售额

企业保本点销售额=425 000÷42.5%=1 000 000（元）

（5）将企业保本点销售额分解为各种产品保本点销售额和销售量

甲产品盈亏临界点销售额=1 000 000×50%=500 000（元）

乙产品盈亏临界点销售额=1 000 000×25%=250 000（元）

丙产品盈亏临界点销售额=1 000 000×25%=250 000（元）

相应地，每种产品保本点销售量为：

甲产品盈亏临界点销售量=500 000÷50=10 000（件）

乙产品盈亏临界点销售量=250 000÷25=10 000（件）

丙产品盈亏临界点销售量＝250 000÷20＝12 500（件）

2. 联合单位法

所谓联合单位法，是指企业各种产品之间存在相对稳定的产销量比例关系，这一比例关系的产品组合可以视作同一个联合单位，然后确定每一联合单位的售价和单位变动成本，以进行多品种的盈亏临界点分析。如企业A、B、C三种产品，其销量比为1∶2∶3，则这三种产品的组合就构成一个联合单位。然后按照这种销量比来计算各种产品共同构成的联合单价和联合单位变动成本。即：

联合销售单价＝A产品单价×1＋B产品单价×2＋C产品单价×3

联合单位变动成本＝A产品单位变动成本×1＋B产品单位变动成本×2＋C产品单位变动成本×3

然后就可以计算出联合保本量，即：

联合保本量＝固定成本/(联合单价－联合单位变动成本)

某产品保本量＝联合保本量×该产品销量比

这种方法主要适用于有严格产出规律的联合产品生产企业。

3. 分算法

分算法是指在一定条件下，企业可以将全部固定成本按一定标准在各种产品之间进行分配，然后再对每一个品种分别进行盈亏临界点分析的方法。全部固定成本中的专属固定成本直接划归某种产品负担，而共同固定成本则要按照一定标准（如产品重量、体积、长度、工时、销售额等）分配给各种产品。如若产品种类过多，可先将贡献毛益率相同或相近的产品归为一类，然后再按类分别计算。

这种方法要求企业能够客观分配固定成本，如果不能做到客观，则可能使计算结果出现误差。这种方法可以给企业管理当局提供各产品计划和控制所需要的资料。

三、企业经营安全程度的评价

评价企业经营安全程度的指标主要有安全边际、安全边际率、保本点作业率。

（一）安全边际

安全边际是指实际（预计）的销售量与保本点销售量或实际（预计）的销售额与保本点销售额之间的差额，表明销售量（额）下降多少企业仍不至于亏损。它是一个绝对量，用来评价同一企业不同时期的经营安全程度。安全边际有安全边际量和安全边际额两种形式。它们的计算公式为：

安全边际量＝实际或预计的销售量－保本量

安全边际额＝实际或预计的销售额－保本额

＝单价×实际或预计的销售量－单价×保本量

＝单价×安全边际量

安全边际反映了产品盈利（亏损）的可能性，安全边际越大，表示企业经营的安全程度越高，亏损的可能性就越小；反之，安全边际越小，企业经营的安全程度越低，亏损的可能性就越大。

安全边际是一个正指标，只有超过保本点以上的销售量或销售额（即在安全边际内的销售量或销售额）才能给企业带来利润，因为这时全部固定成本已被保本点弥补，所以安全边际所提供的边际贡献就是企业的利润，安全边际越大，利润越大。因此，利润可表现为下列形式：

利润＝安全边际量×单位边际贡献＝安全边际额×边际贡献率

（二）安全边际率

安全边际率是指安全边际量与实际（预计）销售量的比例，也可以指安全边际额与实际（预计）销售额的比例，它是一个相对量，用来评价不同企业的经营安全程度。安全边际率计算公式为：

安全边际率＝(安全边际量÷实际或预计的销售量)×100%

＝(安全边际额÷实际或预计的销售额)×100%

安全边际率的数值越大，企业的经营越安全，所以它也是一个正指标。西方国家一般用安全边际率来评价企业经营的安全程度。表 9－1 列示了安全边际率的经验数据。

表 9－1　安全边际率经验数据

安全边际率	10%以下	10%～20%	20%～30%	30%～40%	40%以上
安全程度	危险	值得注意	比较安全	安全	很安全

【例 9－5】 按例 9－1 的资料，假设企业预计的销售量为 400 件。

要求：计算安全边际和安全边际率，并评价该企业的经营安全性。

解：安全边际量＝400－250＝150（件）

安全边际额＝400×100－250×100＝15 000（元）

安全边际率＝(150÷400)×100%＝37.5%

由于安全边际率为 37.5%，在 30%～40%的范围内，所以企业的经营很安全。

（三）保本点作业率

保本点作业率是指保本点销售量占实际（预计）销售量或保本点销售额占实际（预计）销售额的百分比，也称危险率。它是一个逆指标，数值越小，企业的经营越安全；反之，则不安全。保本点作业率还可以说明企业在保本状态下生产经营能力的利用程度。

其计算公式为：

保本点作业率＝保本点销售量（销售额）÷实际或预计销售量（销售额）×100％

保本点作业率与安全边际率之间存在互补关系，即；

保本点作业率（盈亏临界点作业率）＋安全边际率＝1

接上例（例 9－4）：

保本点作业率＝250÷400＝62.5％

或：

保本点作业率＝1－37.5％＝62.5％

四、因素变动对保本点的影响

（一）销售单价单独变动的影响

单价的变动会引起保本点反方向变动。

【例 9－6】 企业只生产和销售一种产品，单价为 20 元，单位变动成本为 12 元，固定成本为 40 000 元，销量 8 000 只。现单价提高到 22 元，其他条件不变。

要求：计算单价变化前后的保本点。

解：单价变动前：

单位贡献毛益＝20－12＝8（元）

贡献毛益率＝8÷20×100％＝40％

保本量＝40 000÷8＝5000（只）

保本额＝5 000×20＝100 000（元）

单价变动后：

单位贡献毛益＝22－12＝10（元）

贡献毛益率＝10÷22×100％＝45.45％

保本量＝40 000÷(22—12)＝4000（只）

保本额＝4 000×22＝88000（元）

可以看出，提高销售单价，将导致单位边际贡献或边际贡献率上升，保本点下降，从而使企业能用较少产品销售所提供的边际贡献就可弥补固定成本，增加企业的获利能力，促使企业经营状况向好的方面发展；反之，降低销售单价，将导致单位边际贡献或边际贡献率下降，保本点上升，从而降低企业的获利能力，使企业经营状况向不利的方面发展。

（二）单位变动成本单独变动的影响

单位变动成本的变动会引起保本点同方向变动。

【例 9-7】 按例 9-5 的资料，现由于人工价格上涨使单位变动成本增加到 15 元，其他条件不变。

要求：计算单位变动成本变化后的保本点。

解：单位变动成本变动后：

单位贡献毛益＝20－15＝5（元）

贡献毛益率＝5÷20×100%＝25%

保本量＝40 000÷5＝8 000（只）

保本额＝8 000×20＝160 000（元）

单位变动成本上升，将导致单位边际贡献或边际贡献率下降，保本点上升，使企业需用更多产品销售所提供的边际贡献来弥补固定成本，企业的获利能力下降；反之，单位变动成本下降，将导致保本点相应下降，使企业的获利能力增加。

（三）固定成本总额单独变动的影响

固定成本总额变动会引起保本点同方向变动。

【例 9-8】 按例 9-5 的资料，现由于广告费的增加使固定成本增加到 48 000元，其他条件不变。

要求：计算固定成本变化后的保本点。

解：固定成本变动后：

保本量＝48 000÷(20－12)＝6 000（只）

保本额＝6 000×20＝120 000（元）

固定成本总额的增加，将导致保本点上升，使企业需用更多产品销售所提供的边际贡献来弥补固定成本，企业的获利能力下降；反之，减少固定成本总额，将导致保本点下降，使企业的获利能力增加。

（四）品种结构单独变动的影响

产品品种结构变动会影响多品种产品的综合保本额。

【例 9-9】 某企业销售 A、B 两种产品，固定成本总额为 400 400 元，有关资料见表 9-2。

表 9-2　A、B 产品相关资料

	A产品	B产品
单价（元）	40	60
单位变动成本（元）	26	30
销售比重（%）	30	70

如果A、B两种产品的销售比重变化为40%和60%。

要求：计算品种结构变化前后的保本点。

解：A产品的贡献毛益率=(40-26)÷40×100%=35%

B产品的贡献毛益率=(60-30)÷60×100%=50%

品种结构变化前：

加权平均贡献毛益率=35%×30%+50%×70%=45.5%

综合保本额=400 400÷45.5%=880 000（元）

品种结构变化后：

加权平均贡献毛益率=35%×40%+50%×60%=44%

综合保本额=400 400÷44%=910 000（元）

当贡献毛益率低的产品的销售比重增加时，将引起保本点上升，企业的获利能力下降；反之，贡献毛益率低的产品的销售比重减少时，将引起保本点下降，企业的获利能力提高。

五、因素变动对安全边际的影响

（一）销售量（额）单独变动的影响

销售量（额）对安全边际的影响有以下两种情况：

一是保本销售量（额）保持不动，实际或预计销售量（额）变动会引起安全边际与实际或预计销售量（额）同方向变动。增加实际或预计销售量（额），会扩大安全边际，提高企业经营的安全程度；反之，减少实际或预计销售量（额），会缩小安全边际，降低企业经营的安全程度。

二是实际或预计销售量（额）保持不动，则保本销售量（额）变动会引起安全边际与保本销售量（额）呈反方向变动。增加保本销售量（额），会缩小安全边际，降低企业经营的安全程度；反之，减少保本销售量（额），会扩大安全边际，提高企业经营的安全程度。

（二）销售单价单独变动的影响

销售单价的变动会引起安全边际与销售单价呈同方向变动。如前所述，销售单价提高，会导致保本点下降，因此相应地扩大了安全边际，提高了企业经营的安全程度；反之销售单价下降，导致保本点上升，会缩小安全边际，降低企业经营的安全程度。

（三）单位变动成本单独变动的影响

单位变动成本的变动会引起安全边际与单位变动成本呈反方向变动。单位变动成本增加，保本点上升，会缩小安全边际，降低企业经营的安全程度；反之，单位变动成本减少，保本点下降，会扩大安全边际，提高企业经营的安全程度。

（四）固定成本总额单独变动的影响

固定成本总额的变动会引起安全边际与固定成本总额呈反方向变动。固定成本总额增加，保本点上升，从而缩小安全边际，降低企业经营的安全程度；反之，固定成本总额减少，保本点下降，安全边际相应扩大，提高了企业经营的安全程度。

（五）品种结构单独变动的影响

品种结构的变动会引起安全边际额的变动。当边际贡献率低的产品的销售比重增加时，安全边际额呈反方向变动；当边际贡献率高的产品的销售比重增加时，安全边际额呈同方向变动。

第三节　实现目标利润的本量利分析

前面部分研究了保本点的本量利分析，保本以不亏不盈为前提，这只是生产的最基本目标，但是企业的目标不仅仅是保本，而是尽可能获取利润，达到一定的盈利目标，所以保利才是企业经营的真正目标。下面将进行企业实现目标利润时的本量利分析，通过保利分析，可以确定为了实现目标而应该达到的目标销售量和目标销售额，从而以销定产，确定企业经营方向。

一、保利点的概念

保利点是指在单价和成本水平确定的情况下，为了实现一定的目标利润而应达到的业务量。保利点也有保利量和保利额两种，保利量是实现目标利润应达到的销售量，保利额是实现目标利润应达到的销售额。

二、单品种保利点的计算

单品种保利点的计算公式为：

$$保利量=\frac{固定成本+目标利润}{销售单价-单位变动成本}$$

或

$$保利量=\frac{固定成本+目标利润}{单位贡献毛益}$$

$$保利额=保利量\times单价=\frac{固定成本+目标利润}{销售单价-单位变动成本}\times单价$$

或：

$$保利额=\frac{固定成本+目标利润}{贡献毛益率}$$

【例 9 - 10】 按例 9 - 1 的资料，假设计划年度的目标利润为 3 万元。

要求：计算保利量和保利额。

解：$保利量=\frac{固定成本+目标利润}{销售单价-单位变动成本}=\frac{10\ 000+30\ 000}{100-60}=1\ 000(件)$

保利额＝保利量×单价＝1 000×100＝100 000（元）

计算表明，企业为了实现3万元的目标利润，应达到1 000件的销售量，或达到10万元的销售额。

此外，上述保利点没有考虑所得税的影响，企业在一定时期实现的税后利润才归所有者。因此，企业的目标税后利润和确保目标税后利润实现的保利分析更受投资者关注，也更受企业管理人员的重视。

在考虑所得税的情况下，上述公式中的目标利润就是目标税后利润，即当考虑所得税时，就要把目标利润改为税后目标利润。由于：

税后目标利润＝税前目标利润×(1－所得税税率)

所以：

税前目标利润＝税后目标利润÷(1－所得税税率)

则有：

$$目标销售量=\frac{固定成本+\frac{税后目标利润}{1-税率}}{单位贡献毛益}$$

三、多品种保利点的计算

多品种的保利点只需计算达到目标利润的销售额。其计算公式为：

$$综合保利额=\frac{固定成本+目标利润}{加权平均边际贡献率}$$

【例9-11】按例9-3的资料，假设计划年度的目标利润为8.5万元。

要求：计算保利额。

解：$综合保利额=\frac{固定成本+目标利润}{加权平均边际贡献率}=\frac{425\ 000+85\ 000}{42.5\%}$

$=1\ 200\ 000$（元）

该企业为了实现8.5万元的目标利润，应达到120万元的销售额。

四、因素变动对实现目标利润的影响

(一) 销售单价单独变动的影响

单价变动会引起保利点反方向变动。

【例9-12】按例9-5的资料，目标利润为40 000元，现单价提高到22元，其他条件不变。

要求：计算保利点。

解：单价变动前的保利量＝(40 000＋40 000)÷(20－12)

＝10 000（元）

保利额＝10 000×20＝200 000（元）

单价变动后的保利量＝(40 000＋40 000)÷(22－12)＝8 000（只）

保利额＝8 000×22＝176 000（元）

提高销售单价，单位边际贡献或边际贡献率上升，导致保利点下降，从而使企业减少实现预期目标利润所需的销售量，若企业能实现预期的销售量，则会使预期的目标利润增加；反之，降低销售单价，保利点上升，使企业增加实现目标利润所需的销售量。

(二) 单位变动成本单独变动的影响

单位变动成本的变动会引起保利点同方向变动。

【例 9－13】 按例 9－5 的资料，目标利润为 40 000 元，单位变动成本增加到 15 元，其他条件不变。

要求：计算保利点。

解：单位变动成本变动后的保利量＝(40 000＋40 000)÷(20－15)

＝16 000（只）

保利额＝16 000×20＝320 000（元）

单位变动成本上升，单位边际贡献或边际贡献率下降，导致保利点上升，从而使企业增加实现预期目标利润所需的销售量，若企业不能实现预期的销售量，则会使预期目标利润下降；反之，单位变动成本下降，保利点下降，使企业减少实现预期目标利润所需的销售量。

(三) 固定成本总额单独变动的影响

固定成本总额变动会引起保利点同方向变动。

【例 9－14】 按例 9－5 的资料，目标利润为 40 000 元，固定成本总额增加到 48 000 元，其他条件不变。

要求：计算保利点。

解：固定成本变动后的保利量＝(48 000＋40 000)÷(20－12)

＝11 000（只）

保利额＝11 000×20＝220 000（元）

固定成本总额增加，导致保利点上升，从而使企业增加实现预期目标利润所需的销售量，若企业不能实现预期的销售量，则会使预期目标利润下降；反之，固定成本总额下降，保利点下降，使企业减少实现预期目标利润所需的销售量。

(四) 品种结构单独变动的影响

产品品种结构变动会影响多品种产品的综合保利额。

【例 9－15】 按例 9－10 的资料，目标利润为 40 040 元，现 A、B 两种产

品的销售比重分别为40%和60%，其他条件不变。

要求：计算保利额。

解：品种结构变动前的保利额=(400 400+40 040)÷45.50%

=96 800（元）

品种结构变动后的保利额=(400 400+40 040)÷44%

=1 000 100（元）

当边际贡献率低的产品的销售比重增加时，保利点上升，从而使企业增加实现预期目标利润所需的销售额，若企业不能实现预期的销售额，则会使预期的目标利润下降；反之，当边际贡献率低的产品的销售比重减少时，保利点下降，使企业减少实现预期目标利润所需的销售额。

第四节　本量利分析中的敏感性分析

一、敏感性分析的含义及意义

由于本量利分析中的许多因素都可能发生变动，影响着企业经营计划的实现和目标利润的完成，因此，需要了解各因素的变动范围以及它们对利润的影响程度，以便采取措施，控制各因素的变化。这些目标一般可通过敏感性分析来实现。

敏感性分析是用来回答“如果……会怎么样?”这一类问题的。比如，销售量比预测的少10%，利润会怎样变化? 单价比预测的低5%，利润又会怎样变化? 它主要研究当一个重要因素发生变化时，导致目标值发生怎样的变化，是变大还是变小。在求得一个确定模型的最优解后，敏感性分析还可以研究该模型中的某个或某几个参数允许变化到怎样的范围，原最优解不变；或者当某个参数的变化超过允许范围，原最优解不再“最优”时，怎样用最简便的方法重新计算。

由于敏感性分析适用于各种不同的情况，因此在许多领域得到广泛应用。在本量利分析中进行敏感分析，可以研究和提供引起目标利润从盈利转为亏损时各因素变化的界限、各因素变化对利润的影响程度，以及当个别因素变化时，如何保证原目标利润的实现，最终为管理人员提供一种简便、有效、直接的方法，以判断可能发生预测误差的后果并做出相应的决策。

二、影响利润的各变量临界值的确定

临界值，也称为盈亏临界值，是指在不使目标值发生质的变化的前提下，允许有关参数值变动达到的最小值或最大值。在本量利分析中，临界值是指目标值（利润）由盈利转为亏损时，影响利润的相关变量销售量、单价的最小允许值和单位变动成本、固定成本最大允许值。

根据本量利分析的基本公式：利润＝销售量×（单价－单位变动成本）－固定成本，当利润为零时，即销售量×（单价－单位变动成本）－固定成本＝0时，可求出盈亏临界值。

【例 9-16】 某企业生产某种产品，单价 50 元，单位变动成本 30 元，全年固定成本为 100 万元，计划销售 50 万件，全年利润为 900 万元。

要求：计算盈亏临界值。

（1）销售量的最小允许值

销售量的最小允许值＝固定成本÷（单价－单位变动成本）

＝固定成本÷单位边际贡献

＝100÷20

＝5（万件）

销售量的最小允许值为 5 万件，说明实际销售量只要达到 5 万件，即完成计划销量的 10%［（5÷50）×100%］，企业就可保本。如果低于该数量，企业就要发生亏损，高于该数量，企业就可获利。

（2）单价的最小允许值

单价的最小允许值＝（固定成本＋变动成本总额）÷销售量

＝（100＋1 500）÷50

＝32（元）

单价的最小允许值为 32 元，说明产品的单价不能低于 32 元，即降价幅度不能高于 36%［（18÷50）×100%］，否则，企业将发生亏损。

（3）单位变动成本的最大允许值

单位变动成本的最大允许值＝（销售量×单价－固定成本）÷销售量

＝（销售收入－固定成本）÷销售量

＝（2 500－100）÷50

＝48（元）

单位变动成本的最大允许值为 48 元，说明产品的单位变动成本从 30 元上升到 48 元，利润就从 900 万元下降到零，单位变动成本的最大上升幅度为 60%［（18÷30）×100%］，超过这个幅度，企业就要转为亏损。

（4）固定成本的最大允许值

固定成本的最大允许值＝销售量×（单价－单位变动成本）

＝50×（50－30）

＝1 000（万元）

固定成本的最大允许值为 1 000 万元，说明企业的固定成本最多可达到 1 000 万元，超过这个范围，企业就要从盈利转为亏损。

三、敏感系数分析

虽然单价、单位变动成本、销售量和固定成本的变动都会引起利润的变动，但它们对利润的影响程度却不同。有的因素只要有较小的变动就会导致利润较大程度的变动，这类因素称为强敏感性因素；有的因素虽有较大的变动，但对利润的影响程度却不大，这类因素称为弱敏感性因素。

衡量因素敏感程度的指标称为敏感系数，其计算公式为：

敏感系数＝目标值变动百分比÷因素值变动百分比

其中，目标值指利润，因素值指单价、单位变动成本、销售量和固定成本等。计算敏感系数可帮助管理人员了解各因素变动对利润的影响程度，以便找出问题的关键以提高管理效率，及时调整措施，保证目标利润的完成。

【例9－17】按例9－15的资料，假设单价、单位变动成本、销售量和固定成本均增长10％。

要求：计算敏感系数。

（1）单价的敏感系数

单价变动后的利润＝50×[50（1＋10％）－30]－100＝1 150（万元）

利润变动百分比＝(1 150－900)÷900×100％＝27.8％

单价的敏感系数＝27.8％÷10％≈2.78

上述计算表明，单价变动1％，利润呈同方向变动，变动2.78％，利润变动率是单价变动率的2.78倍，说明单价的变动对利润的影响程度较大。因此，提高产品的价格是增加企业利润的主要手段。当然，降价也是企业利润下降的主要原因。

（2）单位变动成本的敏感系数

单位变动成本变动后的利润＝50×[50－30（1＋10％）]－100

＝750（万元）

利润变动百分比＝(750－900)÷900×100％≈－16.7％

单位变动成本的敏感系数＝－16.7％÷10％＝－1.67

上述计算表明，单位变动成本变动1％，利润呈反方向变动，变动1.67％，利润变动率是单位变动成本变动率的1.67倍，说明单位变动成本的变动对利润的影响程度比单价的影响程度略小。

（3）销售量的敏感系数（也称经营杠杆系数）

销售量变动后的利润＝50×(1＋10％)×(50－30)－100

＝1 000（万元）

利润变动百分比＝(1 000－900)÷900×100％≈11％

销售量的敏感系数＝11％÷10％≈1.1

上述计算表明，销售量变动1％，利润呈同方向变动，变动1.1％，利润变动率是销售量变动率的 1.1 倍，说明销售量的变动对利润的影响程度较小。

（4）固定成本的敏感系数

固定成本变动后的利润＝50×(50－30)－100×（1＋10％）

＝890（万元）

利润变动百分比＝(890－900)÷900×100％≈－1％

固定成本的敏感系数＝－1％÷10％≈－0.1

上述计算表明固定成本变动 1％，利润呈反方向变动，变动 0.1％，利润变动率是固定成本变动率的 0.1 倍，说明固定成本的变动对利润的影响程度很小。

将上面的敏感系数按绝对值的大小排列，依次为单价、单位变动成本、销售量、固定成本，说明利润对单价的变动最为敏感，其次是单位变动成本和销售量，固定成本的影响程度最小。敏感系数为正，表示该变量与利润呈同方向变动，敏感系数为负，表示该变量与利润呈反方向变动。

要注意的是敏感分析中的临界值问题和敏感系数问题，实际上是一个问题的两个方面。某一因素达到临界值前的允许值越高，利润对该因素就越不敏感；反之，某一因素达到临界值前的允许值越低，利润对该因素就越敏感。

思考与练习

一、单项选择题

1. 生产单一品种产品企业，保本销售额＝(　　)。

A. 保本销售量×单位利润

B. 固定成本总额÷贡献毛益率

C. 固定成本总额÷(单价—单位变动成本)

D. 固定成本总额÷毛综合贡献毛益率

E. 固定成本总额÷贡献毛益

2. 生产多品种产品企业测算综合保本销售额＝固定成本总额÷(　　)。

A. 单位贡献毛益　　B. 贡献毛益率

C. 单价一单位变动成本　　D. 综合贡献毛益率

3. 从保本图上得知，对单一产品分析，(　　)。

A. 单位变动成本越大，总成本斜线率越大，保本点越高

B. 单位变动成本越大，总成本斜线率越小，保本点越高

C. 单位变动成本越小，总成本斜线率越小，保本点越高

D. 单位变动成本越小，总成本斜线率越大，保本点越低

4. 利润＝(实际销售量—保本销售量)×(　　)。

A. 贡献毛益率　　B. 单位利润

C. 单位售价　　D单位贡献毛益

5. 某企业只生产一种产品，单价6元，单位变动生产成本4元，单位销售和管理变动成本0.5元，销量为500件，则其产品贡献毛益为（　　）元。

A. 650　　B. 750

C. 850　　D. 950

6. 下属因素中导致保本销售量上升的是（　　）。

A. 销售量上升　　B. 产品单价下降

C. 固定成本下降　　D. 产品单位变动成本下降

7. 已知产品销售单价为24元，保本销售量为150件，销售额可达4 800元，则安全边际率为（　　）。

A. 33.33%　　B. 25%

C. 50%　　D. 20%

8. 在变动成本法下，其利润表所提供的中间指标是（　　）。

A. 贡献毛益　　B. 营业利润

C. 营业毛利　　D. 期间成本

9. 在下列指标中，可据以判断企业经营安全程度的指标是（　　）。

A. 保本量　　B. 贡献毛益

C. 保本作业率　　D. 保本额

10. 单价单独变动时，会使安全边际（　　）。

A. 不变　　B. 不一定变动

C. 同方向变动　　D. 反方向变动

二、多项选择题

1. 安全边际率=(　　)。

A. 安全边际量÷实际销售量　　B. 保本销售量÷实际销售量

C. 安全边际额÷实际销售额　　D. 保本销售额÷实际销售额

E. 安全边际量÷安全边际额

2. 从保本图得知（　　）。

A. 保本点右边，成本大于收入，是亏损区

B. 销售量一定的情况下，保本点越高，盈利区越大

C. 实际销售量超过保本点销售量部分即是安全边际

D. 在其他因素不变的情况，保本点越低，盈利面积越小

E. 安全边际越大，盈利面积越大

3. 贡献毛益率的计算公式可表示为（　　）。

A. 1—变动成本率　　B. 贡献毛益/销售收入

C. 固定成本/保本销售量　　D. 固定成本/保本销售额

E. 单位贡献毛益/单价

4. 下列各项中，能够同时影响保本点、保利点及保净利点的因素为（　　）。

A. 单位贡献毛益　　B. 贡献毛益率

C. 固定成本总额　　D. 目标利润

E. 所得税率

三、计算题

1. 已知：某公司只生产一种产品，2008 年销售收入为 1 000 万元，税前利润为 100 万元，变动成本率为 60%。

要求：(1) 计算该公司 2008 年的固定成本。

(2) 假定 2009 年该公司只追加 20 万元的广告费，其他条件均不变，试计算该年的固定成本。

(3) 计算 2009 年该公司保本额。

2. 已知：某企业只产销一种产品，2007 年销售量为 8 000 件，单价为 240 元，单位成本为 180 元，其中单位变动成本为 150 元，该企业计划 2008 年利润比 2007 年增加 10%。

要求：运用本量利分析原理进行规划，从哪些方面采取措施，才能实现目标利润（假定采取某项措施时，其他条件不变）。

3. 已知：某公司生产甲、乙、丙三种产品，其固定成本总额为 19 800 元，三种产品的有关资料见表 9-3：

表 9-3　甲、乙、丙三种产品相关资料

品种	销售单价（元）	销售量（件）	单位变动成本（元）
甲	2 000	60	1 600
乙	500	30	300
丙	1 000	65	700

要求：(1) 采用加权平均法计算该厂的综合保本销售额及各产品的保本销售量。

(2) 计算该公司营业利润。

4. 已知：某公司 2008 年销售收入为 180 000 元，销售成本为 160 000 元，其中固定成本为 88 000 元，若 2009 年计划增加广告费 3 200 元，产品单价仍为 40 元/件。

要求：(1) 预测 2009 年该公司的保本点。

(2) 若 2009 年计划实现目标利润 52 800 元，则目标销售额应为多少？

5. 已知：某公司 2009 年预计销售某种产品 5 000 件，若该产品变动成本率为50%，安全边际率为20%，单位贡献毛益为15元。

要求：(1) 预测2009年该公司的保本销售额。

(2) 2009年该公司可获得多少税前利润？

6. 已知：某公司产销一种产品，当年有关资料如表9-4所示：

表9-4 产品资料

单位：元

单位售价	20
单位变动成本	
直接材料	4
直接人工	7
变动制造费用	3
单位贡献毛益	6

要求：(1) 若每月销售额为25 000元时可以保本，计算当年固定成本总额。

(2) 若直接人工增加10%，要维持目前的贡献毛益率，则单位售价应提高多少？

7. 已知：某公司只销售一种产品，2008年单位变动成本为15元/件，变动成本总额为63 000元，共获税前利润18 000元，若该公司计划于2009年维持销售单价不变，变动成本率仍维持2008年的30%。

要求：(1) 预测2009年的保本销售量。

(2) 若2009年的计划销售量比2008年提高8%，则可获得多少税前利润？

第十章

成本报表与分析

本章提要

本章主要介绍了成本报表的含义、分类，以及编制方法。使学生通过该章的学习，学会成本报表的编制与分析方式，进一步掌握制造费用明细表、期间费用明细表、商品产品成本表和主要产品单位成本表的实践运用。

重点难点

-成本报表的分类

-商品产品成本表和主要产品单位成本表的概念与编制方法

-期间费用明细表和制造费用明细表的编制

成本报表与分析

一、成本报表概述与分类

（一）成本报表的概述

会计报表是根据日常会计核算资料归集、加工，汇总而形成的一个完整的报告体系。会计报表所提供的会计信息要满足企业内外有关方面的需求。

成本报表是根据日常成本核算资料及其他有关资料定期或不定期编制，用以反映企业产品成本水平构成及升降变动情况，考核和分析企业在一定时期内成本计划执行情况及其结果的报告文件。正确及时地编制成本报表是成本会计的一项重要内容。

（二）成本报表的分类

（1）按照报送对象

企业会计报表按服务对象划分为两类，一类为向外报送的会计报表，如资产负债表、利润表、现金流量表等；另一类为企业内部管理需要的报表，如成本报表等。

（2）按照反映的内容

企业的成本报表主要用来服务于企业内部经营管理部门，所以，报表的种类、格式和编制时间一般都由企业根据生产经营过程的特点和企业管理的具体要求而定。目前工业企业应编制的成本报表通常有以下几种：

反映费用情况的报表：①制造费用明细表　②期间费用明细表

反映成本情况的报表：①商品产品成本表　②主要产品单位成本表

（3）按照编报的时间

①年报　②季报　③月报

二、成本报表编制方法及意义

（一）商品产品成本表

1. 商品产品成本表的概念和作用

商品产品成本表是反映企业在报告期内生产的全部商品产品（包括可比产品和不可比产品）的总成本以及各种主要商品产品的单位成本和总成本的报表。

根据商品产品成本表所提供的资料，可以考核全部商品产品和主要商品产品成本计划的执行结果，分析各种可比产品成本降低任务的完成情况。

2. 商品产品成本表的结构和内容

商品产品成本表将全部商品产品划分为可比产品和不可比产品两大类，并分别列出它们的单位成本、本月总成本、本年累计总成本（表 10－1）。

所谓可比产品是指上年或者以前年度正式生产过，具有较完备成本资料的产品，不可比产品是指上年或以前年度未正式生产过的产品，因而没有成本资料。对于上年试制成功，今年正式投产的产品，也应作为不可比产品。

商品产品成本表中列出了可比产品的单位成本、本月总成本和本年累计总成本，在单位成本栏内又分别列出了上年实际平均数、本年计划数、本月实际数和本年累计实际平均数。这样做便于分析可比产品成本降低任务的完成情况。

商品产品成本表中列出了不可比产品的单位成本、本月总成本和本年累计总成本，以及全部商品产品的制造成本，还同时列出本年计划数、本月实际数和本年累计实际平均数。这样做便于考核不可比产品以及全部商品产品成本计划的执行情况。

3. 商品产品成本表编制方法

①“产品名称”项目，应填列主要的“可比产品”和“不可比产品”的名称，主要商品产品的品种要按规定填写。

②“实际产量”项目，反映本月和从年初起至本月末各种主要商品产品的

表 10-1　商品产品成本表

编制单位：西瓜工厂　　　　2023 年 6 月　　　　单位：元

产品名称	规格	计量单位	实际产量		单位成本				本月总成本			本年累计总成本		
			本月	本年累计	上年实际平均	本年计划	本月实际	本年累计实际平均	按上年实际平均单位成本计算	按本年计划单位成本计算	本月实际	按上年实际平均单位成本计算	按本年计划单位成本计算	本年实际
			①	②	③	④	⑤	⑥	⑦	⑧	⑨	⑩=②×③	⑪=②×④	⑫
可比产品合计									1 890 000	1 840 600	1 846 400	18 430 000	1 794 700	17 758 000
其中：A 产品		台	2 000	22 000	130	126	123	125	260 000	252 000	246 000	2 860 000	2 772 000	2 750 000
B 产品		台	8 000	76 000	195	190	192	188	1 560 000	1 520 000	1 536 000	14 820 000	14 440 000	14 288 000
C 产品		台	1 400	15 000	50	49	46	48	70 000	68 600	64 400	750 000	735 000	720 000
不可比产品合计										216 100	239 000		3 344 400	2 457 200
其中：D 产品	略	台	500	6 400	—	56	60	58		28 000	30 000		358 400	371 200
E 产品	略	台	1 045	10 000	—	180	200	1 256		188 100	209 000		1 800 000	1 256 000
其他													1 186 000	830 000
全部商品产品制造成本			—	—	—	—	—			2 056 700	2 085 400		21 291 400	20 215 200

实际产量。应根据“成本计算单”或“产成品明细账”的记录计算填列。

③“单位成本”项目。

a.“上年实际平均”项目反映各种主要可比产品的上年实际平均单位成本。应分别根据上年度本表所列各种可比产品的全年实际平均单位成本填列。

b.“本年计划”项目反映各种主要商品产品的本年计划单位成本。应根据年度成本计划的有关数字填列。

c.“本月实际”项目反映本月生产的各种商品产品的实际单位成本。应根据有关产品成本计算单中的资料，按下列公式计算填列：

某产品本月实际单位成本＝某产品本月实际总成本÷某产品本月实际产量

d.“本年累计实际平均”项目反映从年初起至本月末止企业生产的各种商品产品的实际单位成本。应根据成本计算单的有关数字下列公式计算填列：

某产品本年累计实际平均单位成本＝某产品本年累计实际总成本÷某产品本年累计实际产量

④“本月总成本”项目。

a.“按上年实际平均单位成本计算”项目是用本月实际产量乘以上年实际平均单位成本计算填列。

b.“按本年计划单位成本计算”项目是用本月实际产量乘以本年计划单位成本计算填列。

c.“本月实际”项目是根据本月产品成本计算单的资料填列。

⑤“本年累计总成本”项目。

a.“按上年实际平均单位成本计算”项目是用本年累计实际产量乘以上年实际平均单位成本计算填列。

b.“按本年计划单位成本计算”项目是用本年累计实际产量乘以本年计划单位成本计算填列。

c.“本年实际”项目是根据本年成本计算单的资料填列。

本表补充资料中的“可比产品成本降低额”和“可比产品成本降低率”的本年累计实际数，应按下列公式计算填列。

可比产品成本降低额＝可比产品按上年实际平均单位成本计算的本年累计总成本合计－可比产品本年实际累计总成本合计

可比产品成本降低率＝可比产品成本降低额÷可比产品按上年实际平均单位成本计算的本年累计总成本合计

可比产品成本降低率的“本年计划数”应根据年度成本计划填列，可比产品成本的“超支额”和“超支率”，应在“降低额”和“降低率”项目内以“－”号表示。

（二）主要产品单位成本表

1. 主要产品单位成本表的概念和作用

主要产品单位成本表是反映企业在报告期内生产的各种主要产品单位成本的构成情况和各项主要技术经济指标执行情况的报表。它是对商品产品成本表的有关单位成本作进一步补充说明的报表。

利用主要产品单位成本表所提供的资料，可以考核各种主要产品单位成本计划的执行结果，分析各成本项目和消耗定额的变化及其原因，并便于在生产同种产品的企业之间进行成本对比，以便于找出差距、挖掘潜力、降低产品成本。

2. 主要产品单位成本表结构和内容

主要产品单位成本表的结构可分为上半部和下半部。

上半部是反映单位产品的成本项目，并分别列出历史先进水平、上年实际平均、本年计划本月实际和本年累计实际平均的单位成本。下半部是反映单位产品的主要技术经济指标，这些指标也分别列出历史先进水平、上年实际平均、本年计划、本月实际和本年累计实际平均的单位用量。

主要产品单位成本表的格式内容见表 10－2。

表 10－2　主要产品单位成本表

编制单位：西瓜工厂　　　　2×22 年 12 月　　　　单位：元

产品名称		A 产品		本月计划产量		1 850
规格				本月实际产量		2 000
计量单位		台		本年累计计划产量		21 500
销售单价		160 元/台		本年累计实际产量		22 000
成本项目	行次	历史先进水平 2022 年	上年实际平均	本年计划	本月实际	本年累计实际平均
		1	2	3	4	5
直接材料	1	78.80	74.91	71.19	66.80	67.09
直接人工	2	32.40	42.48	42.48	45.00	45.89
制造费用	3	11.80	12.61	12.33	11.2	12.02
合计	4	123	130	126	123	125
主要技术经济指标	5	用量	用量	用量	用量	用量
普通钢材	6	69	73	70	69.6	68.8
工时	7	10	12	12	12.5	13

3. 主要产品单位成本表编制方法

主要产品单位成本表应按每种主要产品分别编制。

①“本月计划产量”和“本年累计计划产量”项目，应根据本月和本年产品产量计划资料填列。

②“本月实际产量”和“本年累计实际产量”项目，应根据统计提供的产品产量资料产品入库单填列。

③“成本项目”项目，应按规定进行填列。

④“主要技术经济指标”项目反映主要产品每一单位产量消耗的主要原材料、燃料、工时等的数量。

⑤“历史先进水平”项目是指本企业历史上该种产品的实际平均单位成本和实际单位用量最低的年度，应根据历史成本资料填列。

⑥“上年实际平均”是指上年实际平均单位成本和单位用量，应根据上年度本表的本年累计实际平均单位成本和单位用量的资料填列。

⑦“本年计划”是指本年计划单位成本和单位用量，应根据年度成本计划中的资料填列。

⑧“本月实际”是指本月实际单位成本和单位用量，应根据本月完工的该种产品成本资料填列。

⑨“本年累计实际平均”是指本年年初至本月末该种产品的实际平均单位成本和单位用量，应根据年初至本月末止的已完工产品成本计算单等有关资料，采用加权平均法计算后填列，其计算公式如下：

某产品的实际平均单位成本＝该产品累计总成本÷该产品累计产量

某产品的实际平均单位用量＝该产品累计总用量÷该产品累计产量

对于不可比产品，本表不填列“历史先进水平”和“上年实际平均”的单位成本和单位用量。

由于本表是商品产品成本表的补充，所以，本表中按成本项目反映的“上年实际平均”“本年计划”“本月实际”“本年累计实际平均”的单位成本合计，应与商品产品成本表中的各单位成本的数字分别相等。

（三）制造费用明细表

1. 制造费用明细表的概念和作用

制造费用明细表是反映企业在报告期内发生的各项制造费用的报表。

利用制造费用明细表所提供的资料，可以分析制造费用的构成和各项费用增减变动情况，考核制造费用预算的执行结果，以便进一步采取措施，节约开支，降低费用，从而降低产品的制造成本。

2. 制造费用明细表结构和内容

制造费用明细表的结构是按规定的制造费用项目，分别反映“本年计划数”“上年同期实际数”和“本年累计实际数”。这样做，便于用本年实际数分别同本年计划数和上年同期实际数进行比较，以便加强对制造费用的管理。

制造费用明细表的格式和内容见表 10－3。

表 10－3　制造费用明细表

编制单位：　　　　2×22 年 12 月　　　　单位：元

项目	行次	本年计划数	上年实际数	本年实际数
职工薪酬	1	100 000	90 000	105 000
折旧费	2	90 000	88 000	86 400
租赁费	3	61 000	57 600	55 400
机物料消耗	4	16 000	17 500	15 500
低值易耗品	5	22 000	23 100	21 800
取暖费	6	52 000	52 800	51 700
水电费	7	48 000	50 500	47 300
办公费	8	30 000	31 400	33 000
差旅费	9	30 000	28 000	27 900
保险费	10	50 000	63 000	49 300
设计制图费	11	19 000	19 200	18 100
试验经验费	12	31 000	33 000	36 700
劳动保护费	13	44 000	41 000	43 200
其他	14	20 000	20 800	21 000
合计	—	613 000	615 900	612 300

3. 制造费用明细表编制方法

①“本年计划数”各项数字，根据制造费用的年度计划数填列。

②“上年同期实际数”各项数字，根据上年同期本表的“本年累计实际数”填列。如果表内所列项目和上年度的费用项目在名称或内容上不一致，应对上年度的各项数字按照表内规定的项目进行调整。

③“本年累计实际数”各项数字，填列自年初起至编报月月末止的累计实际数，应根据“制造费用明细账”的记录计算填列。

（四）期间费用报表

1. 期间费用报表概念和作用

期间费用报表是反映企业在报告期内发生的管理费用、财务费用和销售费用的报表。

利用期间费用报表所提供的资料，可以考核期间费用计划或预算的执行情况，分析各项费用的构成和增减变动情况，以便进一步采取措施，压缩开支，不断降低费用水平。

2. 期间费用报表结构和内容

期间费用报表一般包括管理费用明细表、财务费用明细表和销售费用明细表。它们的结构基本相同，都是按照规定的费用项目，分别反映“本年计划数”“上年实际数”“本年实际数”，这样反映便于用本年实际数分别同本年计划数和上年实际数进行比较。以便加强对费用的控制和管理。

有关期间费用报表的格式和内容详见表 10－4 至表 10－6。

表 10－4　管理费用明细表

编制单位：　　　　2×22 年度　　　　单位：元

项目	行次	本年计划数	上年实际数	本年实际数
职工薪酬	1	9 500	9 200	9 600
折旧费	2	7 000	7 100	7 300
办公费	3	5 600	5 100	5 340
修理费	4	3 000	3 100	3 800
差旅费	5	4 200	4 100	4 603
物料消耗	6	1 200	1 200	1 100
劳动保险费	7	1 000	990	1 000
辞退福利	8	1 425	1 380	1 440
低值易耗品摊销	9	900	950	930
⋮	⋮	⋮	⋮	⋮
其他	12	1 800	2 050	1 500
合计		40 400	41 325	40 213

表 10－5　财务费用明细表

编制单位：　　　　2×22 年度　　　　单位：元

项目	行次	本年计划数	上年实际数	本年实际数
利息支出	1	11 000	11 800	10 200
金融机构手续费	2	2 200	2 180	2 135
汇兑损失	3	450	570	610
其他	4	1200	1500	1 142
合计	5	14 850	16 050	14 087

表 10－6　销售费用明细表

编制单位：　　　　2×22 年度　　　　单位：元

项目	行次	本年计划数	上年实际数	本年实际数
职工薪酬	1	8 500	8 280	8 310
差旅费	2	4 420	4 390	4 340

（续）

项目	行次	本年计划数	上年实际数	本年实际数
办公费	3	2 150	2 080	1 970
保险费	4	2 100	1 900	1 950
修理费	5	280	280	280
物料消耗	6	220	220	310
运杂费	7	800	860	850
包装费	8	400	500	460
折旧费	9	600	680	570
⋮	⋮	⋮	⋮	⋮
其他	13	200	160	200
合计		20 160	19 350	19 240

3. 期间费用报表编制方法

管理费用明细表、财务费用明细表和销售费用明细表各项目的填列方法为：

①“本年计划数”栏各项目数字，根据本年度各项费用预算填列。

②“上年实际数”栏各项目数字，根据上年度本表的“本年实际数”栏相应数字填列。如果表内所列费用项目和上年度的费用项目在名称和内容上不一致，应对上年度的各项数字按本年度表内规定的项目进行调整。

③“本年实际数”栏各项目数字，根据本年度“管理费用明细账”“财务费用明细账”和“销售费用明细账”中各项费用的累计数填列。

（五）其他成本报表

1. 其他成本报表的特点

企业除了按期编制前述各种成本报表外，还需要根据成本管理的需要和责任成本会计的要求，编报一些其他成本报表，这些报表主要服务于企业内部的成本控制。与主要成本报表相比较，其他成本报表具有以下几个特点：

（1）形式上更具灵活性

其他成本报表提供的信息多种多样，既有报告期末实际数据，又有期中成本预测数据；既列示实际与计划对比数据，又有进行差异分析的资料；既有以货币单位为主报告的成本费用信息，又有以工时、实物量报告的消耗资料；表中栏目、行次的设置更是因时、因地、因内容而异。此外，其他成本报表既注重与责任会计的配合，又强调对其他技术经济资料的使用。

（2）内容上更注重针对性

其他成本报表为企业成本控制中各环节的具体情况和工作重心提供具体的

成本费用和用量信息。为此，这些报表注重比较，包括实际与预算或标准的比较、不同时期的比较等，尤其侧重对例外成本差异的比较与分析。如成本与产量情况表，专门报告某种产品某一特定时期的成本内容及产量资料；材料成本及用量考核表，可投产品类别就各项产品对材料的耗用情况，报告实际用量、标准用量及差量：废料回收情况表、废料销售情况表，则针对废料的控制与管理提供有关实际数据。

为了提供更具针对性的成本信息，其他成本报表的内容和格式应尽可能做到简明扼要、突出重点，反映的数字务必合理和符合事实，但这并不意味着数字上要求绝对准确。

（3）时间更注重及时性

为了给企业的成本管理提供更为直接、更具参考价值的信息，有助于企业各有关部门随时了解发生的各种消耗情况，掌握成本控制的主动权，其他成本报表的编报更强调时效性。除了定期编制有关月报以外，有的企业针对不同时期、不同部门、不同的成本费用及消耗情况，要求及时编制半月报、旬报、周报乃至日报、班报。

（4）编报主体更具多样性

商品产品成本表等主要成本报表，由企业财会部门负责编报，其他成本报表的编制主体则不局限于财会部门。一方面，其他成本报表与责任会计组织配合，反映的成本资料往往是与责任者（或者单位）直接有关的或责任者能控制的，以便于考核责任单位（或责任者）的业绩；另一方面，其他成本报表主要服务于内部成本控制，因而往往需要提供具体车间、班组甚至岗位的具体成本消耗信息。所以，其他成本报表可以由厂部财务部门编制，如厂部责任成本报告、厂部质量报告，也可以由车间、科室等归口分级管理单位编制，如车间（或科室）责任成本报告、车间质量成本报告、按班组编报的工人工作效率月报等。

2. 常见其他成本报表

（1）责任成本报告

责任成本报告详见表 10－7。

表 10－7　第二基本生产车间责任成本报告

2×23 年 6 月　　单位：元

项目	预算	调整预算	实际	业务量差异	耗费效率差异
	①	②	③	④＝②－①	⑤＝③－②
直接材料：X					
材料耗用差异					

（续）

项目	预算	调整预算	实际	业务量差异	耗费效率差异
	①	②	③	④=②-①	⑤=③-②
直接人工					
效率差异					
费用率差异					
变动制造费用					
效率差异					
费用率差异					
变动成本合计					
可控固定成本					
管理人员工资					
折旧					
合计					
车间成本合计					
实物数据					
A 产品					
X 材料					
直接工时（小时）					

（2）材料考核表

对主要材料的耗用量和成本进行考核的材料考核表，可分别由仓库保管人员和财会部门材料核算人员编制。前者主要从耗用量角度报告一定时期内（旬、半月、月）某种材料的耗用情况；后者则主要从成本比较的角度报告一定时期内（旬、半月、月）某种材料的成本情况，见表 10-8、表 10-9、表 10-10。

表 10-8　材料耗用量月报

仓库：

材料名称：　　　　2×23 年 6 月　　　　单位：千克

日期	本日数				本月累计数				本年累计数			
	实际用量	定额用量	差异额	差异率	实际用量	定额用量	差异额	差异率	实际用量	定额用量	差异额	差异率
合计												

表 10-9 材料耗用成本月报

2×23 年 6 月　　　　单位：元

部门	计划价格成本	定额（或标准）成本 （定额用量×计划单价）	差异额	差异率（%）
一车间				
二车间				
合计				

表 10-10 材料成本差异分析月报

2×23 年 6 月　　　　单位：元

凭证编号	供货单位名称	材料名称	计量单位	采购数量	实际成本		计划成本		差异		
					单位成本	总成本	单位成本	总成本	单位成本	总成本	差异率

（3）人工成本考核表

人工成本考核表主要用来反映人工成本的执行情况，可以按照工号或工人姓名列示实际人工费用与定额人工费用及其差异以揭示人工费用节约或超支的原因，具体见表 10-11。

表 10-11 人工成本考核表

2×23 年 6 月　　　　单位：元

工号或工人姓名	实际人工费用			定额人工费用			差异		
	实际工时	实际小时工资	实际人工费用	定额工时	定额小时工资	定额人工费用	工时差异	工资率差异	人工费用差异

（4）损失报告表

为了分析各项生产损失的金额及其产生原因，有时需要有关车间、部门编报“生产损失报告表”。该表可以根据“停工物失”“废品损失”等账户记录或其他原始结证编制，见表 10-12。

表 10－12　生产损失报告表

2×23 年 3 月

单位：元

项目		原因	数量	工时	修复费用				报废净损失						备注
					材料	人工	制造费用	小计	生产成本				回收残料	净损失	
									材料	人工	制造费用	小计			
废品损失	可修复														
	不可修复														
	合计														
停工损失			职工薪酬			办公费		折旧费			水电费		其他	合计	

三、成本分析的方法

（一）成本报表整体分析方法

成本报表整体分析方法主要有以下三种：

1. 水平分析法

水平分析法是指将反映企业报告期成本的信息（特别指成本报表信息资料）与反映企业前期或历史成本状况的信息进行对比，以研究企业经营业绩或成本状况发展变动情况的成本分析方法。一般来说，水平分析法所进行的分析对比不是指单指标对比，而是对反映某方面情况的报表的全面、综合的对比分析。

2. 垂直分析法

垂直分析法与水平分析法不同，它是通过计算成本报表中各项目占总体的比重或结构来反映报表中的项目与总体的关系及其变动情况。会计报表经过垂直分析法处理后，通常被称为同度量报表、总体结构报表或共同比报表等。

3. 趋势分析法

趋势分析法是根据企业连续几年或几个时期的分析资料，通过指数或完成率的计算，确定分析期内各有关项目的变动情况和变动趋势的一种成本分析方法。趋势分析法既可用于对会计报表的整体分析，既研究一定时期内报表各项目的变动趋势，也可用于对某些主要指标的发展趋势进行分析。

（二）指标分析方法

指标分析法可以分为指标对比分析法和比率分析法。

1. 指标对比分析法

指标对比分析法，是对经济指标的实际数作各种各样的比较，从数量上确定差异的一种分析方法。指标对比分析法的作用在于揭露矛盾、评价业绩、揭示不足、挖掘潜力。目前，进行经济指标的对比主要有以下几种形式：

（1）实际指标与计划指标对比

进行指标对比分析时，首先要将企业实际指标与计划指标进行比较，为进一步分析指明方向。但在进行比较时，必须检查计划本身的质量，如果计划保守或冒进，就失去了可比的客观依据。

（2）本期实际指标与以前（上期水平、上年同期水平或历史最好水平）实际指标的对比

这种比较方法可以观察企业成本的变化趋势，以及企业经营管理的改善情况等。另外，有些经济技术指标未规定计划数，则可将其实际数与前期实际数进行对比，以便找出差距，从中吸取教训，改进工作。

（3）本期实际指标与国内外同类型企业的先进指标相比较，或者在企业内部与先进车间、班组和个人的指标相比较

这种对比方法，可以扩大眼界，防止骄傲自满，在更大范围内发现先进与后进的差距，使企业学人之长、补己之短，以提高经营管理水平。在我国进行的成本分析实践中，这种对比形式得到了蓬勃发展。在一些同类型企业中，通过交换成本核算资料，自动开展成本指标对比活动；有些行业由个别企业的简单对比，发展成为主管部门有组织、有准备的定期对比评比会的形式，从而将指标对比同经验交流会相结合，同赶超先进的竞赛相结合。

需要明确的是，开展成本指标的对比，要考虑指标的内容、计价标准、时间长度和计算方法的可比性。在同类型企业进行成本指标对比时，还要考虑客观条件是否基本接近，在技术上、经济上是否具有可比性。

2. 比率分析法

比率分析法是将反映成本状况或与成本水平相关的两个因素联系起来，通过计算比率，反映它们之间的关系，借以评价企业成本状况和经营情况的一种成本分析方法。根据分析的不同内容和不同要求，比率分析主要包括相关比率分析、趋势比率分析和构成比率分析等。

（1）相关比率分析

它是将某个项目与其他有关但又不同的项目加以对比，求出比率，以便更深入地认识某方面的生产经营情况。例如，将企业利润项目同销售成本项目对比，求出成本利润率，从而观察、比较企业成本效益水平的高低。

（2）趋势比率分析

它是将几个时期同类指标的数据进行对比以求出比率，分析该项指标增减速度和发展趋势，以判断企业某方面业务的变化趋势，并从其变化中发现企业在经营方面所取得的成果或存在的不足。

例如，某电机厂在某一时间段连续 4 年的铸件单位成本和趋势比率见表 10－13。

表 10－13　趋势比率分析表

指标＼年度	第 1 年	第 2 年	第 3 年	第 4 年
铸件单位成本（元/吨）	382	423	489	675
基期指数（%）	100	111	128	176
环比指数（%）	—	111	116	138

通过表 10－13 可以看出，该电机厂铸件成本逐年提高，而提高的比率逐年上升，这说明该厂铸造车间在生产和管理上存在严重问题，必须采取及时、有力措施扭转这一不良趋势。

（3）构成比率分析

构成比率分析是确定某一经济指标各个组成部分占总体的比重，观察它的构成内容及变化，以掌握该项经济活动的特点和变化趋势的一种方法。例如，计算企业产品各成本项目在成本总额中所占的比重，并同其他各种标准进行比较，可据以了解产品成本构成的变化，明确进一步降低成本的重点所在。

比率分析法计算简便，而且对其结果也比较容易做出判断；可以使某些指标在不同规模的企业之间进行比较，甚至也能在一定程度上超越行业间的差别进行比较。

（三）因素分析法

因素分析法是依据分析指标与其影响因素之间的关系，按照一定的程序和方法，确定各因素对分析指标差异影响程度的一种技术分析方法。根据其分析特点，因素分析法可分为连环替代法和差额计算法两种。

1. 连环替代法

连环替代法是从数值上测定各个相互联系的因素对有关经济指标的差异影响程度的一种分析方法。通过这种方法进行分析计算，可以衡量各项因素影响程度的大小，有利于分清原因和责任，使评价工作更有说服力，并可作为企业定措施、挖潜力的参考。连环替代法的分析计算程序如下：

①根据影响某项经济指标完成情况的因素，按其依存关系将经济指标的基数（计划数或上期数等）和实际数分解为两个指标体系。

②以基数指标体系为计算的基础，用实际指标体系中每项因素的实际数逐步顺序地替换其基数；每次替换后，实际数就被保留下来，有几个因素就替换几次；每次替换后计算出由于该因素变动所得的新结果。

③将每次替换的结果，与这一因素被替换前的结果进行比较，两者的差额就是这一因素变化对经济指标差异的影响程度。

④将各个因素的影响数值相加，其代数和应同该经济指标的实际数与基数之间的总差异数相符。

假设某一经济指标 N 是由相互联系的 A、B、C 三个因素组成的，计划指标和实际指标的计算公式是：

计划指标：$N_0=A_0\times B_0\times C_0$

实际指标：$N_1=A_1\times B_1\times C_1$

该指标实际脱离计划的差异（$N_1-N_0=D$）应当是 A、B、C 三个因素同时变动的影响。在测定各个因素的变动对指标 N 的影响程度时可顺序计算如下：

计划指标：$N_0=A_0\times B_0\times C_0$（1）

第 1 次替代：$N_2=A_1\times B_0\times C_0$（2）

第 2 次替代：$N_3=A_1\times B_1\times C_0$ （3）

第 3 次替代：$N_1=A_1\times B_1\times C_1$ （实际指标）（4）

据此测定的结果如下：

(2)－(1)＝N_2-N_0……是 $A_0\rightarrow A_1$ 变动的影响

(3)－(2)＝N_3-N_2……是 $B_0\rightarrow B_1$ 变动的影响

(4)－(3)＝N_1-N_3……是 $C_0\rightarrow C_1$ 变动的影响

把各因素变动的影响程度综合起来，即：

$(N_1-N_3)+(N_3-N_2)+(N_2-N_0)=N_1-N_0=D$

应用连环替代法时，必须掌握以下几个基本要点：

①经济指标体系的组成因素，必须确实能够反映形成该项指标差异的内在构成原因，否则就会失去其存在的价值。例如，如果将材料费用这一经济指标改为由两个因素（工人人数和每个工人平均用料额）组成，就毫无分析的意义。

②分析某一因素变动对经济指标差异的影响程度，必须暂定其他因素不变，以便舍去其他因素的影响。

③各因素对经济指标差异数的影响，必须顺序连环地逐一进行计算，不可采用不连环的方法计算。否则算出的诸因素的影响程度之和，就可能不等于经济指标的差异数。

④确定各因素影响时，是以其前各因素已经变动而其后各因素尚未变动为条件的。如果将各个因素替代的顺序改变，则各个因素的影响程度也就不相同。因此，在分析工作中必须从可能的替代程序中选择比较正确的替代程序。一般应遵循下列原则，即要从诸因素相互依存关系出发，并使分析结果有助于分清经济责任。在实际工作中，往往将这一原则具体化为先替代数量指标，后替代质量指标；先替代实物量指标，后替代货币指标；先替代主要指标，后替代次要指标。

必须指出，用连环替代法确定各因素的影响程度，只是初步的分析，因为经济指标分解后的各因素，往往仍是综合因素，它们仍然包含着错综复杂的各种原因的影响。为了进一步查明具体原因和潜力所在，成本分析要由此及彼，由表及里，逐步深入。这就必须深入生产、深入群众，把数量分析和情况调查结合起来加以研究。

2. 差额计算法

差额计算法是连环替代法的一种简化形式，它是利用各个因素的实际数与基数之间的差额，直接计算各个因素变动对经济指标差异的影响数值。这一方法的特点在于运用数学提取因数的原理简化连环替代法的计算程序。应用这种方法与应用连环替代法的要求相同，只是在计算上简化一些。因此，这种方法在实际工作中应用比较广泛。

差额计算法的分析计算程序如下：

①确定各因素的实际数与基数的差额。

②以各因素的差额，乘以计算公式中该因素前面的各因素的实际数，以及列在该因素后面的其余因素的基数，就可求得各因素变动的影响值。

③将各个因素变动的影响值相加，其代数和应同该项经济指标的实际数与基数之差相符。

思考与练习

一、单项选择题

1. 成本报表属于（　　）。

A. 对外报表

B. 对内报表

C. 既是对内报表，又是对外报表

D. 对内还是对外由企业决定

2. 可比产品成本同成本降低额与可比产品成本降低率之间的关系是（　　）。

A. 成反比　　B. 成正比

C. 同方向变动　　D. 无直接关系

3. 填制商品成本表必须做到（　　）。

A. 可比、不可比产品须分别填列

B. 可比、不可比产品可合并填列

C. 既可分别，也可合并填列

D. 填制时无须划分可比、不可比产品

4. 商品产品成本表的填列必须做到（　　）。

A. 主要产品逐一填列，非主要产品可以汇总填列

B. 主要产品与非最主要产品汇总填列

C. 只填主要产品，并汇总填列

D. 非主要产品同主要产品一样，须逐一填列

二、多项选择题

1. 商品产品成本表可以反映可比产品与不可比产品的（　　）。

A. 实际产量　　B. 单位成本

C. 本月总成本　　D. 本年累计总成本

2. 工业企业编制的成本报表有（　　）。

A. 商品产品成本表　　B. 主要产品单位成本表

（续）

产品种类	单位	本月总成本			本年累计总成本		
		按上年实际平均单位成本计算	按本年计划单位成本计算	本月实际	按上年实际平均单位成本计算	按本年计划单位成本计算	本年实际
		7	8	9	10	11	12
可比产品		43 100	43 200	43 300	507 600	508 950	509 625
甲产品	件	16 300	16 200	16 100	179 300	178 200	177 650
乙产品	件	26 800	27 000	27 200	328 300	330 750	331 975
不可比产品			32 400	31 800		378 000	374 500
丙产品	件		32 400	31 800		378 000	374 500
全部商品产品成本合计			75 600	75 100		886 950	884 125